Das Buch vom Gral

DAS BUCH VOM
GRAL

Alle Mythen, Legenden und Dichtungen

Herausgegeben
von
Bertram Kircher

Albatros

Titel der Originalausgabe:
Das Buch vom Gral – Mythen, Legenden und Dichtungen
um das größte Geheimnis des mittelalterlichen Abendlandes
© KulturGut Alte Schmiede GmbH, Wahlsburg
© der Einzelrechte: s. Quellenverzeichnis

Bibliographische Information der Deutschen Bibliothek

Die Deutsche Bibliothek verzeichnet diese Publikation
in der Deutschen Nationalbibliographie;
detaillierte bibliographische Daten sind im Internet
über http://dnb.ddb.de abrufbar.

Ausgabe 2006 Patmos Verlag GmbH & Co. KG
Albatros Verlag, Düsseldorf
Alle Rechte vorbehalten.
Umschlaggestaltung: butenschoendesign.de
Umschlagmotiv: Dante Gabriel Rossetti, »The Damsel of the
Sanct Grail« (Die Jungfrau des Heiligen Grals), 1874
Printed in Germany
ISBN 3-491-96174-2
www.patmos.de

Inhalt

2. Die Queste oder Lieder und Legenden von Gralsuchern

3. Der Fischerkönig oder Mythen und Mären von den Gralshütern

4. Montsalvat oder Berichte und Geschichten von der Gralsburg

Epilog

---

* Die mit einem Stern versehenen Titelformulierungen stammen vom Herausgeber.

DANKSAGUNG

Dies ist ein Buch aus dem Literaturkontor Alte Schmiede. Wir danken allen Rechtsinhaber/inne/n für die freundliche Überlassung der Rechte. Leider war es nicht in allen Fällen möglich, diese festzustellen oder zu erreichen. Der Verlag verpflichtet sich aber, rechtmäßige Ansprüche nach den üblichen Honorarsätzen zu vergüten. Unser besonderer Dank gilt zuletzt den Bibliotheken (Niedersächsische Staats- und Universitätsbibliothek Göttingen, Stadtbibliothek Hannover und Stadtbibliothek Göttingen) für die uneingeschränkte Hilfe bei der Beschaffung und Überlassung wertvollen Quellenmaterials.

9

Zueignung

Die Märe, die ich hier erneue,
Die kündet euch von großer Treue,
Und makelloser Weiblichkeit,
Doch auch von kühner Helden Streit,
Und frischer froher Reckenkraft,
Von echter frommer Ritterschaft,
Von Burgen, Schlössern wunderkühn,
Von Wäldern kühl und dunkelgrün,
Von Träumen und von Taten
Und wie sie wohl geraten,
Trotz manchem herben Ungemach.
Herr Wolfram sangs von Eschenbach,
Zum Schildesamt war er geboren,
Kraft blieb und Mut ihm unverloren,
Denn Harfenklang und Heldenmut
Das stimmt zusammen klar und gut;
Und Schwertgeklirr und Liederschall
Die sind willkommen überall
In aller Länder Gauen
Den Männern und den Frauen.
Auch heute noch, ich sag es laut,
Manch sinnend Aug in Tränen taut,
Hört es den alten Heldensang,
Der die Jahrhunderte durchklang,
Das ewig neue alte Lied,
Das nie aus Menschenherzen schied,
Das Lied von Lieb und Leide:
Ihr lernet kennen beide,
Ihr deutschen Herzen allzumal,
Aufs neu im Lied vom Heiligen Gral.

Prolog

FRIEDRICH SCHLEGEL

Unter dem Namen des Heiligen Gral

»Unter dem Namen des Heiligen Gral ward eine ganze Reihe von allegorischen Ritterdichtungen ersonnen, deren Ziel stets dahin geht, darzustellen: wie der Ritter durch immer höhere Einweihung sich der Geheimnisse und Heiligtümer würdig machen soll, deren Aufbewahrung hier als das höchste Ziel seines Berufs erscheint.«

JOSEF VIKTOR SCHEFFEL

Wolfram von Eschenbach, dem Landgrafen Hermann sein Gralsepos überreichend

Ein redlich Werk, mit dem ich lang gerungen,
steht, dank dem Herrn, vollbracht in Würdigkeit:
von Parzivals, des ritterlichen, jungen,
Prüfung und Fahrt zum Gral bring' ich Bescheid;
auch Gamuret, des Vaters Minneflamme,
des Herrn Gawân Tiost und süße Zucht
und was vom Anschewîner Fürstenstamme
die Chronica von Anschou Wunders bucht:
    Viel wilden Fund aus König Artus' Tagen
    hat Findersglück und Fleiß mir zugetragen.
Erst hat versucht, die reiche Mär zu künden,
von Troys der wackre Meister Kristian,
viel ward, das Rauhe sorglich abzurründen,
durch Kyot von Provins dazugetan;
nun lehrt's, ein goldner Kern in goldner Schale,
wie Zweifel und Unstätheit irreführt,
und wie nur der geläutert nah dem Grale,
der Stäte sich als Lebensmaß erkürt;
    des eignen Herzens rätseldunkle Ziele
    entwirren sich im höfisch bunten Spiele.
Gewoben hab' ich um die welschen Mären
der Heimatsprache ehern Klanggewand
und hoffe, daß sie preislich sich bewähren,
nicht nur als neugierstillend leichten Tand.
Als wie ein Schmied, der eine Brünne wirket,
fest Draht zu Draht und Ring zu Ringe biegt,
hab' ich den Reim gemessen und gezirket,
daß sein Geflecht wie Kettenhemd sich schmiegt,
    und wie ein Schmied errang ich des Gedichtes
    Glattformung nur im Schweiß des Angesichtes.
Nun ist's getan. In Demut möcht' ich lachen,

daß ich, ein künsteloser Rittersmann,
furchtlos vermaß, solch großes Buch zu machen,
und selbst kaum einen Buchstab' malen kann ...
doch, wer alsbald mit fühlendem Erfassen
das Lied, das ihm die fremde Zunge singt,
versteht in eignes Wortgefühl zu passen,
dem wie von selbst der Reim entgegenspringt,
    der kann als Laie Meisterschaft besitzen,
    weiß er auch keinen Gänsekiel zu spitzen.
Dank zoll ich den geduldigen Scholaren,
  die mir gedient als helfend Schreibgesind',
und dir, Wohlredende mit krausen Haaren,
Jungfräulein Alix, höfisch feines Kind.
Bei Schildesamt, Heerfahren und Soldieren
kam mein Französisch nie in guten Stand,
war auch, daß man »Herbergen« heißt »Loschieren«
und andres mehr der Sprache mir bekannt.
    du lehrtest mich, streng wie ein alter Weiser,
    die Wortfeinheit und Zucht der Tschampâneyser.
O Schaffelust, wenn wir in Frühlingstagen,
  selbviert im Burggärtlein uns eingeheckt,
vor uns die Mären Kyots aufgeschlagen,
ein Mauertisch als Schreibtischlein gedeckt:
dolmetschend las die Maid uns Zeil' um Zeile,
und translatierend schritt ich auf und ab,
bis ich, bald schnell, bald nach sorgsamer Feile
den deutschen Reim den Schreibgesellen gab.
    Die kauerten und kicherten im Moose
    und schrieben ihn, umblüht von wilder Rose.
Um Frauendank bracht' ich mein Werk zu Ende,
  als Lohn genügte mir ein süßes Wort,
heut' reich' ich es als ehrfurchtsvolle Spende
dir, Landgraf Hermann, der Gesangkunst Hort!
Du weißt, daß ich bei Fiedeln und Floitieren
des Amts, den Speer zu führen, nie vergaß
und, riefen mich Posaunen zum Turnieren,
riefst du zum Streit, stets fest im Sattel saß.
    Als Erfurts Gärten unter Hufgestampfe
    zertreten wurden, stund ich frank im Kampfe.

So nimm denn heut', da wir nicht unter Schilde
  austraben müssen, mild mein Buch zur Hand;
vielleicht daß es mit manchem bunten Bilde
Erinnerungen verklärter Zeit dich mahnt ...
Wir neiden dich um jene goldne Jugend,
da als den seinen dich Paris verehrt,
da König Ludwigs Hof dich Rittertugend,
Sankt Victors Schule Weltweisheit gelehrt.
  Der Bart ergraute ... doch Gesang zu lieben,
  ist dir als Erbteil jener Zeit geblieben.
Vielleicht daß dort dir auch des Grals Geschichten
die Dame der Champagne einst erzählt,
Marie von Frankreich, die mit süßem Dichten
die Sagen der Bretonen neu beseelt.
Du hast manch eine Truhe wohlbeschlagen
dir damals aus der Ferne heimgebracht,
dran die Frau Mutter wenig Wohlbehagen
kundgab und schalt, als man sie aufgemacht:
  »Ein Lied ... noch eins ... und aber eins ... und wieder:
  ei, ei, Herr Sohn, nur Fabliaux und Lieder!«
Ich seh' dich lächeln. Aus metallnen Decken
entfaltest du ein stattlich Pergament,
von Goldgrundbildern schimmern Rand und Ecken,
du aber sprichst, was lang mein Herz ersehnt:
  »Mög' deinem Parzival die Ruhe frommen,
  biderbem Sänger ziemt die Ruhe nicht,
  ein neues Lied ist uns aus Frankreich kommen,
  das schwertscharf Bahn sich durch die Heiden bricht:
    uns freut der Völkerschlacht Getös und Galm,
    nimm hin — und wend' uns deutsch den Willehalm!«

1.

Das große Geheimnis
oder
Was ist der Gral?

FRANZ KAMPERS

Das Wort Gral war schon frühzeitig dunkel

»Das Wort Gral war schon frühzeitig dunkel. Diese Unklarheit nicht nur über die Form, sondern auch über die Herkunft des Namens weist nachdrücklich darauf hin, daß das Heiligtum eine Vorgeschichte hatte, in welcher es noch eine greifbare bekannte Größe war, die auch ›Gral‹ hieß.«

Was ist der Gral?

Bei Chrestien de Troyes bezeichnet das Wort »*Gral*« eine Schüssel aus reinem Gold, die mit Edelsteinen besetzt ist und in der eine Oblate liegt. Die französischen Gralsdichter nach Chrestien machten aus dem unverstandenen Hauptwort einen Eigennamen und identifizierten »den« Gral mit der Abendmahlschüssel, aus der Christus mit seinen Jüngern das heilige Mahl genommen hatte. Diese kostbare Reliquie der Christenheit befindet sich in der Obhut des »Fischerkönigs«. Dazu tritt die Gleichsetzung der in Chrestiens Dichtung hochbedeutsamen, aber nicht näher erklärten *Lanze* mit der Lanze des Longinus, die dazu gedient hat, Christus am Kreuz die Seite zu öffnen.

Diese Auffassung der *Lanze* nun ist Wolfram vollkommen fremd. Ihm ist sie der vergiftete Speer eines ungenannten heidnischen Ritters, durch den der Gralskönig Anfortas eine Wunde empfangen hat, der gegenüber alle ärztliche Kunst vergeblich ist. Der Anblick des Grals fristet dem dahinsiechenden König wohl das Leben, Heilung aber kann ihm nur die erlösende »Frage« bringen, die zugleich dem Gral einen neuen Hüter gibt.

Ebenso unabhängig von den Vorstellungen der französischen Dichter ist Wolframs Darstellung des *Grals*. Die ursprüngliche Bedeutung des Wortes ist dem deutschen Dichter dunkel geblieben. Ihm ist der Gral, von dessen Form er offensichtlich keine bestimmte Vorstellung hat, wohl unter dem mitbestimmenden Einfluß orientalischer Erzählungen (Kaaba!) ein wunderbarer Edelstein, der aus dem Paradiese stammt. Wolfram enthüllt nun nicht das Wesen, sondern nur die Wirkungen des Grals. Sein Anblick gibt dem Getauften, der seiner gewürdigt wird — der Ungetaufte sieht den Gral nicht — verjüngte Schönheit und neues Leben. Alljährlich am Karfreitag bringt eine himmlische Taube eine Oblate und legt sie auf den Stein. Dadurch wird dessen eigentümliche Kraft, Speise und Trank zu spenden (vgl. das

Tischleindeckdich des Märchens!) immer wieder aufs neue belebt. Durch Schriftzüge, die am Rande des Gralsteines erscheinen und die nach erfolgter Kenntnisnahme wieder verschwinden, beruft der Gral selbst zu seinem Dienst. Seine ersten Hüter waren die Engel, die bei dem Streit Gottes mit Luzifer neutral geblieben waren. Nach ihrer Begnadigung bestimmte Gott selbst die weiteren Hüter. Gralsdienst heischt Reinheit, Demut, Keuschheit. Nur dem König ist die Ehe gestattet und den Sendboten des Grals, die auf sein Geheiß in die Welt ziehen, um herrenloses Land in Verwaltung zu nehmen. Nach einem gottgefälligen Leben harrt der reinen Diener des Grals die ewige Seligkeit.

Nur eine reine Jungfrau vermag den Gral zu tragen, dem Wolfram in der *Gralsburg* Munsalväsche eine würdige Heimstätte geschaffen hat. Der Bruderschaft der Gralsritter, die Burg und Land beschützen und für die Wolfram den Namen *Templeisen* erfunden hat, gibt die Art ihres Amtes und ihrer Berufung göttliche Weihe. Die ganze Darstellung der Gralsritterschaft, deren Abzeichen die Taube ist, ist eine dichterische Verklärung des deutschen Ritterordens.

JOHANN JOSEPH GÖRRES

Der Gral

Es ruht aber allerdings dieser Gral auf uralten Ideen des Heidentums, zunächst auf *Heliotrapezon* dem Sonnentische der frommen Äthiopen, der schon bei *Herodot* jede Nacht mit Fleisch und Früchten sich bedeckt. Von diesem ist selbst bis nach Indien hin die Sage vorgedrungen, und der *Vajupurana* beschreibt seine Umgebungen ganz ähnlich wie der *Titurel* die des Grals. Es erzählt nämlich dieser *Purana:* »Im Westen im Troglodytenlande liegen die weithingedehnten Gebürge *Sitanta,* reich an Metallen und Edelsteinen. Eine anmutige Ebene umfängt diese Berge, belebt vom Vogelgesang und Bienensummen, Städte sind dort mit Toren, und die Feuchte, welche die Landschaft wässert, kommt vom Herrn des Tierkreises nieder und sammelt sich dann in einen Strom den Fluß des Mondes. Dort leben die *Siddhas* und *Yacshas* in Höhlen und vielfach verschlungenen aber anmutigen Irrgängen. Dort unter unermeßlichen Höhlen ist *Cridavana,* der Lustort *Mahendras,* wo Wissenschaft und die Erfüllung aller Wünsche völliglich erlangt wird. Dort ist der große Wald von *Paritjatabäumen* der Götterfürsten, bekannt durch die drei Welten, und alle Welt singt ihren Preis.« Grade so wird der Gral auf *Montsalvaez,* dem behaltenen Berg, den Niemand von selbst finden mag, bewahrt; ihn umgiebt ein wilder Wald sechzig Rasten nach allen Seiten, von Cypressen und Cedern und Ebanus, aus dem Noa die Arche gebaut, und Niemand mag ungerufen durchdringen; oben liegt das Schloß mit Türmen und Mauern wohl bewahrt. Dort im Tempel wird jenes heilige Gefäß des Gral verwahrt, und in ihm eine uralte Idee geheimer Priesterweisheit. Denn dieser Becher ist nichts als der altägyptische *Hermesbecher,* der des *Dschemschid, Herkules,* und *Bachus* der Mysterien; seine Form ursprünglich die Form der Welt, ist er Befassendes und als solches vor der Schöpfung, und der Weltbildner hatte die Elemente in ihm zuerst gemischt, und zugleich Befaßtes, und als solches Symbol der Erde, wie sie in der Fülle

21

des Reichtums und der Fruchtbarkeit vor der Sonne schwebt. Auch unter die Gestirne ist sein glänzendes Bild aufgenommen, auf der Schlange steht er unter dem Tierkreis, und dort eben hatte *Flegetanis* ihn erblickt. So fand die Kirche diesen Becher durch das ganze Heidentum, gleichsam das Sakrament der alten Zeit, und als solches in allen Mysterien angewendet, ja selbst als ehernes Meer in *Salomons* Tempel aufgenommen. So wie aber der neue Dienst die alten Heidentempel zu Basiliken weihte, so auch bildete sie die alten Natursymbole ihrer geistigen Ideenwelt ein, und der alte verwelkte Bilderkranz blühte in ihr von neuem auf. Gleich wie nun die Glieder des alten von den Titanen zerrissenen Bachus in jenem Becher gesammelt wurden, so in dem Kelche des neuen Bundes Fleisch und Blut des Gekreuzigten, und die Mysterien wurden nun in den gemeinschaftlichen Opfermalen öffentlich gefeiert, und die Gemeinde trank mit dem Priester den Wein des neuen *Dyonisos* und aß das Brod des *Triptolems* der erneuten Eleusinien der wiedergebornen Zeit. So war also in dem Gral wie in jenem indischen *Cridavana* das ganze Geheimnis die Wissenschaft des neuen Bundesopfers verborgen, und alle Wünsche der Seele, die ihr Absehen auf Gott gerichtet, wurden in ihm erfüllt. Jenes mystische Opfermal hatte der Erlöser selbst zuerst mit den Jüngern gefeiert; darum war der Becher jener, aus dem er das Abendmahl genossen, und der dann das aus seinen Wunden fließende Blut aufgenommen, und darum verknüpfte sich die Idee ganz natürlich mit der Sage von jenem noch vorhandenen schmaragdenen Becher, dem santo Catino, den die *Genueser* im heiligen Lande gefunden zu haben sich rühmten, und der ehemals schon dem Phönix zu seiner Wiedergeburt gedient, bis die alte Zeit im Letzten in Flammen aufgelodert und im jungen Wundervogel des Christentumes sich erneut. Am Charfreitage, dem Gedächtnistage jenes Mahles, bringt die Taube die Hostie vom Himmel zu ihm nieder; Engel tragen ihn schwebend in den Lüften, und nachdem die Poesie durch schöner, keuscher Frauen Hände ihn auf die Erde hinabgezogen, wird er auch fortan Spender irdischer Fülle, wie vorher Geber geistlicher Gaben, er füllt die Tische mit köstlichen Gerichten; er ist der Stein der Weisen aus dem Morgenlande, und wer ihn erblickt, kann nimmer sterben, wie auch das Christentum den Stachel des Todes zerstört, und geistige Unsterblichkeit verbürgt.

Was ist der Gral?

PLACIDUS
Was ist der Gral?

MERLIN
Des Menschensohnes Blut.
»Sanguis realis« so verkehrt,
Wie es der Mund des Volks gewöhnlich tut.
Die Kunde ward schon lange stumm,
Von mir wird sie euch wieder gelehrt.

*(Placidus zieht Pergament und Griffel hervor, setzt sich und schreibt
Merlin spricht:)*

   In der Nacht des Schreckens, welche
Sah den Verrat des Bösen,
Griff er zum Wein im Kelche,
Sprach: »Dies mein Blut wird euch von Schuld erlösen.
Nehmt, trinket, darin wohnt ein neu Vermächtnis,
Was war, das ist gewesen,
Und alle Zukunft bleibt des Abendmahls Gedächtnis.
   Es wallt in meinem Blute
Ein voller Doppelsegen,
Denn zu gemeinem Gute
Dient's allen, und fließt auch um wen'ger wegen;
Euch send' ich in die Breit' und in die Weite,
Indes versteckt-gelegen
Den Tempel ich auf Montsalvatsch bereite.«
   Als nun am bittern Holze
Der König hing der Tugend,
Fern war Petrus, der stolze,
Und nahe weinte nur Johannis Jugend:
Da stieß der Kriegsknecht, der Pilatus Bote
Ins Fleisch den Speer, versuchend,
Und aus der Seite floß der Quell, der rote.

Nun merke, wie verliehen
Ward neue Kraft dem Feigen!
Joseph von Arimathien,
Der nie sich sonst bei Christo wollen zeigen,
Trat mit dem Kelch herzu vom Abendmahle,
Und kummervoll, in Schweigen,
Fing er darin den Sprung vom Kreuzesstrahle.
    Jetzt hatte schon die Liebe
Ihr zweifach Reich gegründet,
Mit lautem Pred'gertriebe
Ging zu den Heiden aus die Schar, entzündet,
Indessen Joseph, froh in seiner Seele,
Der Heimlichkeit verbündet,
Sich mit dem Kelche barg in tiefer Höhle.
    Die Zwölfe traf Bedrängnis
In aller Völker Landen,
Auf innerlich Empfängnis
Des Heiligen die Sinne Josephs standen;
Sie trotzten wider Spötter, Neider, Wüter
In Ketten und in Banden,
Er aber ward des Grales erster Hüter.
    So lebt'er vierzig Jahre
In seiner Kluft, der dunkeln,
Nicht bleichten ihm die Haare,
Ihn speiset, tränket, wärmt des Kelches Funkeln,
Des bis zum Rande schwell'nde, wall'nde Welle,
Kraftglühend, gleich Karfunkeln,
Die finstern Wände machte lieblichhelle.
    Auf ihren Martyrgrüften
Erklangen schon die Messen,
In seinen stillen Klüften
War er beerbt, verschollen und vergessen.
Als Titus dann Jerusalem gestürmet,
Und Feu'r die Burg gefressen,
Hat sich der Schutt berghoch ob ihm getürmet.
    Und als des Todes Finger
Ihn rührte leicht und lose,
Wie in dem Blumenzwinger
Das Mägdelein berührt das Haupt der Rose,

Schwebte, beglänzet von dem eignen Scheine,
Das Heiligtum, das große,
Zum Himmel auf und kehrte in das Seine.
Allein es ist gesunken
Von neuem drauf zu Tale!
In dieser Rede Funken
Sprüht, fasse das, der erste Spruch vom Grale.
Doch nahe steht die schöne Zeit des andern,
Wann ihre Glorien prunken,
Werd' ich zu dir, erzählend wieder wandern.
   Denn jetzt muß sein geschieden!
Mich ruft mein ernst Geschicke.
Der Mutter gab ich Frieden,
Und nun besteh' ich meines Vaters Tücke.
Leb wohl! wir scheiden sonder Wort noch Tränen;
Nach solcher Kunde Glücke
Geziemt ein überweltlich-heitres Sehnen.

GOTTHOLD EPHRAIM LESSING

Sanctus cruor

»Mühe wird es Ihnen kosten, sich einen hinlänglichen und
deutlichen Begriff zu machen, was denn eigentlich der Graal
gewesen, welcher in allen alten Romanen normännisch-
englischer Erfindung mehr oder weniger vorkömmt, indem
sich die Taten ihrer Helden fast immer auf die Beschützung
oder Eroberung des Graals beziehen. Was in den griechischen Heldengedichten Ilion ist, das ist in diesen der Graal.
Von der Abstammung des Wortes St. Graal habe ich meine
eigene Meinung. Ich glaube nemlich, daß es so viel heißen
soll als sanctus cruor: und daß es also das Blut selbst, nicht
das Gefässe bedeutet, worin es Josef von Arimathia aufbe-
wahrte. Die Abenteuer nun mit diesem Gefässe, seine
Überbringung besonders nach England, und dasige erste
Schicksale sind es, die den Inhalt des eigentlichen Romans
vom Graal ausmachen, und in einem alten französischen
Gedichte verfaßt sind, welches sich noch in den Bibliotheken findet, und wovon der erste Teil des übersandten Werks
nur ein prosaischer Auszug ist. Der andre Teil desselben
enthält die Geschichte des Lanzilot und Parzivall, die sich
zum Graal verhält, wie Quintus Calaber zur Ilias. Und so
sind auch die deutschen Heldengedichte des Eschilbachs
nicht eigentlich Romane vom Graal: sondern nur von Helden, die es sich um den Graal auch einmal sauer werden
lassen, außerdem aber noch tausend andere Abenteuer gehabt haben.«

CHRETIEN DE TROYES

Die Wunder des Gral

Inmitten des Saals war ein Bett gestellt,
Und darauf lehnt' ein würdiger Held,
Von Silberfäden das Haar durchglänzt,
Und das hohe Haupt umkränzt
Von Zobel schwarz wie Maulbeerfrucht,
Verbrämt mit Purpur ausgesucht ...
Von Purpur ganz war sein Gewand.
Sein Antlitz lehnt' auf seiner Hand.
Vor ihm brannt' ein Feuer groß,
Trockener Scheit' ein hoher Stoß,
Zwischen vier Säulen aufgeschichtet.
Vierhundert Menschen, so wird berichtet,
Die saßen um das Feuer zu Hauf, —
Doch hatte ein jeder Platz vollauf.
Die Säulen waren stark und gut,
Und ein Kamin auf ihnen ruht',
Von Erz errichtet, hoch und weit.
Da kommen denn die Knappen beid'
Zum Bett des Burgherrn hergeschritten
Und führen seinen Gast inmitten.
Als er den Junker sieht, erfreut,
Der Burgherr ihm den Willkomm beut
Und spricht: O Freund, ihr müßt vergeben:
Ich kann vor Euch mich nicht erheben,
Weil dazu meine Kraft nicht reicht.
Bei Gott, o Herr, doch davon schweigt!
Ruft jener, daß es mich nicht kränkt,
Daß Gott mir Kraft und Wohlsein schenkt'.
Gebresten kümmert tief den Herrn,
Erheben wollt er sich gar gern;
Er sieht zu seinem Gaste auf:
Ich bitt' euch, Ritter, nehmt's in Kauf,
und setzt euch, das ist mein Begehr,
Zu mir auf dieses Bette her.

Der Herr an seine Seit' sich setzt.
Der Greis beginnt zu fragen jetzt:
Von wannen kamt ihr heut' hier durch?
Biaurepaire heißt die Burg,
Die ich verließ bei Frührotschein.
So Gott mir helf! fällt jener ein,
So seid ihr heute scharf geritten ...
Da tritt ein Knappe in die Pforte;
An seinem Hals mit reichem Borte
Da hängt herab ein blanker Degen,
Den bringt dem Burgherrn er entgegen,
Der halb ihn aus der Scheide zieht,
Wer ihn gemacht', sich wohl ansieht,
Denn das stand auf dem Schwert geschrieben,
Und auch, daß es so wohl getrieben,
So gut geschweißt von hartem Stahl,
Daß es nicht bräch' — ein einzig Mal
Nur ausgenommen, eine Gefahr.
Die bloß bekannt dem Meister war,
Der diesen Degen einst gemacht.
Es spricht der Knappe, der ihn bracht':
Dies Schwert schickt eure blonde Nichte,
So strahlend in der Schönheit Lichte,
Ein leichter Schwert nie schwanget ihr,
So breit und lang wie dieses hier.
Ihr sollt es, wem ihr mögt, verleihn;
Doch heißt's die Dame wohl bestellt,
So es der Würdigste erhält,
Wofern ihr's überhaupt gewährt.
Der es geschmiedet, dieses Schwert,
Macht' ihrer drei und tat den Schwur,
Er schmiede die drei Schwerter nur ...
Der Burgherr reicht das Schwert dem Gast
Und sagt: Mein schöner Freund, das Schwert,
Für euch bestimmt, sei euch verehrt,
Mich freut's, daß ihr es habt und führt,
Nun gürtet euch, das Schwert probiert!
Und jener dankt und gürtet sich ...
Und wie sie plaudern dies und das,

Ein Knappe kommt vom Zimmer her,
In der Hand einen blanken Speer,
Den er gefaßt hält in der Mitten;
So ist zum Feuer er geschritten.
Und alle, die ums Feuer lagen,
An denen er vorbeigetragen,
Den blanken Speer, das Eisen gut,
Die sehen rote Tropfen Blut,
Von des Eisens Spitze fließen,
Sich auf des Knappen Hand ergießen
In einem leuchtend roten Strahle.
Und auch der Jungherr sieht im Saale
Das Wunder, das dem Aug' sich beut.
Indes zu fragen er sich scheut,
Was das für ein Geheimnis wäre,
Dieweil er eingedenk der Lehre,
Die ihm sein Meister einst gepriesen,
Der ihn gewarnt und angewiesen,
Daß er sich hüte, viel zu fragen.
So sehen wir fürchten ihn und zagen:
Unhöflich will er sich nicht zeigen
Und drum die Frage gern verschweigen.
Zwei andre Knappen treten ein,
Die halten Leuchter glänzend fein,
Von Gold, mit schwarzem Schmelz belegt
Das Paar, das diese Leuchter trägt,
Prangt herrlich in der Jugend Blüte.
Auf jedem Kandelaber glühte
Vieler Kerzen goldner Strahl.
In reinen Händen einen Gral
Sah man ein Fräulein tragen dar,
Die mit den Knappen kommen war,
Schön und edel, an Schmuck so reich.
Und da sie kam, der Gral sogleich,
Den sie in ihren Händen faßt,
Strahlt solche Klarheit, daß verblaßt
Davor das Licht der Leuchter ganz,
Wie Stern' erbleichen vor dem Glanz
Der Sonn' und vor des Mondes Schein.

Nach dieser kam ein Jungfräulein,
Die führt' einen silbernen Teller mit,
Sie mit dem Gral voran ihr schritt.
Der Gral war vom feinsten Golde rein
Und hatte köstliches Edelgestein
Verschiedener Art, so teuer, so reich,
An Herrlichkeit kam nichts ihm gleich,
Was Erde birgt und was das Meer:
Alle die anderen Steine hehr,
Sie überstrahlt' des Grales Glanz.
In diesem Aufzug sieht die Lanz',
Sieht alle er vorüberschreiten
Von einem Raum zu einem zweiten.
Der Jüngling sieht's, doch will nicht wagen,
Des Grals Geheimnis zu erfragen:
»Wem des Grales Dienst denn gelte.«

RICHARD WAGNER

Enthüllet den Gral

TITURELS (Stimme):
> Enthüllet den Gral!

Amfortas hat sich schweigend wieder erhoben. Die *Knaben* entkleiden
den goldenen Schrein, entnehmen ihm den »Gral« (eine antike Kri-
stallschale), von welchem sie ebenfalls eine Verhüllung abnehmen, und
setzen ihn vor *Amfortas* hin.

TITURELS (Stimme):
> Der Segen!

Während *Amfortas* andachtsvoll in stummem Gebete sich zu dem Kelche neigt, verbreitet sich eine immer dichtere Dämmerung im Saale.

KNABEN (aus der Kuppel):
> »Nehmet hin mein Blut
> um unsrer Liebe Willen!
> Nehmet hin meinen Leib,
> auf daß ihr mein gedenkt.«

Ein blendender Lichtstrahl dringt von oben auf die Schale herab, diese
erglüht immer stärker in leuchtender Purpurfarbe. *Amfortas,* mit verklärter Miene, erhebt den »Gral« hoch und schwenkt ihn sanft nach allen Seiten hin. Alles ist bereits bei dem Eintritte der Dämmerung auf
die Knie gesunken, und erhebt jetzt die Blicke andächtig zum *»Grale«.*

TITURELS (Stimme):
> Oh! Heilige Wonne!
> Wie hell grüßt uns heute der Herr!

Amfortas setzt den »Gral« wieder nieder, welcher nun, während die tiefe Dämmerung wieder entweicht, immer mehr erblaßt: hierauf schließen die *Knaben* das Gefäß wieder in den Schrein, und bedecken diesen,
wie zuvor. — Mit dem Wiedereintritte der vorigen Tageshelle sind auf
den Speisetafeln die Becher, jetzt mit Wein gefüllt, wieder deutlich geworden, neben jedem liegt ein Brot. Alles läßt sich zum Mahle nieder,
so auch *Gurnemanz,* welcher einen Platz neben sich leer hält und *Parsifal* durch ein Zeichen zur Teilnehmung am Mahle einlädt: *Parsifal* bleibt
aber starr und stumm, wie gänzlich entrückt, zur Seite stehen.
(Wechselgesang während des Mahles.)

KNABENSTIMMEN (aus der Höhe):
> Wein und Brot des letzten Mahles
> wandelt' einst der Herr des Grabes,

durch des Mitleids Liebesmacht,
in das Blut, das er vergoß,
in den Leib, den dar er bracht'.

JÜNGLINGSSTIMMEN (aus der mittleren Höhe):
Blut und Leib der heil'gen Gabe
wandelt heut' zu eurer Labe
sel'ger Tröstung Liebesgeist,
in den Wein, der nun euch floß,
in das Brot, das heut euch speist.

DIE RITTER (erste Hälfte):
    Nehmet vom Brot,
    wandelt es kühn
zu Leibes Kraft und Stärke;
    treu bis zum Tod,
    fest jedem Müh'n,
zu wirken des Heilands Werke.
(Zweite Hälfte.)
    Nehmet vom Wein,
    wandelt ihn neu
zu Lebens feurigem Blute,
    froh im Verein,
    brüdergetreu
zu kämpfen mit seligem Mute.

(Sie erheben sich feierlich und reichen einander die Hände.)

ALLE RITTER:
Selig im Glauben!
Selig in Liebe!

JÜNGLINGE (aus mittlerer Höhe):
Selig in Liebe!

KNABEN (aus oberster Höhe):
Selig im Glauben!

JOSEPH-ARTHUR COMTE DE GOBINEAU

Amadis: Perceval und der Büßer

Perceval wandert in Indien am Ufer des Ganges und sucht den Gral unter Bananen. Eines Tages kehrt er in der Hütte eines Büßers ein. Der kraftvolle Ritter und der hagere, zerbrechliche, durch Fasten geschwächte Büßer sind äußerlich Gegensätze, aber innerlich verwandt, weil sie das höchste Ziel, wennschon auf verschiedenen Wegen, suchen. Der Büßer fragt nach dem Heiligen Gral und erhält die Antwort: der Gral ist ein Glaube der Edelmänner, er ist Helmschmuck und Schwertspitze, er ist der Reiz, der ein adliges Herz rastlos belebt, er ist der Inbegriff aller unerfüllten Wünsche. Josef von Arimathia fing in grünem Kristall des Heilands Blut auf, das aus der Speerwunde floß. Das Heil floß hernieder; dies Blut betrachten heißt Heil erkennen; es ist ein Liebestrank (liqueur d'amour), der da von oben den Sterblichen geschenkt ist. Und die tapferen Sterblichen, die das Abenteuer suchen, die sich lange geübt haben in jenem stolzen Entsagen, ohne das nichts emporsteigt, die stets Ehre und Liebe hochhalten und nicht von anderen Genüssen träumen, die der Schande aus dem Wege gehen und nach heiliger Freiheit dürsten: diese Gralsucher werden endlich finden. Der Büßer meint: du erwartest also von dieser Welt nur einen Kampfplatz, du willst durch diese Kämpfe deine Materie läutern, willst als glänzendes Licht empordringen in die Ewigkeit, nachdem du abgetan, was Niedriges in dir steckte? Wohlan, wandre deinem Flammenideal entgegen, eile lächelnd zum Heiligen Gral und zum Glück! Du hältst ja schon das Glück, von dem du sprichst: Ehre, Liebe, Freiheit! So scheiden Ritter und Büßer und verstehen einander.

Erzählt von Wolfgang Golther

FRIEDRICH LIENHARD

Parsifal und der Büßer
Nach einem Motiv in Gobineaus »Amadis«

Am Wildbach war's, da traf er einen Büßer,
Der herbstgrau saß, vom Lenz umsonst beleuchtet.
»Mich dünkt der diamantne Tropfen süßer
Als du, wenn sich die Morgenwelt befeuchtet.
Und reinlicher des Baches Schaumgefäll,
Mein Silberpanzer edler als dein Fell!«

So schalt Held Parsifal. Es war sein Schimmel
Gleich seinem Panzer: Licht ging aus von beiden.
Er hatte sich gelöst vom Volksgewimmel,
Um unter Abenteuers Lust und Leiden
Ein Mann zu bleiben, keine tote Zahl,
Die Tempelburg zu suchen und den Gral.

Der Büßer tauchte seine Muschelschale
Und schlürfte langsam aus der kalten Quelle;
Langsam und ernst, vergleichbar dem Chorale,
Kam dann die Antwort aus dem rauhen Felle.
»Du reitest durch das Irrsal fort und fort,
Doch ich durchdenke hier ein einzig Wort.

Vernimm das Wort, das ich mit schwerem Munde
In Buß- und Bettlerwürde dir verkünde:
Dich brennt noch nicht die letzte Seelenwunde,
Denn dich durchdrang noch nicht das Urwort *Sünde!*
Jedoch nicht Reitens Trotz noch Ungeduld
Erlöst dich von dem Donnerton der *Schuld!*«

So schwermutvoll verklang des Büßers Mahnung.
Den Ritter, der an seinem Hengste lehnte,
Durchflog von fern die ungefähre Ahnung,
Was dieses Mönchs Gewissensnot ersehnte.

Er sann. Dann sprach er: »Freund, wir sind verwandt,
Im Wechsel suchen du und ich Bestand.

Wir suchen Ew'ges: Du mit Geisteskräften
Dich reinigend von jeder niedren Regung,
Und ich, getrieben von des Blutes Säften,
Draußen in Tat, Gestaltung und Bewegung.
Ritterlich beide, suchend um und um —
Wir suchen beide hehres Menschentum.«

»Und finden niemals!« rief der Klausner bitter,
»Denn diese Welt ist unausrottbar sündig!«
»So schaffen wir die beßre!« klang vom Ritter
Die ritterliche Antwort hell und bündig.
»Du hoffst?« — »Ich hoffe!« — »Schaffst?« — »Ich greife zu!«
»Doch mich erquickt das Trostbild ew'ger Ruh'.«

»Des Heilands Blut«, begann der Mönch aufs neue,
»Hat Kraft, aus Erdenlastern zu erlösen.
Er ging voran, wir halten ihm die Treue
Und folgen ihm aus dieser Welt des Bösen.
Dies ist mein Gral, dies ist mein Eins-ist-not:
Ich suche Christus — und in ihm den Tod.«

»Ich suche Christus — und in ihm ein *Siegen*!«
Rief Parsifal, geschwellt vom Flammendrange.
»Dein Suchen, Alter, ist ein Unterliegen,
Und dein Gebet gleicht einem Grabgesange.
Doch mir ist Christi Blut, das niederfließt,
Ein Trank, der Feuer in die Seele gießt.

Denn immer reicher will ich, immer größer —
Dies wundersame, unerschöpfte Leben;
Zum Umgestalten hat es mein Erlöser
Und mein Verklärer in die Hand gegeben.
Ich will's durchdringen mit des Lichtes Strahl —
Dies ist mein Eins-ist-not, mein heil'ger Gral!«

Und seine Glut bezwang den dürren Alten
Und schürte dort ein fast erloschnes Feuer.
»Jüngling, zieh hin! Laß deinen Schild zerspalten!
Sei guter Kampf dir neu und immer neuer!
Doch trägst du Wunden ehrenvoll davon —
So komm, ich pflege dich wie meinen Sohn!«

Und Parsifal sprang in die rote Decke
Des weißen Rosses und ritt dankend weiter.
Der schwere Gaul zerstampfte Kraut und Schnecke,
Des Ritters Herz war fest, sein Auge heiter.
Die Wüste kam; es lag im Sand verdorrt
Manch bleicher Schädel — doch der Held ritt fort.

Die heilige Quelle

Wir erreichten das Mönchskloster vor Einbruch der Dunkelheit, und die Männer erhielten dort Unterkunft; die Frauen aber wurden zum Nonnenkloster hinübergeschickt. Die Glocken ertönten jetzt ganz in der Nähe, und wie eine Botschaft des Verhängnisses dröhnte uns ihr feierliches Geläute in den Ohren. Abergläubische Verzweiflung hatte das Herz aller Mönche ergriffen und war in den verstörten Gesichtern zu lesen. Überall tauchten diese schwarzgewandeten, mit leisen Sandalen beschuhten, talggesichtigen Gespenster auf, flitzten umher und verschwanden wieder, so lautlos wie die Geschöpfe eines Alptraums und ebenso unheimlich.

Die Freude des alten Abtes, mich zu sehen, war rührend. Zu Tränen rührend sogar, aber er vergoß sie selbst. Er sagte:

»Säume nicht, mein Sohn, sondern begib dich an dein rettendes Werk. Falls wir das Wasser nicht zurückbringen, und zwar bald, sind wir ruiniert, und die löbliche Arbeit von zweihundert Jahren muß ein Ende nehmen. Aber sieh zu, daß du es mit Zauber vollbringst, der heilig ist, denn die Kirche duldet nicht, daß ein Werk mit Teufelsmagie für sie getan wird.«

»Wenn ich arbeite, Ehrwürden, dann kannst du sicher sein, daß kein Teufelswerk damit verbunden ist. Ich werde mich keiner Kunst bedienen, die vom Teufel stammt, und nichts verwenden, das nicht von Gottes Hand geschaffen wurde. Hält sich aber Merlin streng an die Linie der Frömmigkeit?«

»Ach, er hat gesagt, er wolle es tun, mein Sohn, hat uns versichert, er wolle es tun, und einen Eid geleistet, sein Versprechen zu halten.«

»Nun, in dem Fall laß ihn weitermachen.«

»Aber du wirst doch gewiß nicht müßig dabeisitzen, sondern helfen?«

»Es taugt nichts, die Methoden zu vermengen, Ehrwürden, und wäre auch nicht kollegial. Zwei Leute vom gleichen Beruf dürfen einander nicht unterbieten. Dann könnten wir ja gleich die Preise herabsetzen, denn darauf liefe es schließlich hinaus. Merlin hat den Kontrakt; kein anderer Zauberer darf die Sache anrühren, bis er sie aufgibt.«

»Aber ich werde sie ihm abnehmen; hier handelt es sich um eine schreckliche Notlage, daher ist dieser Schritt berechtigt. Und wäre das auch nicht der Fall — wer will der Kirche Gesetze vorschreiben? Die Kirche schreibt jedermann Gesetze vor, und was sie zu tun wünscht, das darf sie tun, wem es auch immer Schaden zufügt. Ich werde ihm den Auftrag abnehmen, du sollst noch diesen Augenblick beginnen.«

»Das darf nicht sein, Ehrwürden. Zweifellos ist es so, wie du sagst: wer die höchste Macht ausübt, der kann tun und lassen, was er will, ohne daß ihm etwas geschieht; wir armen Magier aber sind nicht in einer solchen Lage. Merlin ist auf seine bescheidene Art ein recht guter Zauberer und genießt in der Provinz einen ganz ordentlichen Ruf. Er strengt sich an, tut, was er kann, und es entspräche nicht der Etikette, wenn ich ihm sein Geschäft wegnehmen wollte, solange er es nicht selbst aufgibt.«

Das Gesicht des Abtes erhellte sich. »Ah, das ist einfach. Es gibt Wege, ihn davon zu überzeugen, daß er es aufgeben soll.«

»Nein, nein, Ehrwürden, es bewirkt keinen Unterschied, wie die Leute hier sagen. Wenn man ihn gegen seinen Willen überzeugt, dann füllt er den Brunnen mit einem boshaften Zauber, der mich hindern wird, bis ich sein Geheimnis entdeckt habe. Das kann einen Monat dauern. Ich könnte zwar eine meiner kleinen Zaubereien, die ich das Telefon nenne, veranstalten, ohne daß es ihm auch nur in hundert Jahren gelänge, ihr Geheimnis zu ergründen. Ja, verstehst du, einen Monat lang könnte er mich aufhalten. Möchtest du bei einer derartigen Trockenheit einen Monat riskieren?«

»Einen Monat! Schon der Gedanke allein bringt mich zum Schaudern. Möge es sein, wie du es wünschest, mein

Sohn. Aber das Herz ist mir schwer von Enttäuschung. Geh von mir und laß mich meinen Geist mit Ungeduld und Warten quälen, wie ich es die letzten zehn langen Tage hindurch getan und das, was man Rast nennt, nachgeahmt habe, dieweil der liegende Körper die äußeren Zeichen der Ruhe vortäuscht, wo doch innerlich keine ist.«

Natürlich wäre es für alle das beste gewesen, wenn Merlin Etikette Etikette sein gelassen, die Sache aufgegeben und Schluß gemacht hätte, denn nie wäre er in der Lage gewesen, das Wasser zum Fließen zu bringen, weil er ein echter Magier seiner Zeit war; das heißt, die großen Wunder, diejenigen, welche ihm seinen Ruf verschafften, waren immer vom Glück so begünstigt, daß sie gerade dann vollbracht wurden, wenn außer Merlin niemand zugegen war; er konnte diesen Brunnen nicht zum Fließen bringen, während die Menge herumstand und zusah; eine Menschenmenge war zu jener Zeit für das Wunder eines Zauberers das gleiche wie für das eines Spiritisten zu meiner Zeit; bestimmt war irgendein Skeptiker bei der Hand, der im entscheidenden Augenblick das Gaslicht aufdrehte und alles verdarb. Ich wollte jedoch nicht, daß sich Merlin vom Auftrag zurückzog, bis ich selbst bereit wäre, diesen zu übernehmen, und das konnte ich erst tun, wenn ich meine Materialien aus Camelot erhalten hatte, was noch zwei bis drei Tage dauern mußte.

Meine Gegenwart gab den Mönchen Hoffnung und heiterte sie ordentlich auf, so daß sie an jenem Abend zum erstenmal seit zehn Tagen ein kräftiges Mahl aßen. Sobald ihr Magen gebührend durch Nahrung gestärkt war, begann sich ihre Stimmung rasch zu heben, und als der Met herumgereicht wurde, hob sie sich noch rascher. Als alle geladen hatten, kam die heilige Gemeinschaft so recht in Form, die Nacht durchzuzechen, und so blieben wir an Bord und führten die Absicht aus. Die Sache wurde recht vergnügt. Die Brüder erzählten gute, alte zweideutige Geschichten, bei denen ihnen vor Lachen die Tränen flossen, die Münder weit offenstanden und die runden Bäuche wackelten; zweideutige Lieder wurden in schallendem Chore hinausgebrüllt, der das Dröhnen der läutenden Glocken übertönte.

Endlich unternahm ich es selbst, eine Geschichte zum besten zu geben, und ihr Erfolg war groß. Natürlich nicht sofort, denn für gewöhnlich taut der Einwohner jener Insel nicht bei der ersten Anwendung einer Dosis Humor auf; als ich sie aber zum fünftenmal erzählte, begannen die Mönche hier und da Risse aufzuweisen; und als ich sie das achtemal erzählte, fingen sie an, abzubröckeln, bei der zwölften Wiederholung zerbarsten sie in Blöcke und bei der fünfzehnten zerfielen sie in ihre Bestandteile, so daß ich einen Besen holte und sie auffegte. Das heißt, bildlich gesprochen. Diese Insulaner — nun, zuerst zahlen sie einem die investierte Mühe ja nur langsam zurück, aber zuletzt lassen sie die Rückzahlung aller anderen Völker klein und armselig erscheinen.

Ich stellte mich am nächsten Tag schon zeitig am Brunnen ein. Merlin war da und zauberte emsig wie ein Biber, brachte aber keine Feuchtigkeit zutage. Er war nicht gut gelaunt, und jedesmal, wenn ich andeutete, der Kontrakt sei für einen Neuling vielleicht eine Spur zu knifflig, löste sich seine Zunge und er fluchte wie ein Bischof — ich meine, wie ein französischer Bischof aus den Tagen der Regentschaft.

Die Dinge lagen ungefähr so, wie ich erwartet hatte. Die »Quelle« war ein gewöhnlicher Brunnen; er war auf die gewöhnliche Weise gegraben und auf die gewöhnliche Weise mit Steinen ausgemauert worden. Es war nichts Wunderbares daran. Sogar die Lüge, die ihren Ruf geschaffen hatte, war nicht wunderbar; ich hätte sie selbst erzählen können, sogar, wenn man mir die eine Hand auf den Rücken gebunden hätte. Der Brunnen lag in einer dunklen Kammer mitten in einer aus behauenen Steinen gebauten Kapelle; an ihren Wänden hingen fromme Bilder, deren Ausführung so war, daß sich ein Farbdruck daneben erhaben gefühlt hätte; es waren Bilder zum historischen Andenken an Heilwunder, die von dem Wasser bewirkt worden waren, als niemand zusah. Das heißt, niemand außer Engeln; sie sind immer an Deck, wenn ein Wunder vorausliegt — vielleicht, um mit aufs Bild zu kommen. Engel haben das ebensogern wie Feuerwehrleute; seht euch nur die Bilder der alten Meister an.

Die Brunnenkammer war matt erleuchtet; das Wasser zogen die Mönche mit Winde und Kette herauf und gossen es in Tröge, von wo es in Steinbecken floß, die sich draußen in der Kapelle befanden — falls es Wasser heraufzuziehen gab, meine ich —, und außer den Mönchen durfte keiner die Brunnenkammer betreten. Ich betrat sie, denn ich hatte duch die Gefälligkeit meines Berufskollegen und Untergebenen die zeitweilige Genehmigung dazu. Er selbst aber war nicht hineingegangen. Er tat alles mit Hilfe von Beschwörungen, niemals nahm er seinen Verstand in Anspruch. Wäre er dort eingetreten und hätte sich seiner Augen anstatt seines gestörten Geistes bedient, dann hätte er den Brunnen mit natürlichen Mitteln heilen und es dann auf die übliche Weise in ein Wunder verwandeln können; aber nein, er war ein alter Schwachkopf, ein Magier, der an seine eigene Zauberei glaubte: und kein Magier, der von einem solchen Aberglauben gehindert wird, kann es zu etwas bringen.

Ich vermutete, daß der Brunnen leck geworden war, daß sich in der Nähe des Grundes ein paar Mauersteine herausgelöst und Spalten freigelegt hatten, durch die das Wasser abfloß. Ich maß die Kette: achtundneunzig Fuß. Dann rief ich zwei Mönche herein, verriegelte die Tür, nahm eine Kerze und befahl den beiden, mich im Eimer hinabzulassen. Als die Kette ganz abgerollt war, bestätigte das Kerzenlicht meinen Verdacht; ein beträchtlicher Teil der Brunnenwand war eingestürzt und hatte eine recht große Spalte freigelegt.

Fast bedauerte ich, daß meine Theorie über den Schaden des Brunnens richtig war, denn ich hatte noch eine zweite, bei der es für ein Wunder ein oder zwei pompöse Nebenwirkungen gegeben hätte. Mir war eingefallen, daß man in Amerika viele Jahrhunderte später eine Erdölquelle, wenn sie zu fließen aufgehört hatte, gewöhnlich mit einer Dynamitladung freisprengte. Falls ich festgestellt hätte, daß der Brunnen versiegt war, ohne daß es eine Erklärung dafür gab, dann hätte ich die Leute hier prächtig in Erstaunen versetzen können, indem ich einen nicht besonders wertvollen Menschen eine Dynamitbombe hineinwerfen ließ. Ich hatte daran gedacht, Merlin hierzu zu ernennen. Es war jedoch offensichtlich, daß kein Anlaß für die Bombe bestand. Man kann nicht alles so haben, wie man es wünscht. Es gehört sich sowieso nicht, bei einer Enttäuschung den Kopf hängenzulassen; man muß beschließen, auf seine Kosten zu kommen. Das tat ich. Ich sagte mir: ich habe es nicht eilig, ich kann warten, die Bombe wird schon noch zupaß kommen. Und so war es auch.

Als ich mich wieder über Tage befand, schickte ich die Mönche hinaus und ließ eine Fischschnur in den Brunnen hinab; es war hundertfünfzig Fuß tief und enthielt einundvierzig Fuß Wasser. Ich rief einen Mönch herein und fragte:

»Wie tief ist der Brunnen?«

»Das weiß ich nicht, Herr, denn es ist mir nie mitgeteilt worden.«

»Wie hoch steht das Wasser für gewöhnlich darin?«

»Bis nahe an den Rand, seit zwei Jahrhunderten, wie das Zeugnis besagt, das uns von unseren Vorgängern überkommen ist.«

Das stimmte, wenigstens, was die neuere Zeit betraf, denn es gab noch eine Aussage darüber, und zwar eine glaubwürdigere als die eines Mönches: nur zwanzig, dreißig Fuß der Kette zeigten Spuren von Abnutzung; der übrige Teil war unbenutzt und verrostet. Was war geschehen, als der Brunnen das erstemal versiegte? Zweifellos war irgendein praktisch veranlagter Mensch gekommen und hatte das Leck geflickt, war dann wieder heraufgestiegen und hatte dem Abt erzählt, er habe durch ein überirdisches Zeichen entdeckt, daß der Brunnen wieder fließen werde, wenn man das sündhafte Bad zerstörte. Jetzt war das Leck von neuem entstanden, und diese kindlichen Gemüter hätten um himmlischen Beistand gebetet, Prozessionen abgehalten und ihre Glocken geläutet, bis sie ganz und gar vertrocknet und davongeweht worden wären, und keines von diesen Unschuldslämmern wäre je auf den Gedanken gekommen, eine Angelleine in den Brunnen zu lassen oder hinunterzusteigen, um nachzusehen, was eigentlich los war. Alte Denkgewohnheiten gehören zu den Dingen, die einem am zähesten anhängen. Sie werden vererbt wie Körperbau und Gesichtszüge, und ein Mensch, der in jenen Zeiten einen Einfall hatte, den seine Ahnen noch nicht gehabt hatten, wäre in den Verdacht gekommen, unehelich zu sein. Ich sagte zu dem Mönch:

»Einen trockenen Brunnen wieder mit Wasser zu füllen, ist ein schwieriges Wunder, aber wir werden es versuchen, wenn mein Kollege Merlin Mißerfolg hat. Kollege Merlin ist ein ganz ordentlicher Künstler, aber nur für Salonzauberei, und vielleicht mißlingt es ihm; es wird ihm sogar wahrscheinlich mißlingen.«

Der heilige Fels

Das merkwürdigste an Wolframs Schilderungen ist der Gral, der viele Eigenschaften besitzt.

Es ist ein Stein von unbestimmter Form, der in einem Tempel, in der Gralsburg, aufbewahrt wird und alles Irdische übertrifft. Sein Anblick verleiht ewige Jugend. Er ist so schwer, daß böse Menschen ihn nicht anheben können. Der Gral, für Heiden unsichtbar, kann nur indirekt gefunden werden. Der bewußten Suche entzieht er sich. Seine Kraft erhält er durch eine Oblate, die eine weiße Taube jeden Karfreitag vom Himmel bringt und auf dem Gral niederlegt. Der Gral wird von Tempelrittern, den »Templeisen«, bewacht. Oberster Wächter ist der Gralskönig.

Aufschlußreich wird die Suche nach Wolframs Gral, wenn sie zu den Kreuzzügen führt, zu den Kreuz- und Tempelrittern.

Der Orden der Tempelritter war 1119 gegründet worden, um den Pilgern auf ihrer Wallfahrt nach Jerusalem Schutz zu gewähren. Die Templer hatten ihren Namen vom Tempel in Jerusalem. In den erhöhten Raum dieses Tempels, der als Sitz Gottes galt, ragte ein mächtiger Kalkstein: der heilige Fels.

Er war von den Juden verehrt worden und blieb zentrales Heiligtum, als die Römer hier einen Tempel bauten und wieder einige Jahrhunderte danach die Araber an derselben Stelle eine Moschee errichteten, die »Omar-Moschee«, den »Felsen-Dom«.

Als die Kreuzritter 1099 Jerusalem besetzten, fanden auch sie bald ein besonderes Verhältnis zu diesem Stein. Über dem heiligen Fels errichteten sie einen Altar; auf die Kuppel der Omar-Moschee setzten sie das Kreuz.

Die christlichen Pilger, die nach Palästina gelangten, konnten sich ebenfalls der Kraft des Steines nicht entziehen. Sie ließen sich gegen teures Geld Stücke aus dem Fels herausschlagen und nahmen sie mit in die Heimat. Die Reliquien vom Fels, die nach Europa gelangten, erregten Aufsehen, denn den Steinen vom »Tempel des Herrn« sprach die wundergläubige Bevölkerung Zauberkraft zu.

Auch Wolfram von Eschenbach hatte von diesen Steinen und ihrer Wunderkraft gehört und verband sie mit dem Gral. Zugleich wurden die Templeisen, die zu Wolframs Zeit in höchstem Ansehen standen, im Epos zu Gralshütern.

TANKRED DORST

Gral-Bilder

Luzifers Sturz.

Ein gewaltiges Rauschen in der Luft. Luzifer stürzt durch das Weltall, er stürzt an der Erde vorbei. Ein Stein bricht aus seiner Engelkrone, glüht auf wie ein Meteorit.

Stille.

In der Wüste liegt ein riesiger leuchtender Stein, er hat dieselbe gezackte Form wie der Stein aus der Krone Luzifers: es ist der Stein aus der Krone Luzifers.

Aus Erdlöchern und Höhlen kommen Menschen heraus und nähern sich dem leuchtenden Stein. Manche sieht man aus weiter Entfernung herankommen, einige rennen. Manche kriechen heran, manche tasten sich vorwärts wie Blinde. Viele tragen schwarze Schutzbrillen. Einige schleppen Koffer, als ob sie gerade vom Bahnhof kämen. Jemand schiebt sein Fahrrad mühsam durch den Sand, läßt es liegen, geht zu Fuß weiter. Eine Gruppe nackter dunkelhäutiger Menschen, deren Körper mit Ornamenten grellweiß bemalt sind.

Nun scheint der Stein über dem Wüstenboden zu schweben, und er sieht aus wie eine schimmernde Stadt mit kristallenen Türmen, Mauern, Zinnen.

Christus am Kreuz.

Riesige überfüllte Parkplätze, verstopfte Zufahrtsstraßen zu dem Hügel am Rand der Großstadt. Der Hügel ist aus dem aufgetürmten Trümmerschutt des Krieges entstanden und in eine künstliche kleine Gebirgslandschaft verwandelt worden. Rasen, blühende Büsche; schmale gewundene Pfade führen zum Gipfel hinauf, wo die Kreuzigung stattfindet. Große Zuschauermenge. Der sterbende Christus am Kreuz. Der Kriegsknecht stößt ihm die Lanze in die Seite, dreht sie in der Wunde um. Ein dicker Blutstrahl schießt aus der Wunde.

Joseph von Arimathia kniet unter dem Kreuz und fängt

das Blut in dem grünschimmernden Gralskelch auf. Er ist ängstlich besorgt, daß kein Tropfen Blut auf die Erde fällt.

Der Kelch, das ist der Stein Luzifers.

Joseph von Arimathia.

In der Wüste haben sich Joseph von Arimathia und seine Anhänger um einen langen Tisch versammelt, um den Heiligen Gral zu feiern. Alle tragen lederne Fliegerhauben. Das schimmernde Gefäß wird von einem zum anderen gereicht und jeder trinkt daraus.

Der Wind weht den hellen Sand in Schleiern über die Gruppe hin. Ein hoher, unendlich schöner Ton in der Luft.

Die Rune.

Ein Doppeldecker-Flugzeug startet und steigt steil in die Luft. Es kreist über einem hohen schneebedeckten Berg, es schreibt kreisend, stürzend und wieder steigend eine Rune in den leeren Himmel.

Die Rune bleibt lange stehen, löst sich dann allmählich auf.

Über das Meer.

Joseph von Arimathia, der den Gral in den hochgestreckten Händen hält, geht mit seinen Anhängern über das Meer.

Sie gehen über die Wellen des Wassers, als ob es fester Boden wäre. Sie gehen auf die weiße Felsenküste Englands zu.

Der höchste Ort.

Auf dem höchsten Gipfel eines wüsten Gebirgsmassivs steht riesengroß der schimmernde Gral. An den Bergwänden klimmen Menschen hoch, sie hängen winzig klein in den Felsen. Man sieht sie sich bewegen, aber sie scheinen kaum höher hinaufzukommen.

EDUARD STUCKEN

Der Gral

Seit das göttliche Kind so kühn sich ans Kreuz gehängt,
erstrahlt eine Schale lauchgrün, die sein Blut umfängt,
und Josef von Arimathie, des Pilatus Knecht,
barg sie heimlich und hütete sie für das
    Menschengeschlecht;
drum dient jetzt die Welt der Magd und ihrem Sohne.
Die Schale war einst ein Smaragd in Luzifers Krone,
der aus der Krone brach, als des Lichtes Genossen
mit uns kämpften; er wurde hernach zum Gral umgegossen.
Doch in Luzifers Krone glomm noch ein Stein; und ihn
haben wir aus dem Goldreif genommen — dort den Rubin.
Amezarak, der Nigromant, sang ein Zauberlied,
Azazel schürte den Brand, der kunstreiche Schmied.
Und wenn es mir gelingt, den Gral zu erschaffen, — —
das Zepter, das Luzifer schwingt, werde ich erraffen!
Ja, ich werde den Himmel besiegen, in Purpur prangen;
ich werde auf Himmelsstiegen zu den Sternen gelangen;
mein Gral wird niederblitzen den andern Gral.

WILHELM HERTZ

Der Gral ist ein Edelstein

Der Gral ist ein Edelstein von reinster Art, der jeden Wunsch gewährt. Es ist derselbe Stein, durch dessen Kraft der Phönix aus der Asche neu ersteht. Sein Anblick verleiht nie alternde Jugendkraft, und wer ihn schaut, kann in derselben Woche nicht sterben. Jeden Karfreitag schwingt sich eine durchleuchtig weiße Taube vom Himmel herab und legt eine feine Oblate auf den Stein; davon wird ihm seine Wunderkraft. Der Stein ist so schwer, daß ihn die sündige Menschheit insgesamt nicht von der Stelle rücken könnte; aber eine reine Jungfrau trägt ihn ohne Mühe. Dem Heiden ist er ganz unsichtbar. Als Offenbarungen des göttlichen Willens erscheinen Schriftzüge auf dem Gral, welche, wenn sie gelesen sind, wieder verschwinden. Auf Munsalväsche dienen dem Gral Ritter und Jungfrauen, die als Kinder durch die Gralinschriften aus allen Landen zusammenberufen werden. Nur der Berufene findet den Weg zum Gral. Von diesen seinen Dienern fordert der Gral Keuschheit und Demut. Wird ein Land herrenlos, so entsendet der Gral einen seiner Jünglinge dahin; der erscheint dort plötzlich geheimnisvoll durch ein Wunder. Die Jungfrauen aber werden werbenden Fürsten gegeben. Die männlichen Graldiener heißen Templeisen und üben Ritterschaft, aber nicht im Frauendienst, sondern zur Buße ihrer Sünden. Sie durchstreifen das wilde Land und verteidigen die Zugänge der Gralburg, und zwar auf Tod und Leben: sie machen keinen Gefangenen. Minne ist ihnen verboten. Nur der König und solche, welche als Könige in herrenlose Länder entsandt werden, dürfen heiraten. Die Übrigen bilden eine ritterliche Brüderschaft.

EDUARD STUCKEN

Die Lanze des Longinus

Meiner Sendung uneingedenk und der Strahlenkrone,
die vom höchsten Gott ein Geschenk war und seinem
   Sohne,
zog auch ich mein Schwert und drang auf Balin ein.
Doch seine Klinge zersprang wie ein Feuerstein
auf meiner. Er floh durch die Zimmer, und ich ihm nach
auf seinen Fersen immer — bis zum letzten Gemach,
wo im Elfenbeinbett, gleichwie ein Sargschrein verziert,
Josef von Arimathie lag, einbalsamiert,
und auf einem Goldtisch, nicht fern von der Leiche, der
   Spieß,
mit dem Longinus den Herrn am Kreuze durchstieß,
und den noch ein Blutschein umflorte von Christi Ende, —
den ergriff Sir Balin und bohrte ihn mir in die Lende,
schlug mir und dem Heiligen Speer — und dem Gral auch
   — die Wunden,
für die wir drei bisher nicht Heilung gefunden!
Denn kaum, daß ich in den Flammen der Wundhölle büßte,
fiel ein Teil der Gralsburg zusammen, das Land ward zur
   Wüste,
und die Heilige Lanze begann wie ein Mensch zu bluten,
und des Grales Lichtwasser rann in kranken Fluten.

Wie Herr Gauveins die blutige Lanze und den heiligen Gral gesehen

Die Schar der Ritter saß im Saal,
Darinnen prangt das Königsmahl.
Da öffnet sich eines Zimmers Tür,
Ein Knappe tritt daraus herfür,
Der schönste, glaubt es mir, fürwahr,
Der irgendwo zu finden war,
Sucht' man auch weit und breit im Land.
Der Knappe hält in seiner Hand
Geglättet Eisen, eine Lanze,
Die er in ihrem bleichen Glanze
Vor Gauvain trägt. Vom Eisen gießt
Ein Blutstrahl rot, der stetig fließt.
Der Knapp' zeigt sie im Saal und geht.
Doch nun ein neues Wunder, seht!
Da tritt ein Jungfräulein herein,
Ein Mägdlein wunderlieblich fein.
In ihren Anblick ganz versunken,
Von ihrer Schönheit wonnetrunken,
Kann Gauvain seinen Blick nicht wenden.
Das Fräulein hält in ihren Händen
Ein Tellerlein von Silbers Glanz,
Das zeigt sie dem Herrn und folgt der Lanz'
Und schreitet ihr nach hinaus aus dem Saal.
Drauf schaut Herr Gauvain zum dritten Mal
Ein glänzend Bild: Der Knappen zwei,
Die tragen Leuchter an ihm vorbei,
Strahlend im goldenen Lichte der Kerzen.
Da packt's ihn, und brennt und wogt es im Herzen
Dem edlen Ritter: er möchte erkennen,
Woher diese Leute, und wie sie sich nennen.
Versunken dann in Träumereien,
Sieht nach den Knappen er, den zweien,
Ein Fräulein treten in den Saal,

Leuchtend in der Schönheit Strahl.
Doch heftig härmt sie sich und weint.
In ihren Händen erhoben erscheint
Ein Gral, der völlig unverhüllt,
Herr Gauvains deutlich sieht das Bild,
Aufs höchste er verwundert sich,
Warum sie klagt so jämmerlich,
Von wo sie kommt und was sie trägt,
Und was ihr so das Herz bewegt.
Daß sie nicht hemmt der Tränen Lauf,
Bekümmert ihn. Die Jungfrau drauf
Geht raschen Schritts den Herren für,
Verläßt den Saal und tritt zur Tür.
Als sie getreten ins Gemach,
Da folgen ihr vier Knappen nach,
Die sah er eine Bahre tragen,
Mit reichem Pallium ausgeschlagen,
Auf der Bahre lag eine Leich',
Darüber, auf dem Tuche reich,
War ein blankes Schwert gelegen.
Entzwei gebrochen war der Degen.
Indes den Riß nicht aus man fand;
Wem nicht die Sache war bekannt,
Sah nicht, daß er gebrochen war.
Die Jungherrlein, die trugen die Bahr',
Sind durch die Mitte des Saales geschritten ...
Sie führen ihre Bahre weg,
Und alle viere ohn' Verweilen
Sieht man zu einem Zimmer eilen.
Und sieh! Nur kurze Zeit nachher,
Da kommt der Knappe mit dem Speer,
Des Spitze blutet, zum Saale wieder.
Nicht tropft's aus Fleisch noch Ader nieder.
Und dann erscheint ein zweites Mal
Die Maid mit dem silbernen Teller im Saal.
Es kommen hinter ihr gereiht,
Mit ihren Leuchtern die Knappen zu zweit'.
Nach ihnen sieht man den Gral erscheinen,
Leuchtend von köstlichen Edelsteinen.

Ihn trägt die hehre Maid, die weint.
Und sogleich nach ihm erscheint,
Von Knappen getragen, die große Bahr',
In solcher Weise — nehmt's für wahr! —
Sieht man sie viermal vorüberwallen;
Den Burgbewohnern, den Gästen allen,
Stellen sie ihre Wunder zur Schau.

Übersetzt von Wilhelm Hertz

Der Gral und die Tafelrunde

Eines Tages kam Merlin zum Könige und sprach: Mein König wisse, daß, nachdem unser Heiland war gekreuzigt worden, ein frommer Ritter, mit Namen Joseph von Arimathia, kam, und kaufte den Leichnam Christi von Pilato, und ließ ihn begraben. Dieser Ritter liebte Christus so sehr, daß die Juden ihn deshalb verfolgten, und ihm viel Leid antaten. Nachdem Christus auferstanden, zog Joseph von Arimathia nach einer Wüste, nebst den meisten von seiner Familie, und mehreren anderen Menschen. Dort litten sie viel Hungersnot, so daß viele von ihnen Hungers starben. Da murrten sie gegen den Ritter, der ihr Meister war. Der Ritter sah die Not seines Volks, und betete voll Inbrunst zu unserm Herrn Christus, daß es ihm gefiele, dieser Hungersnot seines Volks ein Ende zu machen. Unser Herr befahl ihm darauf eine Tafel zu errichten, so wie die war, an welcher er mit den Aposteln das Abendmahl genoß. Diese Tafel solle er wohl ausschmücken, und mit weißen, feinen Tüchern bedecken; darauf solle er einen goldenen Kelch stellen, den er ihm selber sandte; und daß er dieses Gefäß wohl bedecke und in acht nehme. Wisse ferner, mein König, daß dieser Kelch von Gott gesandt, die Gemeinschaft der Guten und der Bösen bedeutet; die Guten aber, welche an dieser Tafel zugelassen wurden, erhielten die Erfüllung aller ihrer Wünsche. Ein Platz blieb immer leer an dieser Tafel, das bedeutete den Judas, der unsern Herrn verriet, und sich mit den Aposteln zum Abendmahle setzte. Und als unser Heiland sagte: »Wahrlich ich sage Euch, einer unter Euch wird mich verraten; der mit der Hand mit mir in die Schüssel taucht, der wird mich verraten«, stand Judas auf von der Tafel, schämte sich und ging hinaus. Und die Stelle an der Tafel blieb leer, bis Christus einen andern, mit Namen Matthias, hinsetzen ließ. So mußte auch ein Platz an Josephs von Arimathias Tafel leer bleiben. Diese Tafel ward von allen denen, welche dazu gelassen wurden, sehr in Ehren gehalten, und sie nannten sie Gral. Nach ihr wurde noch eine ähnliche Tafel errichtet; willst du mir also folgen, mein König, so errichte du die dritte im Namen der Dreifaltigkeit. Ich will dir bei diesem Werke helfen; es wird ein Werk werden, wofür du die Gnade Gottes dir erwirbst, und alle diejenigen, die an der Tafel Platz nehmen, läßt du daran teilnehmen. Jenes Gefäß aber und seine Hüter sind gegen den Okzident hingezogen, die Hüter wissen aber jetzt selber nicht mehr, wo es eigentlich hingeraten ist, sondern sie sind ihm nur in jene Gegend nachgezogen. Du aber tue so wie ich dir sagte, du wirst dessen noch einst dich sehr erfreuen. Uterpendragon erwiderte: mit Freuden will ich tun, was du mir rätst, denn deine Worte sind Weisheit; aber ich selber bin nicht imstande solches Werk einzurichten, sondern dir, Merlin, trage ich die Sache auf, richte in meinem Namen alles so ein, wie es sein muß. Und wo, fragte Merlin, befiehlst du, daß diese dritte Tafel errichtet werde? — Wo es dir beliebt, und wo Gott der Herr will, daß sie errichtet werde. — Nun so will ich sie zu Kardueil in Wales errichten. Laß dein Volk sich zum Pfingstfeste allda versammeln, und halte dann allda offenen Hof, ich aber werde vorangehen und die Tafel vorher errichten. Gib mir Leute, damit sie tun was ich ihnen sage, und wenn du verlangst, so werde ich denjenigen, die herum sitzen sollen, Platz anweisen.

Am Pfingstfest, als der König und all seine Barone, und die edlen Damen und Fräulein seines Reichs nach Kardueil kamen, fanden sie die Tafel von Merlin schon errichtet. Der König hielt offenen Hof für alle Edlen und Ritter, und für sein ganzes Volk, dann fragte er den Merlin, wer nun an dieser Tafel sitzen solle? — Morgen, antwortete Merlin, werde ich fünfzig Ritter erwählen, die herum sitzen sollen, niemals aber werden diese wieder fort in ihr Land, oder in ihr Haus zurückgehen wollen.

Des andern Tages wurden fünfzig Ritter erwählt, und Merlin bat sie sich an die Tafel zu setzen, zu essen und zu trinken und fröhlich zu sein, welche Bitte sie auch gern erfüllten. Eine Stelle wurde leer gelassen, niemand aber als Merlin wußte warum. Nachdem sie während acht Tagen an dieser Tafel gesessen, und fröhlich und guten Muts mit Essen und Trinken gewesen waren, und der König den edlen Botschaftern nebst allen Damen und Fräulein reiche Geschenke gegeben, fragte er die würdigen Ritter der Tafel, wie sie sich befänden, und wie ihnen zumute sei? Sire, sagten sie, wir können nimmermehr diesen Ort nunmehr verlassen, und nie soll diese Tafel ohne dreie von uns zum wenigsten sein. Wir wollen unsre Frauen und unsre Kinder herkommen lassen, und hier nach des Herrn Willen leben. — Ist dies Euer aller Wille? fragte der König; und sie bejahten es. Wir sind, setzten sie hinzu, alle selber verwundert, wie dies zugehen mag, denn nie haben wir zuvor uns gesehen, oder uns gekannt, und doch lieben wir uns jetzt einander wie Vater und Sohn einander lieben; nie können wir von einander scheiden, wenn der Tod uns nicht scheidet. — Der König und alle die zugegen waren und dies hörten, waren voller Erstaunen über dieses Wunder; auch befahl der König hierauf, daß ihnen alle Ehre widerfahre, und daß man ihnen gehorche, und sie bediene, so wie den König selber.

So ward diese Tafel von Uterpendragon nach dem Willen und nach dem Rat Merlins errichtet.

Die Artusritter träumen vom Gral

ARTUS *(träumend):*

Mit Ehrfurchtzittern tret' ich
In deine ew'gen Hallen!
Verhüllten Hauptes bet' ich:
Laß, Montsalvatsch, dies Opfer dir gefallen,
Nimm uns, o Gral, die du so lang berufen,
Mich, mit den Meinen allen!
Die Tafelrunde kniet auf deinen Stufen.

GAWEIN *(ebenso):*

Wo bist du denn geblieben,
Mein Lorbeerkranz, so heiter,
Den einst die Hand der Lieben
Gewunden ihrem ehrenhaften Streiter?
Da kräuselt er umher, verwelkt zu Staube,
Die Lüfte wehn ihn weiter,
Ich lächle ob der schwachen Blätter Raube.

GAREIS *(ebenso):*

Hier wird nicht angereget
Der Neid am vollen Mahle!
Die weiße Taube leget
Die Hostie, flügelschwingend auf die Schale,
Und gleich durchzuckt ein vollgenügend Speisen
Von oben her zu Tale
Den ernsten Kreis begnadigter Templeisen.

EREK *(ebenso):*

Wer ist im gelben Lichte
Der Wunde dort, der ächzende?
Ich grüß' sein Angesichte,
Anfortas ist es, der Genesung lechzende.
Roi Pecheur! So lehrt auch hier zu klagen
Der Erdenschmerz, der krächzende!
Bei dir bleib' ich, will deiner Sorge tragen.

GINEVRA *(ebenso):*
Sigune, Taube, weinend
In bunter Felsengrotte!
Auf deinem Schoße scheinend
Des Liebsten Leichnam, schön, dem Tod zum Spotte!
Wie herrlich glänzt der treusten Seele Jammer
Im Brautgemach bei Gotte!
Hast du noch Platz für mich in deiner Kammer?

LANZELOT *(ebenso):*
Tschionachtolanders Lose
Neidvolles Preisen spend' ich;
Wer ruht der Lieb' im Schoße,
Bleibt, ob zur Leich' er wurde, stets lebendig.
Zu solcher Leiche, o mein Leib, zu taugen!
Und über mir beständig
Sigune weinend aus Ginevrens Augen!

ARTUS *(bewegt sich unruhig im Schlafe):*
Verlangst du Opfer, schwere,
In Lüften schwebender Schrecken?
Begehre nur, begehre,
Du heil'ges, düstres, wildes Flammenbecken!
Was haben deine Liebenden verbrochen,
Daß du den ältesten Schrecken
Aufrufst in krampfbewegter Adern Pochen?

Das schwebende Schachbrett

In jenen zauberhaften Zeiten, als Schachbretter durch die Wolken schwebten, mag Logres wohl in England gelegen haben, vielleicht war es in Wallis zu finden. Es kann aber auch ebensogut irgend wo anders gewesen sein. Jedenfalls ist es wohl recht schwer, heute Gewißheit darüber zu gewinnen.

Dazumal war Logres ein seltsames Land; es hatte keine Städte, keine Dörfer: nur Wälder und Burgen; »Volk« gab es auch nicht: nur Ritter, die ihrem König Artur dienten, und diese Ritter hatten Schildknappen und Edelknaben. Und dann gab es Zauberer. Und die Ritter und die Zauberer bewohnten die Burgen — und in den Wäldern hausten Drachen und andere Ungeheuer. Nur hin und wieder ritt einmal eine Jungfrau auf einem weißen Zelter durch diese Wälder — ganz allein, ganz einsam —, und die wurde dann von einem Zauberer verzaubert — oder beinahe von einem Drachen verschlungen —, dann aber stets wieder von dem tapfersten dieser tapferen Ritter erlöst: so schickte es sich ganz von selber.

Und nun erst das starke Land Logres mit seinen Wäldern und Burgen vor uns aufgetaucht ist, nun sehen wir auch deutlicher, wie sich aus dem dunklen Nebel die Burg Camelot heraushebt, wo König Artur in Friedenszeiten weilt: und ob es schon keine Städte im Lande Logres gibt, so ist doch diese Burg selber beinahe so groß wie eine Stadt. Starke Mauern umschließen sie, und zwischen zweien ist immer ein tiefer Wassergraben. Und viele Türme recken sich weitausschauend über die Ebene, um die Burg, heben sich aus dem Kranze der Zinnen, die so schön romantisch und so schön romanisch viereckig gegen den merkwürdig blauen Himmel stehen; — wie starke Zähne sehen sie aus. Der Himmel ist dunkelblau und hat einen feuerroten Saum — vielleicht kommt er vom Sonnenaufgang, vielleicht vom Sonnenuntergang, vielleicht auch vom Feueratem der Drachen.

Und nun, da auch die Burg Camelot deutlicher vor unserer schauenden Fantasie liegt, nun sehen wir den großen Saal — gleichfalls romantisch und romanisch —, in dem König Artur mit den Rittern an der Tafelrunde sitzt: rund ist er, wie die Tafel selber, und ringsum ziehen sich runde romanische Bogen, und durch sie wogt der von Vogelstimmen erfüllte Sommermorgen aus den duftenden Obstgärten herein, deren Bäume voller Blüten stehen. Und der große runde Saal ist erleuchtet, und auf den vielen Bildern, die ringsum hängen, sind die unzähligen Heldentaten zu schauen, wie sie die Ritter der Tafelrunde vor einem Jahrzehent zu Ehren ihres Königs Artur vollbracht haben, der über dem Lande von Logres herrscht.

Am besten Platz der runden Tafel thront der König auf seinem Sessel, und um ihn sitzen die elf Ritter der Tafelrunde. Sie schweigen. Es scheint, als ob der König etwas erwarte, und als ob die Ritter um ihn her sich an diesem Morgen mehr langweilten denn sonst. Der zwölfte Platz, zur Rechten des Königs, ist leer. Sonst nahm Lancelot ihn ein. Allein der Freund der Königin wandelt mit der goldblonden Ginevra in leidvoller Minnelust durch die Haine voll blühender Obstbäume. Immer wieder erscheinen und entschwinden sie zwischen den blütenübersäten Zweigen hinter dem Rücken des Königs, und wenn die Ritter von der Tafel verstohlen zu dem Liebespaar hinüberblicken, sehen sie die beiden zwischen den romanischen Bogen immer wieder auftauchen. Sie lieben einander schon mehr denn zehn Jahre, der Ritter Lancelot und die Königin Ginevra. Und ihre Liebe ist wie eine glückliche und freudvolle Ehe, allen den Rittern wohl bekannt, und wohl auch dem König selber, der Lancelot als seinen allertapfersten Ritter inniglich liebt.

König Artur sitzt auf seinem Throne, und sein greises Antlitz ist voller Sorge unter der Krone, die auf seinen Locken ruht. Gleichfalls lang und grau wippt sein Bart hin und wieder auf und ab: das geschieht dann, wenn König Artur, der immer wartet (während den elf Rittern die Zeit so lang wird, daß sie abwechselnd hinter den vorgehaltenen Händen gähnen), mit seinem guten, alten zahnlosen Munde vor sich hinmurmelt. Das Antlitz des Königs gleicht einem ver-

witterten Pergament, das von einem gelehrten Schreiber mit
unzähligen Schriftzeichen in roter Tinte bemalt ward: so
wirken die Äderchen, die zwischen den Runzeln aufge-
sprungen sind, wie rote Quellen. Wie der Treff- oder Pique-
oder Karokönig — denn dem Cœurkönig wagen wir ihn
nicht zu vergleichen — trägt König Artur einen Schulterkra-
gen aus Hermelin über einem roten Samtmantel. Was aber
unter diesem Mantel ist, das ist schwer zu erkennen, weil
seine Falten und das Gewogene seines Bartes es verbergen.
Mantel wie Bart, insbesonders über dem Hermelinkragen,
scheinen unter Motten gelitten zu haben, doch gerade dieses etwas Vermottete und Verwitterte verleiht der Herr-
scherherrlichkeit des Königs Artur etwas so unsagbar Rüh-
rendes, das einen zwingt, dem alten Mann mit dem runzli-
gen Antlitz und den zitternden, großen, reich geäderten
Händen zugetan zu sein. Seine Ritter sind ihm auch alle
wohl geneigt, und nicht zum mindesten Lancelot, der immer wieder mit der Königin in verliebter Zwiesprach durch
den Blumenhain wandelt. Auch die allzeit jugendliche Ginevra, der »Urquell aller Schönheit«, hat, wenngleich sie
schon seit zehn Jahren die Freundin Lancelots ist, ihren Gemahl doch lieb — wenn auch nur so, wie sie etwa ihren
Großvater lieb haben würde.

Neben König Artur, an seiner Linken — vergesset nicht,
daß ihm zur Rechten Lancelots leerer Sessel steht! — sitzt
Gawein, gleich Lancelot einer der Tapfersten, ja selber vielleicht der Allertapferste: trägt er doch den Beinamen »Vater
der Aventiuren«, wiewohl er kaum mehr Jahre zählt als irgendein anderer im Kreise jener Ritter — und die Zahl ihrer
Lebensjahre geht bei den meisten von ihnen nicht über dreißig! — Dennoch erscheint Gawein als der älteste von allen, als der ernsteste und wackerste dieser edlen Degen.
Wenngleich auch er hin und wieder hinter der vorgehaltenen Hand gähnt, so geschieht das viel eher aus Mangel an
ritterlicher Tätigkeit denn aus leichtfertigem Sichgehenlassen.

Denn Gawein fühlt mit König Artur, fühlt seine Sorge mit
ihm ...

Weil nun bereits zehn lange Jahre kein Abenteuer mehr
Stoff zum Reden gab.

Steht denn die Welt still? Brüten denn die Drachen in den Wäldern des Landes Logres keine Jungen mehr aus? Reiten denn keine bedrängten Jungfrauen mehr auf weißen Zeltern durch diese nämlichen Wälder? Muß keine böse Untugend mehr bestraft werden? Und sind keine aufregenden Heldentaten mehr zu vollbringen? Nun der Gral gefunden ist und vom Ritter Parzival in der Burg von Montsalvat bewacht wird: — wird denn da nicht zum mindesten einmal wieder ein Schachbrett durch die Lüfte fliegen? Ja, Gawein, der da an der Seite des Königs sitzt, erinnert sich sehr wohl des schwebenden Schachbrettes: es kam, auf sommerlicher Brise sich wiegend, dahergeschwebt ... vor zehn Jahren.

»Erinnert Ihr Euch, mein Fürst?« fragt Gawein den König, der seiner Mutter Bruder ist.

»Meiner Treu, ich erinnere mich, Gawein, mein lieber Neffe und tapferer Held«, murmelt Artur, und sein Bart wippt auf und nieder, wie der Bühnenbart einer Maske. »Es kam hereingeschwebt und ließ sich hier vor mir nieder ...«

Der König schlägt mit der flachen Hand auf die Jaspisplatte der Tafel. Der Schlag dröhnt durch den Saal und hallt durch das Gezwitscher der Vögel hindurch wider.

Übersetzt von Else Otten

JEAN COCTEAU

Der Gral ist in eurem Innern

GALAHAD: Ihr werdet mich anhören, Artus! Artus, Ihr seid der Spielball einer Verzauberung, das Opfer eines Betruges. Ich bin nicht derselbe, der dieses Zimmer eben verließ. Ich bin gerade mit dem Kopf gegen mich selbst gerannt, Rüstung gegen Rüstung, Harnisch gegen Harnisch — ich glaubte erst, einen Spiegel zu zertrümmern. Euer Merlin verwandelte, wie seine Machenschaften es gerade verlangten, seinen Gehilfen Jennifer in einen von uns. Der Galahad, den Ihr soeben mit Recht hinausgeworfen habt, und mit dem ich hinter der Tür zusammenstieß, scheint die letzte Verkörperung Jennifers zu sein, und ich bezweifle, ob Merlin es weiterhin wagen wird, ihm die Gestalt seiner Opfer zu verleihen. Er hat seine Grenzen überschritten, als er ihm die Gestalt eines Gralsritters gab.

ARTUS: Der Gral ... Was soll ich glauben? Was muß ich hören? Der Gral bringt uns nur Unheil. Ihr selbst ... ist es wahr, daß Ihr nicht derselbe seid, der mir seinen Betrug gestand und Lanzelot anklagte?

GALAHAD: Ich errate die Komödie, die der Gauner Euch vorspielen sollte. Nein, Artus! Ich bin Galahad, der Sohn Lanzelots und der Melusine.

ARTUS: Ich habe Lanzelot getötet.

GALAHAD: Der Gral wird Euch verzeihen, wie ich Euch verzeihe. Lanzelot ist nicht tot. Die Königin ist nicht tot. Ihr habt in einer tödlichen Verzauberung gelebt. Nichts Wahrhaftiges konnte in Eurer Umgebung geschehen. Jetzt ist alles lebendig und alles durchblutet. Nichts mehr verhüllt, eingeschläfert, beschönigt. Die Wahrheit beginnt. Sie ist hart. Sie wird Euch beim Erwachen schmerzen.

ARTUS: Ich lebte von Wahnvorstellungen.

GALAHAD: Man widersteht ihrer Verführung nur schwer. Anstelle eines jungen Taugenichts findet Blandine ihren

Bräutigam wieder. Der Gral und die Feen wirken. Sie werden Blandine und Segramor unempfindlich machen gegen alles, was in diesem Zimmer vorgeht. Vielleicht werden die Feen auch die Totenfeier bereiten, denn sie hassen Grabstätten und verrichten mitunter die Arbeit der Totengräber.

ARTUS: Und ich, Ritter Galahad? Was wird aus mir?

GALAHAD: Aus Euch? Ihr werdet von Euch absehen. Ihr werdet das Schlimmste ertragen, Ihr werdet bezahlen. Man muß bezahlen, bezahlen, bezahlen. Das Leben ist tot, es lebe das Leben! Verbannt Merlin und seinen Gehilfen aus der Bretagne. Befehlt, daß man die Trauerfeier wie eine Hochzeit begehe. Seid stark.

ARTUS: Ritter ... Werde ich den Gral sehen?

GALAHAD: Das hängt von Euch ab.

ARTUS: Sagt, Ritter, sagt ... muß man sterben, um ihn zu sehen?

GALAHAD: Das wäre zu einfach. Darin besteht der Irrtum der Welt. Nein, Artus, man muß leben!

(GAWAN *und* MERLIN, *einander stoßend, treten ein.*)

GAWAN: Majestät, ich verlange Gerechtigkeit.

ARTUS: Aha ... aha ...

GAWAN: Dieser Schurke hat mich eingekerkert, in Ketten gelegt, ausgehungert, mich in aller Augen herabgewürdigt und lächerlich gemacht. Meiner Empörung begegnet man hier nur mit Gelächter und unwürdigen Anspielungen. Ich wage es nicht, vor Blandine zu erscheinen. Ich vergehe vor Scham. Oh, Majestät, mein Oheim, wenn Ihr Blandine liebt, wenn Ihr mich achtet, so straft diesen Verbrecher und seinen Gesellen. Bestraft sie, ich bitte Euch darum.

MERLIN: Der Ritter Gawan weigert sich, mir zu glauben. Ich wäre glücklich, Majestät, wenn er aus Eurem eigenen Mund vernähme, daß sein Platz nicht schlecht besetzt war, und daß sein Doppelgänger das große Glück hatte, Eurer Majestät in keiner Weise zu mißfallen.

GAWAN *(drohend)*: Ihr!

ARTUS: Ich brauche keinen Rat, weder von dir, Neffe, noch von diesem hier.

GAWAN: Er hat die Königin beleidigt; er hat ...

ARTUS: Gawan, die Ehre der Königin und die meines Hauses geht nur mich an. Ich verlange vor allem, daß du dich beruhigst. Das sollten wir alle. Dieser Mann und sein Diener Jennifer werden das Schloß und die Bretagne verlassen. Ich verbanne ihn.

(MERLIN verbeugt sich.)

GAWAN: Aber ...

ARTUS: Kommst du so wieder, daß ich jenen Gawan zurückwünsche, über den du dich beschwerst?

GAWAN: Herr ...

ARTUS *(zu MERLIN)*: Geht! Verlaßt unser Land.

MERLIN: Eure Majestät zeigt sich der Wirklichkeit gegenüber sehr mutig. Meine Politik bestand — von einer gewissen Botschaft abgesehen — einzig und allein darin, Euch die Wirklichkeit stets mit Blumen zu verkleiden.

ARTUS: Ich möchte, daß das Leben nach Camelot zurückkehrt.

MERLIN: Majestät, es fängt gut an! *(Er zeigt auf den Alkoven.)*

ARTUS: Ich ziehe wirkliche Tote einem unwirklichen Leben vor.

MERLIN: Bravo. Das ist wahre Überlegenheit. Die Verzauberung hört auf. Mir bleibt nichts, als Eurem Königreich zu wünschen, daß die Entzauberung nicht zu hart sei.

(Er verneigt sich. Zu GALAHAD, der unbeweglich vor dem Alkoven steht.)

Jennifer.

(Stille.)

Jennifer, ich habe dich gerufen. Es ist unnötig, die Komödie zu verlängern.

GALAHAD: Ihr täuscht Euch, Merlin. Es ist der wirkliche Galahad, der mit Euch spricht. Es gibt eine Zeit, in der wir uns über die andern lustig machen, und eine, in der die andern sich über uns lustig machen.

MERLIN: Ich räume das Feld.

GAWAN: Ich begleite ihn, Oheim. Ich wache darüber, daß Eure Befehle ausgeführt werden.

(Sie gehen.)

ARTUS: Mein armer Affe ... er war also des Teufels.

GALAHAD: Die Geisterwelt wimmelt von solchen Seiltänzern. Sie lassen Euch die Nase in die Luft strecken, während der Meister Euch die Taschen durchsucht ... Bringt dieses Opfer.

ARTUS: Aber, Ritter, wird der Gral mich dafür belohnen? Wird er mir ein Zeichen seiner Anwesenheit geben?

GALAHAD: Seit der Befreiung des Schlosses hat er nicht aufgehört, uns Zeichen seiner Anwesenheit zu geben.

ARTUS: Ritter, könnte ich eines dieser Zeichen mit meinen eigenen Augen sehen.

GALAHAD: Ich will Euch eines enthüllen. Ruft Eure Kinder aus dem Alkoven und verbergt Euer Staunen, wenn sie erscheinen. Denn es ist leicht möglich, daß Ihr vor Überraschung aufschreit.

ARTUS: Was wollt Ihr sagen?

GALAHAD: Ruft sie und urteilt selbst.

ARTUS: Blandine! Segramor! Blandine! *(Nähert sich dem Alkoven.)* Ich rufe euch.

BLANDINES STIMME: Vater!

ARTUS: Kommt aus dem Alkoven heraus.

(GALAHAD zieht ARTUS nach vorn, mit dem Rücken zum Publikum.)

GALAHAD: Gebt acht!

SEGRAMOR: Vater!

(SEGRAMOR öffnet die Vorhänge und erscheint als Erster. Er ist LANZELOT geworden und BLANDINE die KÖNIGIN. Außer ihren Kostümen und Frisuren sind es dieselben Schauspieler, die die Rollen Lanzelots und der Königin spielten, und die sich in jene verwandelten, die die Rollen Blandines und Segramors spielten.)

ARTUS *(leise zu GALAHAD):* Was für eine unglaubliche Ähnlichkeit! Ist es möglich? Wieso habe ich sie früher niemals bemerkt?

GALAHAD: Die Lügen fliegen, auf und davon, eine nach der anderen. Die Toten sind in sie übergegangen.

(Die Kinder werfen sich ihrem Vater zu Füßen und küssen seine Hände.)

ARTUS: Meine Kinder, ich verlange, daß ihr eure Tränen trocknet. Dies ist ein Festtag.

(GAWAN *tritt auf.*)

GAWAN: Sie sind fort. Gute Reise.

ARTUS: Gawan! Deine Braut ... Du hast sie noch nicht gesehen ...

BLANDINE: Findest du dich endlich sauber und elegant genug, um mich zu begrüßen?

GAWAN: Oh, Blandine, verzeih! Ich habe mich so geschämt. Ich wagte nicht, vor dir zu erscheinen.
(Er fährt zurück.)
Wie die Abwesenheit alles verändert! Von weitem würde man dich für die Königin halten.

BLANDINE: Arme Mutter.

GAWAN *(zum König)*: Oheim verzeiht Ihr mir, daß ich wie ein Wahnsinniger hier hereingestürzt bin, ohne an Eurem Schmerz teilzunehmen? Eben erst habe ich erfahren ...

ARTUS: Ich bestehe darauf und wiederhole, was ich Blandine und Segramor gesagt habe. Ich erlaube nicht, daß man mich beklagt, daß man hier von Trauer spricht. Das ist ein Befehl! Blandine, Gawan ... Ihr werdet euch viele Geheimnisse anzuvertrauen haben.

(BLANDINE und GAWAN ziehen sich in die Fensternische zurück.)

GALAHAD *(zum König)*: Wollt Ihr ein neues Zeichen? Sagt Eurem Sohn, er soll seine Wunde berühren.

ARTUS: Segramor, berühre deine Wunde!

SEGRAMOR *(entblößt seine Brust)*: Ist es möglich? Ich bin geheilt, geheilt! Ein Wunder ist geschehen! Die Haut ist gesund, die Wunde glatt und geschlossen. Ich blute nicht mehr!

(Er läuft zu GAWAN und BLANDINE.)

BLANDINE: Du bist nicht mehr bleich, deine Augen glänzen. Schau ihn an, Gawan, was für ein stolzer Ritter! Man könnte ihn für Lanzelot halten.

ARTUS *(zu GALAHAD)*: Auch sie ...

GALAHAD: Gawan lebte lange im Dunkel. Nun sieht er alles neu. Ein neuer Blick genügt, um all das sehen zu können, was die Gewohnheit uns verbirgt.

ARTUS: Gawan hat Segramor gestern gesehen.

GALAHAD: Ja, aber hier, im Schloß hört die Verzauberung

auf und die Wirklichkeit beginnt. Die Wunder folgen einander, oder wenigstens das, was der Mensch Wunder nennt: was er bisher nicht sah. Der Gral kündigt sich an.

ARTUS: Wäre es möglich, daß Euer Auftrag sich hier erfüllte; daß dieser Ruhm meinem Haus vorbehalten wäre?

GALAHAD: Herr König, die Eroberung des Grals ist etwas anderes. Ich muß Corbenic suchen; aber der Gral läßt sich vernehmen, wo er will. Dieses Schloß ist nun von allem befreit, was ihn am Erscheinen hinderte.

SEGRAMOR: Vater!

BLANDINE: Vater! Vater! Galahad!

GAWAN: Kommt alle ... da, da ...

ARTUS: Was gibt es noch?

GAWAN: Auf der Landstraße dort ... entfernt sich Merlin; sein Lehrling hüpft mit einem Klumpfuß um ihn herum; hinter ihnen werden die Felder wieder grün, die Bäume bedecken sich mit Laub, das Gras sprießt, der Nebel teilt sich, und man sieht das Blau des Himmels, die Wolken, die Sonne ...

ARTUS: Das Leben ...

GALAHAD *(geheimnisvoll)*: Es naht ...
(Von diesem Satz an wird das Licht stärker, die Sonne füllt das Zimmer. Die Vögel singen.)

ARTUS: Ritter, Ritter ... mir scheint ... man könnte glauben ... ich wage nicht ...

GALAHAD *(brüsk)*: Ihr werdet ihn sehen.

ALLE: Der Gral! Der Gral! Der Gral! Ich sehe ihn ... Seht Ihr ihn? Er ist es! Hier ist er!

GALAHAD: Artus, seht Ihr ihn?

ARTUS *(in Ekstase)*: Ich sehe ihn.

GALAHAD: Welche Farbe hat er?

ARTUS *(dasselbe Spiel)*: Keine ... man kann sie nicht beschreiben ...

GALAHAD: Blandine, seht Ihr ihn?

BLANDINE *(in Ekstase)*: Ich sehe ihn.

GALAHAD: Welche Farbe hat er?

BLANDINE: Alle Farben ... man kann sie nicht beschreiben ... Oh ...

GALAHAD: Segramor, Gawan, seht Ihr ihn?

GAWAN UND SEGRAMOR *(zusammen):* Ich sehe ihn.

GALAHAD: Wie ist sein Geruch?

GAWAN: Er duftet.

SEGRAMOR: Er strahlt ... er ist nirgends ... er ist überall ...
er schwebt von Ort zu Ort ...

GALAHAD: Der Gral ist in eurem Innern. Man sieht ihn, sobald man eins mit sich selbst ist. Ihr seht ihn alle, meine
Aufgabe ist erfüllt.

ARTUS: Galahad, warum sollen wir Euch den Gral beschreiben? Wäre es nicht an Euch, uns von ihm zu sprechen?

GALAHAD: Ich kann den Gral nicht sehen.

ARTUS: Ihr?

GALAHAD: Ich werde ihn niemals sehen. Ich bin der, der ihn
für die anderen sichtbar macht.

(Die Sonne durchflutet das Zimmer,)

Übersetzt von Charles Regnier

Suchet
den Gral, den Gott
im Herzen

»Nach dem Erscheinen des blutigen Speers tönt ein Wehkla-
gen durch die weite Halle, die Ritter weinen, der König verhüllt sein Antlitz im Mantel. Ein schneidender Schmerz
durch alle Herzen! Der Speer liegt blutend vor der Stätte
des Königs. Aber noch einmal bewegt sich ein Wunder zur
Pforte herein; eine hohe, holde Frauengestalt. In hellem Gewand, rein wie die Sonne, lichter denn der Tag, so schreitet
sie vor und hebt in den Händen allüberstrahlend ein Gefäß,
ein Geheimnis, aus kostbarem Stein; die Lichter erbleichen
vor seinem Schein, aller Glanz geht aus von dem Wunder.
Die herrliche Frau setzt es nieder dicht vor dem König. Was
ist da geschehen? Auf der Königstafel, mit einem Male, unsichtbar bisher: eine köstliche Fülle von Speise und Trank,
wohltätiger Segen in reicher Gestalt — den teilen die Jungfrauen, von Knappen begleitet, an allen Tischen den Rittern
aus. Und wie sie mitsammen die Speisen kosten, da
schwindet die Trauer, da leuchten die Augen, da straffen
sich die Glieder, da lebt es im Saale von Freude und Mut.
Der König bleibt einsam — ihn schmerzt eine Wunde — eine blutende Wunde in seiner Seite. Doch nun erblickt er den
scheuen Gast, der steht beiseite, er winkt ihm leise: Parzival
tritt näher heran — da steht er im vollen Strahle des Wunders: wie fühlt er im Nu sich voll seligsten Mutes, voll heiligen Sehnens, als hätte er des feurigen Weines getrunken,
als wäre er im Lichte zu Gaste bei Gott! Da schaut er sich
um — und alles verändert! Der Glanz entschwand ihm, die
herrliche Frau trug das strahlende Gefäß von dannen, die
Jungfrau, die Ritter, der wunde König, der schlafende Greis,
der blutende Speer — alles verschwunden, die Türen geschlossen, die Lichter erloschen, Dämmerung umher —
bald tiefe Nacht.« Sigune deutet den Gral: »Das ist der

71

Wunsch, ist heiligster Wünsche reiner Spender, der alles Gute schafft und schickt.« Parizval meint: »Ja herrliche Speisen und köstliche Getränke.« Sigune erwidert: »Du sahst nur das Sichtbare, Wünsche der Sinne. Vom Himmel stammt sie, die göttliche Gabe, die Schale des Segens, die Kraft des Heils.« »Du hast im Glanz des Grales gestanden und hast nur mit Augen das Licht geschaut! Aber blind blieb die Seele und stumm das Herz?! Du Verlorner, Verstoßener, hörtest in dir nicht Gottes Ruf? Wozu? Was meinst du? Zum fühllosen Gaffen? — Zur Frage des Mitleids, zum Wirken des Heils! Die Leiden des Königs solltest du heilen, die Wunde des Speeres solltest du schließen, die Ritter des Grales solltest du führen; du solltest der Welt ein Segen sein! Der Glanz, den du sahst, war nur Gottes Schatten; der Gott, der dich rief, ist das Licht deiner Seele. Es ist dir erloschen. Suche den Gral, den Gott im Herzen! Such ihn im Leiden! Gesegnet sei dein Weg!«

JOHANN GUSTAV GOTTLIEB BÜSCHING

Der Heilige Gral,
ein wunderbares Gebilde

»Der Heilige Gral, ein wunderbares Gebilde der Zeit des Mittelalters, ward der Inbegriff desjenigen, was die Dichter jener Zeit von dem Heiligen und Hohen der christlichen Religion auszusprechen wagten. Wie die höchsten Wahrheiten der Religion selbst in Dunkel gehüllt sind und nie dem grübelnden Verstande klar und frei hervortreten, sondern nur der Fantasie erreichbar, der Vernunft erkennbar sind, so auch in diesen Werken, die den Heiligen Graal betreffen, welcher ist wunderbar in seiner Entstehung, mystisch in der Dauer seiner Wirksamkeit, dem gemeinen Haufen entzogen und nur wenigen Geweihten anvertraut, beinahe göttlich, in einen undurchdringlichen Schleier gehüllt, durch sein Verschwinden.«

2.

Die Queste oder Lieder und Legenden von Gralssuchern

FRIEDRICH LIENHARD

Aber die Meister warten

Aber die Meister warten. Die Meister warten auf einzelne erwachende Seelen. Und wenn ein Gralsucher sich losringt von den Trieben der Masse und fortan seinen persönlichen Weg sucht, so senden sie ihm ermunternd und beratend einen Lichtboten.

»Dort ist ein Suchender deiner Teilnahme wert, lieber Bote«, sagen dann die Meister. »Geh hinab, werde sein Schutzgeist! Arbeite an seinem Herzen, durchdring' ihn mit dem Bewußtsein ewigen Wertes! Laß ihn stolz sein, doch ohne Hoffart! Sag' ihm, daß nicht Titanenwille den Göttersitz erobert! Denn wir sind es, die den durch uns hindurchrinnenden göttlichen Strom weiterschenken; aber wir schenken nur dem, der zur Erkenntnis stiller Größe nach Kampf und Irrfahrt reif geworden. Geh hin, lieber Bote, tue dein Werk!«

HANS VON WOLZOGEN

Der Gralsucher

»Ich hielt es für meine Aufgabe, die Geschichte des Gralsuchers so zu erzählen, wie man sich gewöhnt hat zu denken, daß sie von Wolfram gemeint war. Man muß auch bei ihm den Gral erst suchen, d. h. den Sinn, der im Gedicht noch nicht zum klaren Ausdruck gekommen ist. Einesteils ward er zurückgedrängt durch eine Fülle für den Helden und uns unwesentlicher ritterlicher Abenteuer, welche nun wegfallen dürfen; andernteils ward er selber nicht ausgesprochen und verlangte Verdeutlichung und Ausdeutung. Der Gral wirkt tatsächlich bei Wolfram nur leibliche Wohltat; aber die Verzweiflung des Gralsuchers deutet auf tieferen Sinn.«

ADOLF BIRCH-HIRSCHFELDT

Der Conte du graal von Chrestien v. Troies

An einem schönen Frühlingsmorgen begab sich der Sohn der verwitweten Frau in den Wald, ergötzte sich am Gesange der Vögel und streifte umher im grünen Hag. Auf einmal sah er das Herankommen von fünf Rittern. Er erschrak aber nicht, sondern als ihm ihre klirrenden Waffen entgegenglänzten, rief er aus: Das sind Engel, die ich dort sehe! Und er warf sich auf die Knie, sie anzubeten. Einer der Ritter aber, den andern vorauseilend, ging auf den Knaben zu und fragte, ob er nicht fünf Ritter und drei Jungfrau'n habe vorbeikommen sehen. Doch der Knabe gab hierauf nicht Antwort, sondern wollte wissen, wozu des Ritters Lanze, Schild und Halsberge dienten. Er erkundigt sich, wer ihn zum Ritter gemacht habe und erfährt, König Artus sei dies gewesen. Dann führte er die Ritter zu den Feldarbeitern seiner Mutter. Diese erschraken, als sie die Ritter sahen und gaben denselben die verlangte Auskunft. Der Knabe ging zur Mutter und wollte Ritter werden. Mit Bitten und Flehen sucht ihn die Mutter von diesem Entschlusse abzubringen, umsonst; er hört nicht. Drauf fertigt die Mutter für ihn ein leinen Hemd mit Hosen daran nach wälscher Art und gibt ihm, ehe er fortzieht, noch guten Rat: Er soll der Frauen sich annehmen; die Mädchen soll er küssen, wenn sie's erlauben. Wenn er Ring und Gürtel einer Dame erhalten könne, solle er danach streben. Braver Männer Gesellschaft soll er aufsuchen und sie um Rat fragen. Wenn er an Kirchen und Klöstern vorbeikommt, soll er eintreten und beten. Mit einem Wurfspeer bewaffnet reitet der Knabe darauf fort; die Mutter fällt tot nieder vor Schmerz.

Er zieht aber durch einen Wald und findet in demselben ein herrliches Zelt, das er für ein Gotteshaus hält. Er geht in das Zelt hinein und findet auf dem Ruhebette eine schlafende Maid, die seines Rosses Wiehern erweckt. Treu dem Ge-

bote seiner Mutter, wie er meint, raubt er der widerstreben-
den einen Kuß, nimmt ihr den Ring und setzt sich an einen
Tisch im Zelte, um zu speisen. Darauf reitet er wieder fort.
Aber der Gatte der Beraubten kehrt zurück und erfährt was
der Knabe getan hat. Voll Eifersucht beschließt er, sich solange durch üble Behandlung an seiner Gattin zu rächen,
bis er den Missetäter gefunden und getötet.

Der Knabe kommt indes zu einem Kohlenbrenner, der
ihm den nächsten Weg nach Carduel zeigt. Hier angelangt
erblickt er ein hohes Schloß am Meer, an dessen Tor ein Ritter steht, einen goldnen Becher in der Rechten haltend. Dieser Ritter behauptet, durch Artus seines Landes beraubt
worden zu sein. Der Knabe reitet stracks ins Schloß und in
den Saal, wo Artus sitzt. Der König bemerkt ihn erst nicht,
bis der Kopf von des Knaben Pferde ihm den Hut abwirft.
Da kommt der König aus seinem Nachsinnen zu sich und
erzählt, daß ihm der rote Ritter aus dem Walde Kinkerloi
seinen Becher geraubt und den Wein auf den Schoß seiner
Königin gegossen habe. Der Knabe aber verlangt von Artus
zum Ritter gemacht zu werden.

Man solle ihm auch die Waffen des roten Ritters geben.
Kei, der Seneschal, meint, er könne sie sich nur holen, doch
der König verweist dem Kei diese Worte. Der Knabe begrüßt
nun eine der Jungfrau'n am Hofe; dieselbe lacht und
spricht: Der junge Ankömmling werde einst der beste Ritter sein. Darum schlägt Kei sie. Ein Narr hatte nämlich behauptet, die Jungfrau werde nicht eher lachen, als bis der
beste der Ritter von ihr erblickt werde.

Der Knabe aber geht hinaus zum roten Ritter und fordert
dessen Waffen. Als dieser sich weigert, sie zu geben, tötet
jener ihn mit seinem Wurfspeer. Der Knappe Yonet war
dem Knaben aus dem Schlosse nachgegangen und half ihm
jetzt, dem Ritter die rote Rüstung zu nehmen. Mit derselben
setzt sich der junge Held aufs Roß, gibt den Becher dem Yonet, damit er ihn dem Könige bringe und der geschlagenen
Jungfrau sage, er werde sie rächen. Dann ritt er fort und
kam zu einer Burg, vor der er einem alten Ritter begegnete.

Diesem erzählte er seine Erlebnisse und bat ihn um seinen Rat, denn das hätte ihm seine Mutter befohlen, Ehren-

männer um ihren Rat zu fragen. Der Ritter nahm unsern Helden in sein Schloß auf und lehrte ihn die Waffen führen. Der Herr der Burg hieß Gonemant von Gelbort. Seiner Unterweisung genoß der Knabe längere Zeit, Gonemant verwehrte ihm ganz besonders das neugierige Fragen. Doch nach einigen Wochen ritt er wieder fort und wollte zu seiner Mutter, nachdem ihm Gonemant die Rittersporen angeschnallt hatte und ihm manche gute Lehren gegeben. Der junge Ritter hatte eine Tagereise zurückgelegt, als er wieder an das Tor einer Burg kam. Er begehrt Einlaß und Nachtherberge; als er eingelassen worden, findet er die Straßen der zur Burg gehörenden Stadt verödet und die Einwohner abgezehrt.

In der Burg bewillkommt unsern Ritter eine Jungfrau von unvergleichlicher Schönheit. Sie bittet ihn mit der geringen Bewirtung vorlieb zu nehmen und läßt ihn neben sich sitzen. Er sprach zuerst kein Wort, doch fragte sie ihn, wo er herkomme und gab sich als Nichte Gonemants zu erkennen. Nach dem Essen ward der junge Ritter ins Schlafgemach geführt. Um Mitternacht aber schleicht die Herrin der Burg zu ihm und kniet weinend an seinem Bette nieder. Er erwacht und fragt sie, was ihr fehle. Sie klagt ihm drauf, daß der Seneschal Clamadiu's ihre Ritter töte und ihre Stadt belagere.

Sie könnten sich nicht länger halten, lieber aber möchte sie sterben, als in des Feindes Gewalt geraten. Der junge Ritter versprach der Jungfrau Hilfe und nahm sie zu sich ins Bette. Am andern Morgen verläßt sie ihn, und er bittet sie, daß sie ihn mit ihrer Liebe für die Hilfe, die er ihr leisten wolle, belohne. Scheinbar weigert sie sich, ihn zu lieben, um ihn mehr anzufeuern.

Unser Ritter kämpft darauf mit Guigrenon, dem Seneschal Clamadiu's und besiegt ihn. Er schickt ihn zu Artus und der von Kei geschlagenen Jungfrau. Als Clamadiu von der Niederlage seines Seneschals hörte, versuchte er die Stadt, die Biau-Repaire hieß und Blancheflour gehörte, auszuhungern.

Doch ein Sturm trieb eine Barke mit Lebensmitteln an die Stadt heran und vereitelte also Clamadiu's Plan. Da schickte dieser eine Aufforderung zum Einzelkampfe an den roten Ritter, denn so hieß unser Held wegen der Farbe seiner Rüstung.

In dem darauffolgenden Zweikampfe ward aber der König Clamadiu besiegt und auch an den Hof des Artus und zu der geschlagenen Jungfrau gesendet. Artus hielt damals Hof zu Dinatiron, wo Guigrenon und Clamadiu sich einstellten.

Artus, von den Taten des roten Ritters hörend, ward sehr betrübt, daß er ihn hatte davonziehen lassen. Als der junge Ritter einige Zeit bei Blancheflour sich aufgehalten hatte, ergriff ihn wieder Sehnsucht nach seiner Mutter und er beschloß, sie aufzusuchen. Er nahm Abschied von der Geliebten und ritt davon. Sein Weg führte ihn aber an ein großes Wasser, auf dem er ein Schifflein erblickte, das zwei Männer enthielt. Der eine dieser Männer angelte; ihn fragte der Ritter nach einer Brücke, die über das Wasser führte. Es gab weder Brücke noch Furt im Umkreise von zwanzig Meilen.

Doch bot der Fischer ihm die eigne Wohnung als Herberge an. Als der Ritter, der Anweisung des Mannes folgend, die Wohnung suchte und sie nicht zu finden meinte, kam er an die Zugbrücke einer Burg. Er ritt über dieselbe auf den Burghof, wo ihn vier Knappen empfingen, entwaffneten und sein Roß in Obhut nahmen. Er ward mit einem Scharlachmantel bekleidet und in einen großen Saal geleitet. In der Mitte des Saales stand ein Ruhebette, auf dem ein ehrwürdiger Greis lehnte. Neben ihm brannte zwischen vier Säulen ein Feuer. Um das Feuer herum saßen wohl vierhundert Menschen. Der Alte entschuldigte sich, daß er nicht aufstehe, den Ritter zu empfangen; dieser aber nimmt neben ihm Platz und sagt, daß er von Biau-Repaire komme. Als sie noch reden, tritt ein Knappe ein, ein Schwert von besonderer Art tragend, das nur in *einem* Falle zerbrechen würde. Es war ein Geschenk der Nichte an den Herrn der Burg. Dieser schenkte es dem Gaste. Darauf trat ein anderer Knappe ein, der in der Hand eine Lanze hielt, das Eisen derselben war blutig, und es rann das Blut nieder bis auf die Hand des Knappen. Der rote Ritter fragte nicht, was dies bedeutete, er hielt eine solche Frage für unhöflich.

Dann traten wieder zwei Knappen ein mit zehnarmigen Leuchtern und zuletzt kam eine Jungfrau, die einen Gral in beiden Händen hielt. Der Gral glänzte so, daß er den Glanz der Lichter verdunkelte. Der Gralträgerin folgte eine andere Jungfrau, die einen silbernen Teller trug. Diese Gegenstände wurden an dem jungen Ritter vorübergetragen und verschwanden in einer anstoßenden Kammer; er aber blieb stumm und tat keine Frage. Nun ward eine Elfenbeintafel hereingebracht, auf zwei Gestelle gelegt und darauf der Tisch gedeckt. Man setzte sich zum Essen und bei jedem Gerichte zog der Gral vorüber. Nachdem gespeist worden, entfernte sich der alte Burgherr. Der ritterliche Gast ging zur Ruhe, als er aber am andern Morgen erwachte, stand er auf und durchschritt er alle Gemächer der Burg, ohne irgendeinen Menschen zu finden. Auch auf seine Rufe erhielt er keine Artwort. Vor dem Burgtore fand er sein Roß gesattelt stehen, daneben lehnten Schild und Lanze; auch war die Zugbrücke niedergelassen. Der rote Ritter dachte, die Insassen der Burg möchten wohl in den Wald geritten sein und ritt nun über die Brücke, die hinter ihm aufgezogen ward. Er sah sich um, rief noch einmal, aber keine Antwort.

Drauf ritt er fort in den Wald, eine frische Spur verfolgend und kam zu einer Eiche, unter der eine klagende Maid saß, die eines erschlagenen Ritters Leichnam in Armen hielt. Verwundert fragte sie den jungen Mann, woher er komme und erfuhr, wo er übernachtet hatte. Nun sagte sie ihm, daß der Fischer und sein Wirt vom vorigen Abend dieselbe Person seien, und daß er beim Fischerkönig übernachtet habe. Dieser König sei von einem Speer durch beide Schenkel verwundet worden, und jetzt sei das Fischen das einzige Vergnügen, das er sich gestatten könne. Daher heiße er Fischer-König. Sie fragte den roten Ritter auch, ob er die blutende Lanze, den Gral und den silbernen Teller gesehen habe, und ob er sich nach der Bedeutung dieser Gegenstände erkundigt habe. Als er das letztere verneint, fragt sie ihn, wie er heiße. Er weiß seinen Namen nicht, doch sie errät denselben: Perceval li Galois sei sein Name! Große Verluste habe er durch Unterlassung der Frage erlitten, auch drücke ihn eine Sünde schwer, denn aus Schmerz über sein Davonreiten sei die Mutter gestorben. Die Jungfrau selbst gibt sich ihm aber als Cousine zu erkennen.

Da Perceval sah, daß er seine Mutter nicht mehr aufsuchen könnte, erbot er sich den Tod des Geliebten, dessen Leiche die Jungfrau in ihren Armen hielt, an dem Mörder zu rächen. Darauf wollte sie nicht eingehen, doch erzählte sie ihm, daß das Schwert, das er vom Fischer-König erhalten hatte, in Stücke springen werde, falls er seiner nicht acht hätte. Doch könne es wieder in einem See ganz gemacht werden, es sei ein Meisterstück des Schmiedes Trebuchet. Als Perceval seine Cousine verlassen hatte und ein Stück geritten war, erblickte er eine herabgekommene Mähre, auf der ein Weib in dürftigster Kleidung mit ungepflegtem Leibe saß. Beim Nahen Percevals suchte sie ihre Blößen zu verdecken und klagte ob der unverdienten Mißhandlung, die sie erduldete. Es war dieselbe Frau, der Perceval einst den Ring geraubt.

Als sie ihn erkannte, warnte sie ihn vor ihrem Gatten und riet ihm zu fliehen. Doch bald erschien auch der Gatte, es war Orguellous de la Lande, und forderte Perceval zum Kampfe. Perceval weigert sich des Kampfes nicht und besiegt den Orguellous. Er verlangt von ihm, seine Gattin wieder zu Gnaden aufzunehmen und sendet ihn darauf an den Hof des Artus.

Orguellous tat, wie ihm geheißen, er zog nach Carllion, wo König Artus Hof hielt und erzählte, wie er seine Frau behandelt und wer ihn gesandt habe. Artus, ganz begeistert von den Heldentaten des jungen Ritters, machte sich auf mit seiner ganzen Ritterschaft, um Perceval zu suchen.

Es geschah aber, daß der rote Ritter nach einer Nacht, in der es geschneit hatte, drei Blutstropfen erblickte auf dem frischen Schnee. Nämlich ein Falke hatte eine wilde Gans verwundet, und von dieser fielen Blutstropfen auf den Schnee. Doch als Perceval das rote Blut auf dem weißen Schnee sah, gedachte er seiner Herrin, hielt an, und in Gedanken versunken, auf seine Lanze gelehnt, bewegte er sich nicht von der Stelle. Indes war Artus mit seinem Hofe ganz nah' an ihn herangekommen.

Von den Rittern der Tafelrunde erblickte aber zuerst Saigremors den Perceval, doch ohne ihn zu kennen. Er erbat sich vom Könige die Erlaubnis, den fremden Ritter an den Hof zu holen und ritt zu ihm hinaus. Da Perceval auf seine Worte nicht hörte, rannte er ihn an, ward aber aus dem Sattel gehoben. Auch Kei versuchte den Kampf, auch mit unglücklichem Erfolg, er ward vom Rosse geworfen, brach den rechten Arm und ein Bein. Kei ward darauf wieder zu Hofe gebracht und gepflegt. Gavain aber meinte, Liebeszauber müsse jenen fremden Ritter gebannt haben und machte sich auf, ihn zu holen durch freundliche Worte, zum Ärger Keiens. Unterdes waren zwei der Blutstropfen auf dem Schnee verschwunden und der dritte nur noch eben zu sehen, so daß Perceval nicht mehr so von dem Minnezauber gefangen gehalten ward. Freundlich begrüßte ihn Gavain und lud ihn ein, an des Königs Hof zu kommen; auch erzählte er ihm, daß er Keie, den Seneschal, verwundet; denn Perceval selbst hatte dies ohne es zu wissen getan. Erfreut gibt sich Perceval dem Gavain zu erkennen und erfährt auch dessen Namen. Drauf gingen beide Ritter zum Könige, wo Perceval mit hohen Ehren empfangen ward.

Als Perceval aber zu Carllion an der Tafelrunde saß, kam ein äußerst häßliches Weib auf fahlem Maultiere angeritten. Sie schalt und verfluchte Perceval, weil er auf der Burg des Grales die Frage unterlassen habe. Dann wandte sie sich zum Könige und sagte, daß im Castel Orguellous Abenteuer genug zu finden seien, daß aber der den höchsten Preis erringen könnte, der die gefangene Jungfrau auf Montesclaire befreite. Als sie dies gesagt, verließ sie den Hof. Alsbald entschloß sich Gavain, die gefangene Jungfrau zu befreien; Perceval aber sagte, er wolle nirgends zwei Nächte herbergen, bis er gewisses über die blutende Lanze erfahren habe. Unterdes erschien ein Ritter, namens Guigambresil und klagte, Gavain sei der Mörder seines Herrn. Von dieser Schuld sollte Gavain sich reinigen. Gavain war hierzu auch bereit und wollte nicht, daß sein Bruder Agrevain für ihn einträte, sondern machte sich gleich auf, um dem Könige Cavalon die Unwahrheit der Beschuldigung mit dem Schwerte in der Hand zu beweisen. Auf seinem Wege zu Escavalon begegnete Gavain dem Heereszuge des Meliant de Lis, der gegen Tiebalt von Tingaguel zog. Die Tochter Tiebalts hatte nämlich dem Meliant ihre Minne versagt: durch Rittertaten sollte er sie erst erwerben. Gavain ritt hierauf nach Tintaguel, um Tiebalt beizustehen. Unter einer Eiche bei der Burg stieg Gavain ab und ward hier von den edlen Jungfraun der Burg gesehen. Die ältere Tochter Tiebalts spottete über Gavains Aussehen, die jüngere aber nahm seine Partei, und meinte, er sei der trefflichste aller Ritter, besser noch als Meliant, worüber die ältere Schwester sehr zornig ward.

Als nun der Kampf um die Stadt Tiebalts begann, zeichnete sich Meliant vor allen aus, zu Freude der älteren Tochter Tiebalts, nur die kleine Schwester lobt immer noch den Gavain und erhält dafür von der älteren einen Backenstreich. Daß Gavain am Kampfe sich nicht beteiligt, wundert allerdings die Damen, sie meinen er möge ein Kaufmann sein, doch dem widerspricht die kleine Tochter Tiebalts. Gavain beteiligte sich aber deshalb nicht am Kampfe, weil ihm ein festgesetzter Zweikampf bevorstand. Er wohnte bei einem Ritter in der Stadt.

Hierher kam heimlich die jüngere Tochter Tiebalts, denn die Kinder jenes Ritters waren ihre Gespielen. Auch der Vater Tiebalt kam hierher, um sich von Gavains Ritterlichkeit zu überzeugen und fand seine eigene Tochter, wie sie Gavains Beine umfaßte und ihn bat, daß er sie rächen möge wegen des Backenstreichs, den sie von ihrer Schwester empfangen. Und Gavain verstand sich dazu, der Ritter der Kleinen zu sein und nahm auch von ihr zum Zeichen dessen einen Ärmel. Wirklich gelang es ihm auch, den Meliant von Lis zu besiegen; das Roß desselben sandte er seiner kleinen Herrin. Nachdem er noch eine Anzahl anderer Ritter besiegt, nannte er seinen Namen und ritt fort.

Wieder begegnete er einem Heere, an dessen Spitze zwei Ritter zogen. Der jüngere der beiden bot dem Gavain Herberge auf seiner Burg an und sandte ihn dahin zu seiner Schwester.

Gavain ward von dieser mit größter Freundlichkeit aufgenommen, sie hieß ihn neben sich setzen, und, von Minne ergriffen, verweilten die beiden beieinander. Plötzlich wurden sie überrascht durch einen Ritter, der Gavain erkannte und ihn als den Mörder seines Herrn bedroht. Er wiegelt das Volk auf gegen Gavain; dieser zieht sich mit der Jungfrau in den Turm zurück und verteidigt sich, ein Schachbrett als Schild benutzend, gegen den anstürmenden Haufen. Der Kampf dauert so lange, bis Guigambresil kommt, der seinem Könige Vorwürfe macht, daß er den Angriff des Volkes gegen Gavain dulde, da dieser sich doch auf Sicherheit hierher zum Zweikampfe gestellt habe. Der König, es war derselbe, dessen Vater getötet zu haben Gavain beschuldigt ward, befahl hierauf, vom Kampfe abzulassen. Gavain sollte freigelassen werden und des Zweikampfes entbunden sein, wenn er in Jahresfrist die blutende Lanze dem Könige bringe. Dies versprach Gavain zu tun, und, von seinem Knappen Gringalet begleitet, machte er sich auf, die Lanze zu suchen.

Perceval war ebenfalls von Artus Hofe fortgeritten und hin und hergezogen, fünf Jahre lang, ohne an Gott zu denken; doch vollführte er ritterliche Taten. Einst traf er, so umherirrend, auf drei Ritter, die mit ihren edlen Frauen in Büßertracht fürbaß zogen. Es war an einem Karfreitag und der älteste der Ritter machte dem Perceval bittere Vorwürfe, daß er an solchen Tagen in voller Rüstung reite. Er möge Buße tun bei einem heiligen Einsiedler. Da ging Perceval in sich und bereute seine Gottvergessenheit, er ging zu dem Einsiedler und bekannte ihm, was ihn bedrückte. Der Einsiedler sagte ihm, er habe eine große Sünde begangen: er sei Ursache des Todes seiner Mutter gewesen, eben darum habe er die Frage auf der Burg des Grales unterlassen. Der Einsiedler selbst war der Bruder des Fischer-Königs, Percevals Mutter war seine Schwester. Nachdem Perceval gebeichtet, empfing er Absolution und blieb bei seinem Oheime zwei Tage, Bußübungen sich auferlegend.

Als Gavain den Escavalon verlassen hatte, kam er in einen Wald und fand unter einer Eiche eine Jungfrau mit einem verwundeten Ritter. Der Verwundete, als er Gavain erblickt, rät diesem weiterzuziehen. Er tat also und gelangte an eine Burg, in die er von einer schönen Jungfrau gesendet ward, damit er ihr Roß hole. Als er es getan, lacht sie ihn aus und reitet mit ihm wieder zu dem wunden Ritter, den Gavain mit einem guten Kraute heilte.

Zu ihnen kam ein Knappe geritten auf elendem Klepper und gab, von Gavain angeredet, nur trotzige Antwort, so daß er von demselben vom Pferd geworfen ward. Unterdes nahm der eben geheilte Ritter das Roß Gavains und ritt auf demselben fort; so rächte sich an Gavain Griogoras, den Gavain einst für eine Übeltat bestraft hatte. Gavain besteigt jetzt des Knappen elenden Klepper und reitet mit der Dame zu einem Flusse, an dessen anderem Ufer eine Burg lag. Noch ehe er übersetzte, bestand er siegreich einen Kampf mit einem Ritter, doch verschwand während dieses Kampfes seine Begleiterin. Der Ferge kommt, um Gavain über den Fluß zu bringen, verlangt aber als ihm gebührenden Zoll das Roß des von Gavain eben besiegten Ritters.

Gavain löst das Roß mit der Person des Ritters; er wird übergesetzt und herbergt beim Fergen. Am andern Tag erkundigt sich Gavain bei der Tochter seines Wirtes nach der am Flusse liegenden Burg. Es war dies ein wunderbares Zauberschloß, das Hunderte von Jungfrau'n und Knappen enthielt. Die Jungfrau'n sollte nur ein ganz tadelloser Ritter befreien können.

Gavain ritt auf das Schloß, von seinem Wirte begleitet. Am Tore begegneten sie einem Wechsler, der dort seinen Stand hatte. Gavain betrat den Hauptsaal der Burg und fand daselbst ein wunderbar kostbares Ruhebette. Wer sich in dieses Bette legte, hatte die gefahrvollsten Anfechtungen durch zauberische Geschoße, besonders aber einen wilden Löwen zu bestehen.

Gavain gelingt es auch über alle gefährlichen Zauberkünste des Bettes zu obsiegen und er wird deshalb als Herr der Burg anerkannt. Darauf besieht er sich die Burg, besteigt einen Turm, betrachtet die Umgegend und bekommt Lust zu jagen. Sein Wirt sagt ihm aber, daß er das Schloß nicht verlassen dürfe; erzürnt steigt Gavain wieder in den Saal hinab. Hier kommt zu ihm eine Königin und fragt ihn, ob er von der Tafelrunde des Artus sei. Darauf fragt sie, wieviel Kinder König Lot gehabt habe. Vier, antwortete er: Gavain, Agrevain, Galereis, Garies.

Am andern Tage bestieg Gavain wieder den Turm und erblickte auf einer Wiese eine Jungfrau und einen Ritter; die Jungfrau war dieselbe, in deren Begleitung Gavain zu dem Flusse kam, an dem die Burg liegt. Gavain eilt hinaus und bekämpft und besiegt den sie begleitenden Ritter.

Gavain suchte die Liebe der edlen Jungfrau zu gewinnen, diese aber sandte ihn an die gefährliche Furt. Hier fand Gavain einen schönen Ritter, Guiromelant; dieser liebte Gavains Schwester Clarissant, die auf der Burg bei der Königin war.

Doch jene Jungfrau, sie hieß Orguellouse de Logres, die Gavain zur gefährlichen Furt geschickt hatte, wollte, daß er mit Guiromelant kämpfe. Nach sieben Tagen, wird bestimmt, wollen die beiden Ritter miteinander streiten.

Darauf kehrt Gavain zur Orguellouse zurück, die ihn jetzt nicht mehr so höhnisch behandelt, wie erst. Guiromelant habe ihren Geliebten getötet und sie habe nach einem recht tüchtigen Ritter gesucht, der sie an jenem rächen möge, jetzt glaube sie einen solchen in Gavain erkannt zu haben. Nun kehren beide auf das Wunderschloß zurück und Gavain bringt heimlich einen Ring an Clarissant, seine Schwester; den Ring hat ihm aber Guiromelant für dieselbe mitgegeben. Gavain sandte dann einen Knappen nach Orcanie an den Hof des Königs Artus, damit dieser nebst seinen Rittern und Frauen eingeladen werde, dem bevorstehenden Zweikampfe mit Guiromelant beizuwohnen. Der Knappe kommt an den Hof, wo er Artus sehr betrübt über Gavains Abwesenheit findet. — —

EMANUEL SCHIKANEDER

Taminos Prüfungen

ERSTER AUFTRITT

Sarastro nebst anderen Priestern kommen in feierlichen Schritten, jeder mit einem Palmenzweig in der Hand. Ein Marsch mit Blasinstrumenten begleitet den Zug.

Nr. 9. Marsch der Priester

Sarastro. Sprecher. Priester.

SARASTRO *(nach einer Pause)*: Ihr, in dem Weisheitstempel eingeweihten Diener der großen Götter Osiris und Isis! Mit reiner Seele erklär ich euch, daß unsere heutige Versammlung eine der wichtigsten unserer Zeit ist. Tamino, ein Königssohn, zwanzig Jahre seines Alters, wandelt an der nördlichen Pforte unseres Tempels und seufzt mit tugendvollem Herzen nach einem Gegenstande, den wir alle mit Mühe und Fleiß erringen müssen. Kurz, dieser Jüngling will seinen nächtlichen Schleier von sich reißen und ins Heiligtum des größten Lichtes blicken. Diesen Tugendhaften zu bewachen, ihm freundschaftlich die Hand zu bieten, sei heute eine unsrer wichtigsten Pflichten.

ERSTER PRIESTER *(steht auf)*: Er besitzt Tugend?

SARASTRO: Tugend!

ZWEITER PRIESTER: Auch Verschwiegenheit?

SARASTRO: Verschwiegenheit!

DRITTER PRIESTER: Ist wohltätig?

SARASTRO: Wohltätig! — Haltet ihr ihn für würdig, so folgt meinem Beispiele. *(Sie blasen dreimal in die Hörner.)* Gerührt über die Einigkeit eurer Herzen, dankt Sarastro euch im Namen der Menschheit. Mag immer das Vorurteil seinen Tadel über uns Eingeweihte auslassen, Weisheit und Vernunft zerstückt es gleich dem Spinnengewebe. Unsere Säulen erschüttern sie nie. Jedoch das böse Vorurteil soll schwinden, sobald Tamino selbst die Größe unserer schweren Kunst besitzen wird. — Pamina, das sanfte, tugendhafte Mädchen, haben die Götter dem holden

Jüngling bestimmt; dies ist der Grund, warum ich sie der stolzen Mutter entriß. Das Weib dünkt sich groß zu sein, hofft durch Blendwerk und Aberglauben das Volk zu berücken und unsern festen Tempelbau zu zerstören. Allein, das soll sie nicht. Tamino, der holde Jüngling selbst, soll ihn mit uns befestigen und als Eingeweihter der Tugend Lohn, dem Laster aber Strafe sein. *(Der dreimalige Akkord mit den Hörnern wird von allen wiederholt.)*

SPRECHER *(steht auf)*: Großer Sarastro, deine weisheitsvollen Reden erkennen und bewundern wir; allein wird Tamino auch die harten Prüfungen, so seiner warten, bekämpfen? Verzeih, daß ich so frei bin, dir meinen Zweifel zu eröffnen! Mir bangt es um den Jüngling. Wenn nun, im Schmerz dahingesunken, sein Geist ihn verließe und er dem harten Kampf unterläge? Er ist Prinz.

SARASTRO: Noch mehr — er ist Mensch!

SPRECHER: Wenn er nun aber in seiner frühen Jugend leblos erblaßte?

SARASTRO: Dann ist er Osiris und Isis gegeben und wird der Götter Freuden früher fühlen als wir. *(Dreimaliger Akkord wird wiederholt.)* Man führe Tamino mit seinem Reisegefährten in den Vorhof des Tempels ein. *(Zum Sprecher, der vor ihm niederkniet.)* Und du, Freund, den die Götter uns zum Verteidiger der Wahrheit bestimmten — vollziehe dein heiliges Amt und lehre durch deine Weisheit beide, was Pflicht der Menschheit sei, lehre sie die Macht der Götter erkennen. *(Sprecher geht mit einem zweiten Priester ab.)*

PRIESTER *(stellen sich mit ihren Palmenzweigen zusammen)*.

SARASTRO: O Isis und Osiris, schenket
    Der Weisheit Geist dem neuen Paar!
    Die ihr der Wandrer Schritte lenket.
    Stärkt mit Geduld sie in Gefahr.

CHOR: Stärkt mit Geduld sie in Gefahr!

SARASTRO: Laßt sie der Prüfung Früchte sehen;
    Doch sollten sie zu Grabe gehen,
    So lohnt der Tugend kühnen Lauf,
    Nehmt sie in euren Wohnsitz auf.

CHOR: Nehmt sie in euren Wohnsitz auf.
    (Sarastro geht voraus, dann alle ihm nach ab.)

Die Geheimnisse

Ein wunderbares Lied ist euch bereitet;
Vernehmt es gern und Jeden ruft herbei!
Durch Berg' und Täler ist der Berg geleitet;
Hier ist der Blick beschränkt, dort wieder frei,
Und wenn der Pfad sacht in die Büsche gleitet,
So denket nicht, daß es ein Irrtum sei;
Wir wollen doch, wenn wir genug geklommen,
Zur rechten Zeit dem Ziele näher kommen.

Doch glaube Keiner, daß mit allem Sinnen
Das ganze Lied er je enträtseln werde:
Gar Viele müssen Vieles hier gewinnen,
Gar manche Blüten bringt die Mutter Erde;
Der Eine flieht mit düsterm Blick von hinnen,
Der Andre weilt mit fröhlicher Geberde:
Ein Jeder soll nach seiner Luft genießen,
Für manchen Wandrer soll die Quelle fließen.

Ermüdet von des Tages langer Reise,
Die auf erhabnen Antrieb er getan,
An einem Stab nach frommer Wandrer Weise
Kam Bruder Marcus, außer Steg und Bahn,
Verlangend nach geringem Trank und Speise,
In einem Tal am schönen Abend an,
Voll Hoffnung, in den waldbewachsnen Gründen
Ein gastfrei Dach für diese Nacht zu finden.

Am steilen Berge, der nun vor ihm stehet,
Glaubt er, die Spuren eines Wegs zu sehn,
Er folgt dem Pfade, der in Krümmen gehet,
Und muß sich steigend um die Felsen drehn;
Bald sieht er sich hoch übers Tal erhöhet,
Die Sonne scheint ihm wieder freundlich schön,
Und bald sieht er mit innigem Vergnügen
Den Gipfel nah vor seinen Augen liegen.

Und neben hin die Sonne, die im Neigen
Noch prachtvoll zwischen dunklen Wolken thront;
Er sammelt Kraft, die Höhe zu ersteigen,
Dort hofft er seine Mühe bald belohnt.
»Nun«, spricht er zu sich selbst, »nun muß sich zeigen,
Ob etwas Menschlichs in der Nähe wohnt!«
Er steigt und horcht und ist wie neu geboren:
Ein Glockenklang erschallt in seinen Ohren.

Und wie er nun den Gipfel ganz erstiegen,
Sieht er ein nahes, sanft geschwungnes Tal.
Sein stilles Auge leuchtet von Vergnügen;
Denn vor dem Walde sieht er auf Einmal
In grüner Au ein schön Gebäude liegen,
So eben triffts der letzte Sonnenstrahl:
Er eilt durch Wiesen, die der Tau befeuchtet,
Dem Kloster zu, das ihm entgegen leuchtet.

Schon sieht er dicht sich vor dem stillen Orte,
Der seinen Geist mit Ruh und Hoffnung füllt,
Und auf dem Bogen der geschloßnen Pforte
Erblickt er ein geheimnisvolles Bild.
Er steht und sinnt und lispelt leise Worte
Der Andacht, die in seinem Herzen quillt;
Er steht und sinnt, was hat das zu bedeuten?
Die Sonne sinkt und es verklingt das Läuten!

Das Zeichen sieht er prächtig aufgerichtet,
Das aller Welt zu Trost und Hoffnung steht,
Zu dem viel tausend Geister sich verpflichtet,
Zu dem viel tausend Herzen warm gefleht,
Das die Gewalt des bittern Tods vernichtet,
Das in so mancher Siegesfahne weht:
Ein Labequell durchdringt die matten Glieder,
Er sieht das Kreuz, und schlägt die Augen nieder.

Er fühlet neu, was dort für Heil entsprungen,
Den Glauben fühlt er einer halben Welt;
Doch von ganz neuem Sinn wird er durchdrungen,

Wie sich das Bild ihm hier vor Augen stellt:
Es steht das Kreuz mit Rosen dicht umschlungen.
Wer hat dem Kreuze Rosen zugesellt?
Es schwillt der Kranz, um recht von allen Seiten
Das schroffe Holz mit Weichheit zu begleiten.

Und leichte Silberhimmelswolken schweben,
Mit Kreuz und Rosen sich empor zu schwingen,
Und aus der Mitte quillt ein heilig Leben
Dreifacher Strahlen, die aus Einem Punkte dringen;
Von keinen Worten ist das Bild umgeben,
Die dem Geheimnis Sinn und Klarheit bringen.
Im Dämmerschein, der immer tiefer grauet,
Steht er und sinnt und fühlet sich erbauet.

Er klopft zuletzt, als schon die hohen Sterne
Ihr helles Auge zu ihm nieder wenden.
Das Tor geht auf, und man empfängt ihn gerne
Mit offnen Armen, mit bereiten Händen.
Er sagt, woher er sei, von welcher Ferne
Ihn die Befehle höhrer Wesen senden.
Man horcht und staunt. Wie man den Unbekannten
Als Gast geehrt, ehrt man nun den Gesandten.

Ein Jeder drängt sich zu, um auch zu hören,
Und ist bewegt von heimlicher Gewalt,
Kein Odem wagt, den seltnen Gast zu stören,
Da jedes Wort im Herzen widerhallt.
Was er erzählet, wirkt wie tiefe Lehren
Der Weisheit, die von Kinderlippen schallt:
An Offenheit, an Unschuld der Geberde
Scheint er ein Mensch von einer andern Erde.

»Willkommen«, ruft zuletzt ein Greis, »willkommen,
Wenn deine Sendung Trost und Hoffnung trägt!
Du siehst uns an; wir Alle stehn beklommen,
Obgleich dein Anblick unsre Seele regt:
Das schönste Glück, ach! wird uns weggenommen,
Von Sorgen sind wir und von Furcht bewegt.

Zur wichtgen Stunde nehmen unsre Mauern
Dich Fremden auf, um auch mit uns zu trauern:

Denn ach, der Mann, der Alle hier verbündet,
Den wir als Vater, Freund und Führer kennen,
Der Licht und Mut dem Leben angezündet,
In wenig Zeit wird er sich von uns trennen,
Er hat es erst vor Kurzem selbst verkündet;
Doch will er weder Art noch Stunde nennen:
Und so ist uns sein ganz gewisses Scheiden
Geheimnisvoll und voller bittren Leiden.

Du siehest alle hier mit grauen Haaren,
Wie die Natur uns selbst zur Ruhe wies;
Wir nahmen Keinen auf, den, jung an Jahren,
Sein Herz zu früh der Welt entsagen hieß.
Nachdem wir Lebens-Lust und Last erfahren,
Der Wind nicht mehr in unsre Segel blies,
War uns erlaubt, mit Ehren hier zu landen,
Getrost, daß wir den sichern Hafen fanden.

Dem edlen Manne, der uns hergeleitet,
Wohnt Friede Gottes in der Brust;
Ich hab ihn auf des Lebens Pfad begleitet,
Und bin mir alter Zeiten wohl bewußt;
Die Stunden, da er einsam sich bereitet,
Verkünden uns den nahenden Verlust.
Was ist der Mensch, warum kann er sein Leben
Umsonst, und nicht für einen Bessern geben?

Dies wäre nun mein einziges Verlangen:
Warum muß ich des Wunsches mich entschlagen?
Wie Viele sind schon vor mir hingegangen!
Nur ihn muß ich am Bittersten beklagen.
Wie hätt er sonst so freundlich dich empfangen!
Allein er hat das Haus uns übertragen;
Zwar Keinen noch zum Folger sich ernennet,
Doch lebt er schon im Geist von uns getrennet.

Und kommt nur täglich eine kleine Stunde,
Erzählet, und ist mehr als sonst gerührt:
Wir hören dann aus seinem eignen Munde,
Wie wunderbar die Vorsicht ihn geführt;
Wir merken auf, damit die sichre Kunde
Im Kleinsten auch die Nachwelt nicht verliert;
Auch sorgen wir, daß Einer fleißig schreibe,
Und sein Gedächtnis rein und wahrhaft bleibe.

Zwar Vieles wollt ich lieber selbst erzählen,
Als ich jetzt nur zu hören stille bin;
Der kleinste Umstand sollte mir nicht fehlen,
Noch hab ich Alles lebhaft in dem Sinn;
Ich höre zu und kann es kaum verhehlen,
Daß ich nicht stets damit zufrieden bin:
Sprech ich einmal von allen diesen Dingen,
Sie sollen prächtiger aus meinem Munde klingen.

Als dritter Mann erzählt' ich mehr und freier,
Wie ihn ein Geist der Mutter früh verhieß,
Und wie ein Stern bei seiner Taufe Feier
Sich glänzender am Abendhimmel wies,
Und wie mit weiten Fittigen ein Geier
Im Hofe sich bei Tauben niederließ;
Nicht grimmigstoßend und wie sonst zu schaden,
Er schien, sie sanft zur Einigkeit zu laden.

Dann hat er uns bescheidentlich verschwiegen,
Wie er als Kind die Otter überwand,
Die er um seiner Schwester Arm sich schmiegen,
Um die Entschlafne fest gewunden fand.
Die Amme floh und ließ den Säugling liegen;
Er drosselte den Wurm mit sichrer Hand:
Die Mutter kam und sah mit Freudebeben
Des Sohnes Taten und der Tochter Leben.

Und so verschwieg er auch, daß eine Quelle
Vor seinem Schwert aus trocknem Felsen sprang,
Stark wie ein Bach, sich mit bewegter Welle

Den Berg hinab bis in die Tiefe schlang;
Noch quillt sie fort so rasch, so silberhelle,
Als sie zuerst sich ihm entgegen drang,
Und die Gefährten, die das Wunder schauten,
Den heißen Durst zu stillen kaum getrauten.

Wenn einen Menschen die Natur erhoben,
Ist es kein Wunder, wenn ihm viel gelingt;
Man muß in ihm die Macht des Schöpfers loben,
Der schwachen Ton zu solcher Ehre bringt;
Doch wenn ein Mann von allen Lebensproben
Die sauerste besteht, sich selbst bezwingt;
Dann kann man ihn mit Freuden Andern zeigen,
Und sagen: Das ist er, das ist sein eigen!

Denn alle Kraft dringt vorwärts in die Weite,
Zu leben und zu wirken hier und dort;
Dagegen engt und hemmt von jeder Seite
Der Strom der Welt und reißt uns mit sich fort:
In diesem innern Sturm und äußern Streite
Vernimmt der Geist ein schwer verstanden Wort:
Von der Gewalt, die alle Wesen bindet,
Befreit der Mensch sich, der sich überwindet.

Wie frühe war es, daß sein Herz ihn lehrte,
Was ich bei ihm kaum Tugend nennen darf:
Daß er des Vaters strenges Wort verehrte,
Und willig war, wenn jener rauh und scharf
Der Jugend freie Zeit mit Dienst beschwerte,
Dem sich der Sohn mit Freuden unterwarf,
Wie, elternlos und irrend, wohl ein Knabe
Aus Not es tut um eine kleine Gabe.

Die Streiter mußt er in das Feld begleiten,
Zuerst zu Fuß bei Sturm und Sonnenschein,
Die Pferde warten und den Tisch bereiten,
Und jedem alten Krieger dienstbar sein.
Gern und geschwind lief er zu allen Zeiten
Bei Tag und Nacht als Bote durch den Hain;

Und so gewohnt, für Andre nur zu leben,
Schien Mühe nur, ihm Fröhlichkeit zu geben.

Wie er im Streit mit kühnem munterm Wesen
Die Pfeile las, die er am Boden fand,
Eilt' er hernach, die Kräuter selbst zu lesen,
Mit denen er Verwundete verband:
Was er berührte, mußte gleich genesen,
Es freute sich der Kranke seiner Hand;
Wer wollt ihn nicht mit Fröhlichkeit betrachten,
Und nur der Vater schien nicht sein zu achten.

Leicht wie ein segelnd Schiff, das keine Schwere
Der Ladung fühlt und eilt von Port zu Port,
Trug er die Last der elterlichen Lehre;
Gehorsam war ihr erst und letztes Wort;
Und wie den Knaben Lust, den Jüngling Ehre,
So zog ihn nur der fremde Wille fort.
Der Vater sann umsonst auf neue Proben,
Und wenn er fordern wollte, mußt er loben.

Zuletzt gab sich auch dieser überwunden,
Bekannte tätig seines Sohnes Wert;
Die Rauhigkeit des Alten war verschwunden,
Er schenkt' auf Einmal ihm ein köstlich Pferd;
Der Jüngling ward vom kleinen Dienst entbunden,
Er führte statt des kurzen Dolchs ein Schwert:
Und so trat er geprüft in einen Orden,
Zu dem er durch Geburt berechtigt worden.

So könnt ich dir noch Tagelang berichten,
Was jeden Hörer in Erstaunen setzt;
Sein Leben wird den köstlichsten Geschichten
Gewiß dereinst von Enkeln gleich gesetzt;
Was dem Gemüt in Fabeln und Gedichten
Unglaublich scheint und es doch hoch ergetzt,
Vernimmt es hier und mag sich gern bequemen,
Zwiefach erfreut, für wahr es anzunehmen.

Und fragst du mich, wie der Erwählte heiße,
Den sich das Aug der Vorsicht ausersah,
Den ich zwar oft, doch nie genugsam preise,
An dem so viel Unglaubliches geschah,
Humanus heißt der Heilige, der Weise,
Der beste Mann, den ich mit Augen sah;
Und sein Geschlecht, wie es die Fürsten nennen,
Sollst du zugleich mit seinen Ahnen kennen.«

Der Alte sprachs und hätte mehr gesprochen,
Denn er war ganz der Wunderdinge voll,
Und wir ergetzen uns noch manche Wochen
An Allem, was er uns erzählen soll;
Doch eben ward sein Reden unterbrochen,
Als gegen seinen Gast das Herz am Stärksten quoll.
Die andern Brüder gingen bald und kamen,
Bis sie das Wort ihm von dem Munde nahmen.

Und da nun Marcus nach genoßnem Mahle
Dem Herrn und seinen Wirten sich geneigt,
Erbat er sich noch eine reine Schale
Voll Wasser, und auch die ward ihm gereicht.
Dann führten sie ihn zu dem großen Saale,
Worin sich ihm ein seltner Anblick zeigt.
Was er dort sah, soll nicht verborgen bleiben,
Ich will es euch gewissenhaft beschreiben.

Kein Schmuck war hier, die Augen zu verblenden,
Ein kühnes Kreuzgewölbe stieg empor,
Und dreizehn Stühle sah er an den Wänden
Umher geordnet wie im frommen Chor,
Gar zierlich ausgeschnitzt von klugen Händen;
Es stand ein kleiner Pult an jedem vor.
Man fühlte hier der Andacht sich ergeben,
Und Lebensruh und ein gesellig Leben.

Zu Häupten sah er dreizehn Schilde hangen,
Denn jedem Stuhl war Eines zugezählt.
Sie schienen hier nicht ahnenstolz zu prangen,

Ein jedes schien bedeutend und gewählt,
Und Bruder Marcus brannte vor Verlangen
Zu wissen, was so manches Bild verhehlt;
Im mittelsten erblickt er jenes Zeichen
Zum zweiten Mal, ein Kreuz mit Rosenzweigen.

Die Seele kann sich hier gar Vieles bilden,
Ein Gegenstand zieht von dem andern fort;
Und Helme hängen über manchen Schilden,
Auch Schwert und Lanze sieht man hier und dort;
Die Waffen, wie man sie von Schlachtgefilden
Auflesen kann, verzieren diesen Ort:
Hier Fahnen und Gewehre fremder Lande,
Und, seh ich recht, auch Ketten dort und Bande!

Ein Jeder sinkt vor seinem Stuhle nieder,
Schlägt auf die Brust, in still Gebet gekehrt;
Von ihren Lippen tönen kurze Lieder,
In denen sich andächtge Freude nährt;
Dann segnen sich die treu verbundnen Brüder
Zum kurzen Schlaf, den Fantasie nicht stört;
Nur Marcus bleibt, indem die Andern gehen,
Mit Einigen im Saale schauend stehen.

So müd er ist, wünscht er noch fort zu wachen,
Denn kräftig reizt ihn manch und manches Bild:
Hier sieht er einen feuerfarbnen Drachen,
Der seinen Durst in wilden Flammen stillt;
Hier einen Arm in eines Bären Rachen,
Von dem das Blut in heißen Strömen quillt;
Die beiden Schilder hingen, gleicher Weite,
Beim Rosenkreuz zur recht und linken Seite.

»Du kommst hierher auf wunderbaren Pfaden«,
Spricht ihn der Alte wieder freundlich an;
»Laß diese Bilder dich zu bleiben laden,
Bis du erfährst, was mancher Held getan;
Was hier verborgen, ist nicht zu erraten,
Man zeige denn es dir vertraulich an;

Du ahnest wohl, wie Manches hier gelitten,
Gelebt, verloren ward, und *was* erstritten.

Doch glaube nicht, daß nur von alten Zeiten
Der Greis erzählt, hier geht noch Manches vor;
Das, was du siehst, will mehr und mehr bedeuten;
Ein Teppich deckt es bald und bald ein Flor.
Beliebt es dir, so magst du dich bereiten:
Du kamst, o Freund, nur erst durchs erste Tor;
Im Vorhof bist du freundlich aufgenommen,
Und scheinst mir wert, ins Innerste zu kommen.«

Nach kurzem Schlaf in einer stillen Zelle
Weckt unsern Freund ein dumpfer Glockenton.
Er rafft sich auf mit unverdroßner Schnelle,
Dem Ruf der Andacht folgt der Himmelssohn.
Geschwind bekleidet, eilt er nach der Schwelle,
Es eilt sein Herz voraus der Kirche schon,
Gehorsam, ruhig, durch Gebet beflügelt;
Er klinkt am Schloß, und findet es verriegelt.

Und wie er horcht, so wird in gleichen Zeiten
Drei Mal ein Schlag auf hohles Erz erneut,
Nicht Schlag der Uhr und auch nicht Glockenläuten,
Ein Flötenton mischt sich von Zeit zu Zeit;
Der Schall, der seltsam ist und schwer zu deuten,
Bewegt sich so, daß er das Herz erfreut,
Einladend ernst, als wenn sich mit Gesängen
Zufriedne Paare durch einander schlängen.

Er eilt ans Fenster, dort vielleicht zu schauen,
Was ihn verwirrt und wunderbar ergreift;
Er sieht den Tag im fernen Osten grauen,
Den Horizont mit leichtem Duft gestreift,
Und — soll er wirklich seinen Augen trauen? —
Ein seltsam Licht, das durch den Garten schweift:
Drei Jünglinge mit Fackeln in den Händen
Sieht er sich eilend durch die Gänge wenden.

Er sieht genau die weißen Kleider glänzen,
Die ihnen knapp und wohl am Leibe stehn,
Ihr lockig Haupt kann er mit Blumenkränzen,
Mit Rosen ihren Gurt umwunden sehn;
Es scheint, als kämen sie von nächtgen Tänzen,
Von froher Mühe recht erquickt und schön.
Sie eilen nun und löschen wie die Sterne
Die Fackeln aus, und schwinden in die Ferne.

EMILE SOUVESTRE

Peronnik der Einfältige

Ein Gralsucher-Märchen

EINLEITUNG

Ihr seid sicher schon einem dieser armen Einfältigen begegnet, die der Priester mit Hasenschmalz getauft hat und die nichts können, als an den Türen stehen und betteln. Sie sind wie Kälber, die den Weg zu ihrem Stall verloren haben. Sie schauen sich nach allen Seiten mit großen Augen und offenem Maul um, als ob sie etwas suchten, aber was sie suchen, das ist in diesem Land nicht so üblich, daß man es auf den Landstraßen findet. Es ist nämlich der Verstand.

Peronnik war einer von diesen armen Schelmen, die anstatt auf Vater und Mutter auf die Mildtätigkeit ihrer Brüder in Christo angewiesen sind. Er ging immer der Nase nach und wußte nicht, wohin. Wenn ihn dürstete, trank er aus den Quellen, und wenn ihn hungerte, so erbettelte er von den Frauen, die auf den Türschwellen standen, die Abfallkrusten. Wollte er schlafen, so suchte er sich einen Strohhaufen und grub sich hinein wie eine Eidechse. Übrigens war Peronnik für seine Verhältnisse nicht schlecht gekleidet, er hatte eine Leinenhose, der nichts als der Boden fehlte, das Hemd hatte nur einen Ärmel. Daher sang Peronnik aus Herzensgrunde, sooft er satt war, und dankte morgens und abends Gott, der ihm so viele Geschenke gab, ohne ihn dadurch zu etwas zu verpflichten.

Ein Handwerk hatte Peronnik nie gelernt, aber er war in vielerlei Dingen geschickt. Er aß so viel, als man verlangte, er schlief länger als irgend jemand und ahmte mit seiner Zunge den Gesang der Lerchen nach. Heute gibt es mehr als einen im Lande, der solches nicht nachmachen könnte.

Wie dem auch sei, jedenfalls kam Peronnik eines Tages auf einen Hof, der am Rand des Waldes erbaut war, und da es schon lange her war, daß es in seinem Magen das »Benedicite« geläutet hatte, trat er näher, um etwas Essen zu erbetteln. Die Bäuerin war dabei, ihren Breikessel zu säubern; aber als sie die Stimme des Einfältigen hörte, der sie im Namen Gottes um Nahrung bat, hielt sie inne.

BÄUERIN: Nimm! mein armer Dummhans, iß das Zusammengescharrte und bete dafür ein Paternoster für unsere Ferkel, die nicht gedeihen wollen.

SPRECHER: Peronnik setzte sich auf den Boden, nahm den Napf und begann, ihn mit den Nägeln auszukratzen; aber er erwischte nur wenig, denn alle Löffel des Hauses waren schon darin gewesen. Indessen ließ er ein befriedigtes Grunzen hören, als hätte er nie etwas Besseres genossen.

PERONNIK: Es ist Hirsemehl, Hirsemehl angerührt mit Milch von einer schwarzen Kuh, und das von der besten Köchin im ganzen Unterland.

BÄUERIN: Armer Dummling, es ist nur mehr wenig übrig, aber ich werde dir ein Stück Schwarzbrot dreingeben.

SPRECHER: Sie brachte dem Burschen eine Schnitte von einem Laib, der gerade aus dem Backofen kam. Peronnik biß hinein wie ein Wolf in einen Lammschenkel und rief, daß der Teig vom Leibbäcker Sr. Eminenz des Bischofs von Vannes geknetet sein müsse. Die Bäuerin war stolz, und brachte ein wenig Butter in einer kleinen bedeckten Schüssel. Der Dummling pries die Butter aufs höchste, und strich alles auf seine Brotschnitte. Die Bäuerin fügte noch ein Stück Speck hinzu. Peronnik rühmte ein Stück noch mehr als das andere und verschlang alles, als ob es Quellwasser gewesen wäre. Während er so beschäftigt war neue Kräfte zu erwerben, erschien ein bewaffneter Ritter an der Haustür.

RITTER: Gute Frau, könnt Ihr mir den Weg nach Kerglas sagen?

BÄUERIN: Jesus, mein Gott, Herr Ritter! Dorthin wollt ihr?

RITTER: Ja! Und zu diesem Zweck bin ich aus einem so fernen Land hergekommen, daß ich drei Monate lang Tag und Nacht habe reiten müssen, um hierher zu gelangen.

BÄUERIN: Und was wollt Ihr in Kerglas?

RITTER: Ich suche das goldene Becken und die diamantne Lanze.

PERONNIK: Das sind wohl zwei wertvolle Dinge?

RITTER: Wertvoller als alle Kronen der Erde, denn abgesehen davon, daß das goldene Becken augenblicklich alle Speisen und alle Reichtümer hervorbringt, die man sich wünscht, genügt es, daraus zu trinken, um von allen Leiden geheilt zu werden, und die Toten selbst stehen auf, wenn es ihre Lippen berührt. Die diamantne Lanze aber tötet und zerschlägt alles, was sie trifft.

PERONNIK: Und wem gehört diese Lanze und dieses Gefäß?

BÄUERIN: Einem Zauberer namens Rogear, welcher im Schloß von Kerglas wohnt! Man sieht ihn täglich am Waldrand, auf einer schwarzen Stute sitzend, vorüberreiten, gefolgt von deren Füllen von dreizehn Monaten; aber niemand würde es wagen, ihn anzugreifen, denn er hält in seiner Hand die erbarmungslose Lanze.

RITTER: Ja, aber ein Befehl Gottes verbietet ihm, sich ihrer im Schloß Kerglas zu bedienen. Sobald er dort ankommt, werden Becken und Lanze in der Tiefe eines dunklen Verlieses, welches kein Schlüssel zu öffnen vermag, verwahrt; dort will ich den Zauberer angreifen.

BÄUERIN: Weh! Das wird Euch nicht glücken, Herr! Mehr als hundert andere Edelleute haben das Abenteuer vor Euch gewagt, aber nicht einer ist zurückgekommen.

RITTER: Ich weiß es, gute Frau, aber sie haben nicht wie ich zuvor die Unterweisungen des Eremiten von Blavet erhalten.

PERONNIK: Und was hat Euch dieser Eremit gesagt?

RITTER: Er hat mich alles gelehrt, was ich tun muß. Zunächst muß ich durch den Irrwald reiten, wo alle Arten von Zauber angewendet werden, um mich zu erschrecken und mich meinen Weg verfehlen zu lassen. Die Mehrzahl von denen, die mir vorangegangen sind, hat sich dort verirrt und ist erfroren oder vor Hunger und Ermattung gestorben.

PERONNIK: Und wenn Ihr ihn durchschreitet?

RITTER: Wenn ich ihn durchschreite, werde ich einem Zwerg begegnen, der mit einem feurigen Stachel bewaffnet ist, welcher alles, was er berührt, in Asche verwandelt. Dieser Zwerg bewacht einen Apfelbaum, von dem ich eine Frucht pflücken muß.

PERONNIK: Und dann?

RITTER: Dann werde ich die lachende Blume finden; sie behütet ein Löwe, dessen Mähne aus Schlangen besteht, und ich muß diese Blume brechen. Darauf muß ich den Drachensee überschreiten, den schwarzen Mann mit der Eisenkugel bekämpfen, welche immer ihr Ziel erreicht und von selbst zu ihrem Herrn zurückkehrt; schließlich werde ich das Tal der Freuden betreten, wo ich alles schauen werde, was einen Menschen verführen und zurückhalten kann, und ich werde zu einem Fluß kommen, der nur eine Furt hat. Dort wird sich eine schwarzgekleidete Dame befinden, die mich auf meinem Weg begleiten wird und die mir sagen wird, was ich weiter tun muß.

SPRECHER: Die Bäuerin versuchte dem Fremden zu beweisen, daß er niemals all diese Proben bestehen würde; aber dieser erwiderte, darüber könne eine Frau nicht urteilen; und nachdem er sich den Eingang zum Walde hatte zeigen lassen, verschwand er zwischen den Bäumen. Die Bäuerin seufzte tief auf.

BÄUERIN: Das ist eine tote Seele mehr, die vor Gottes Gericht treten muß. Hier, nimm noch ein paar Krusten und mache Dich dann auf den Weg.

SPRECHER: Dieser folgte ihrem Rat, zumal da der Bauer gerade vom Feld heimkehrte. Er hatte den Knaben, der seine Kühe am Rande des Waldes hütete, davongejagt und überlegte sich, wie er dafür Ersatz schaffen könne. Der Anblick des Dummlings war für ihn ein Lichtstrahl, er glaubte gefunden zu haben, was er suchte.

BAUER: Welch schöner Tag heute. Wohin so schnell? Sag, willst Du nicht auf dem Hof bleiben, um das Vieh zu hüten?

SPRECHER: Peronnik hätte es vorgezogen, nur sich selber zu hüten, denn niemand war besser als er zum Nichtstun aufgelegt; aber er spürte noch den Geschmack des Specks, der frischen Butter, des Schwarzbrots und des Hirseschmarrns auf seinen Lippen, daher ließ er sich verleiten und nahm den Vorschlag des Bauern an.

Der Bauer führte Peronnik sogleich an den Waldrand, zählte ihm laut die Kühe vor: eins, zwei, ... Dabei vergaß er nicht, die Kalbinnen zu zählen. Dann trug er ihm auf, die Kühe bei Sonnenuntergang heimzutreiben.

So war Peronnik Viehhüter geworden, er mußte den Kühen verwehren, daß sie Schaden anrichteten, und mußte von den schwarzen zu den roten und von den roten zu den weißen laufen, um sie gehörig beisammenzuhalten. Während er so von einer Kuh zur andern lief, hörte er plötzlich Pferdegetrappel.

Dann gewahrte er in einem Baumgang des Waldes den Zauberer Rogear, der saß auf seiner Stute, und dahinter trappelte das Füllen von dreizehn Monaten. Am Hals trug er das goldene Becken und in der Hand die diamantne Lanze, die leuchtete wie eine Flamme. Peronnik verbarg sich erschrocken hinter einem Busch; der Riese ritt nahe an ihm vorbei und setzte seinen Weg fort.

Musik.

Als der Riese verschwunden war, verließ Peronnik sein Versteck und schaute nach der Richtung, nach der jener sich gewandt hatte, ohne jedoch den Weg wahrnehmen zu können, den er eingeschlagen hatte.

Indessen kamen unaufhörlich bewaffnete Ritter, die das Schloß Kerglas suchten, aber keinen von ihnen sah man wiederkehren. Vielmehr machte der Riese alltäglich seinen Rundgang. Der Dummling, der allmählich kühner wurde, verbarg sich nicht mehr, wenn er vorüberritt, und betrachtete ihn von weitem mit neidischen Augen, denn das Verlangen, das goldene Becken und die diamantne Lanze zu besitzen, wuchs von Tag zu Tag in seinem Herzen. Aber es verhielt sich damit wie mit einem guten Weib: Man kann es sich leichter wünschen als erwerben.

Eines Abends war Peronnik wie gewöhnlich allein auf der Weide, da stand mit einem Mal ein weißbärtiger Mann am Waldrand. Der Dummling glaubte, das sei wieder irgendein Fremder, der gekommen sei, um die Abenteuer zu wagen.

PERONNIK: Sag, Fremder, suchst Du vielleicht den Weg nach Kerglas?

BRYAK: Ich suche ihn nicht, denn ich kenne ihn.

PERONNIK: Ihr seid ihn gegangen und der Zauberer hat Euch nicht getötet?

BRYAK: Weil er von mir nichts zu fürchten hat. Man nennt mich den Zauberer Bryak, und ich bin der ältere Bruder Rogears. Wenn ich ihn besuchen will, komme ich hierher, aber da ich trotz meiner Zaubermacht den Irrwald nicht durchschreiten könnte, ohne mich zu verirren, so rufe ich das braune Füllen, damit es mich führe:

Füllen mit den leichten Füßen, Füllen mit den scharfen Zähnen, Füllen, ich bin da, komm geschwind, ich wart' auf dich.

SPRECHER: Das kleine Roß erschien augenblicklich. Peronnik wußte, daß es das erste war, wenn man nach Kerglas wollte, das Füllen zu besteigen, welches den Weg kannte. Er mußte ein Mittel finden, sich seiner zu bemächtigen und dann den Apfel zu pflücken, die lachende Blume zu brechen, der Kugel des schwarzen Mannes zu entgehen und das Tal der Freuden zu durcheilen. Peronnik dachte lange darüber nach, und es schien ihm zuletzt, daß es ihm gelingen könne. Die Starken suchen der Gefahr mit Stärke zu begegnen, und oft gehen sie dabei zugrunde, aber die Schwachen packen die Dinge von der Seite an. Da der Dummling nicht hoffen durfte, den Riesen zu bestehen, so beschloß er, ihn zu überlisten. Vor den Schwierigkeiten schrak er nicht zurück, er wußte, daß die Mispeln hart wie Kiesel sind, wenn man sie pflückt, und daß sie mit ein wenig Stroh und viel Geduld schließlich doch weich werden.

Er traf also alle Vorbereitungen für die Stunde, in welcher der Riese am Waldrand erscheinen mußte. Er richtete eine Schnepfenschlinge, deren Haare er in Weihwasser tauchte, einen Leinenbeutel, den er mit Vogelleim und Lerchenfedern füllte, einen Rosenkranz, eine Hollerpfeife und ein Stück Brotrinde, bestrichen mit ranzigem Speck. Hierauf zerbröckelte er sein Frühstücksbrot, dann streute er es längs des Weges, den Rogear mit seiner Stute und seinem Füllen von dreizehn Monaten einschlagen mußte.

Alle drei erschienen zur gewohnten Stunde und durchschritten die Weide, wie sie es alle Tage taten; aber das Füllen, das mit hängendem Kopf und auf dem Boden schnüffelnd einherging, roch die Brotbrocken und blieb stehen, um sie zu fressen, so daß es bald allein und außer Sehweite des Riesen war. Dann schlich sich Peronnik herzu, sprang auf seinen Rücken und ließ es nun laufen, wohin es wollte, denn er war sicher, daß das Füllen, welches den Weg kannte, ihn zum Schloß Kerglas führen werde.

ZAUBERWALD

SPRECHER: Das Rößlein schlug wirklich ohne Zaudern einen der wildesten Wege ein. Es lief so schnell, wie man es sich kaum vorstellen kann. Peronnik zitterte wie ein Blatt, denn alle Zauber des Waldes vereinigten sich, um ihn zu schrecken. Bald schien es ihm, als öffne sich ein Abgrund (4a) vor seinem Reittier, bald schienen die Bäume in Flammen (4b) zu stehen und er sich inmitten einer Feuersbrunst zu befinden, oft, wenn er einen Bach überschritt, wurde der Bach zu einem reißenden Strom (4c) und drohte ihn mitzuführen; ein andermal, als er einem Pfad am Fuß eines Hügels folgte, schienen sich ungeheuere Felsmassen (4d) abzulösen und auf ihn herabzustürzen, um ihn zu zerschmettern. Der Dummling mochte sich noch so oft sagen, daß dies Trugbilder des Zauberers seien, er fühlte doch sein Mark vor Angst erstarren. Schließlich nahm er seine Hände vor die Augen, um nichts zu sehen und so ließ er sich vom Füllen fortbringen.

EBENE MIT APFELBAUM UND LUSTWÄLDCHEN

SPRECHER: So kamen sie beide in eine Ebene (5a), wo die Zauber aufhörten. Peronnik blickte um sich. Es war eine dürre Heide und trauriger als ein Friedhof. Von Zeit zu Zeit sah man die Gerippe der Ritter, die gekommen waren, um das Schloß Kerglas zu suchen. Sie lagen da, neben ihren Rossen hingestreckt, und graue Wölfe nagten an ihren Gebeinen. Schließlich gelangte der Dummling auf eine Wiese, die ganz und gar von einem einzigen Apfelbaum überschattet wurde (5b), der so mit Früchten beladen war, daß die Äste sich bis zur Erde niederbogen. Vor dem Baum stand ein Zwerg, der in seiner Hand die feurige Waffe hielt, die alles, was sie berührte, in Asche verwandelte.

Als er Peronnik erblickte, schrie er wie eine Meerkrähe und erhob seine Waffe; aber ohne Erstaunen zu zeigen, sprach der junge Mann höflich.

PERONNIK: Laßt Euch nicht stören, mein kleiner Prinz, ich möchte nur vorüber, um mich nach Kerglas zu begeben, wohin mich der Zauberer Rogear bestellt hat.

ZWERG: Dich? Wer bist du denn?

PERONNIK: Ich bin der neue Diener unseres Herrn, Ihr wißt doch, der, den er erwartet.

ZWERG: Ich weiß von nichts, und du siehst mir ganz wie ein Schwindler aus.

PERONNIK: Verzeihung, das ist nicht mein Beruf, ich bin lediglich Vogelsteller und Vogelabrichter. Aber, mein Gott, haltet mich nicht auf, denn der Herr Zauberer rechnet auf mich und hat mir sogar sein Füllen geliehen, wie Ihr seht, damit ich schneller ins Schloß gelange.

SPRECHER: Der Zwerg bemerkte nun wirklich, daß Peronnik das junge Pferd des Zauberers ritt, und begann zu glauben, daß jener die Wahrheit sage. Der Dummling sah übrigens so unschuldig aus, daß man ihn nicht für fähig halten konnte, eine Geschichte zu erfinden.

ZWERG: Aber sag, wozu braucht der Zauberer einen Vogelsteller?

PERONNIK: Er hat ihn dringend nötig, wie es scheint, denn, wie er sagt, wird gegenwärtig alles, was im Garten von Kerglas keimt und reift, von den Vögeln gefressen.

ZWERG: Und wie willst Du sie daran hindern?

SPRECHER: Peronnik zeigte die kleine Falle, die er verfertigt hatte.

PERONNIK: Kein Vogel kann ihr entgehen!

ZWERG: Davon will ich mich überzeugen. Mein Apfelbaum wird auch von den Amseln und Drosseln geplündert; stell deine Falle, und wenn du sie fangen kannst, so lasse ich dich vorbei.

SPRECHER: Peronnik war einverstanden und näherte sich dem Stamm des Apfelbaums, befestigte das Ende der Schlinge daran und rief dann dem Zwerg zu, er solle das andere Ende halten, während er die Futterhölzchen aufrichten wolle. Dieser tat, was der Dummling verlangte; nun zog Peronnik plötzlich den Schiebeknoten zu, und der Zwerg war selbst wie ein Vogel gefangen. Er stieß einen Wutschrei aus und wollte sich losmachen, aber die Schlinge, die in Weihwasser getaucht war, widerstand allen seinen Anstrengungen. Der Dummling hatte nun Zeit, zum Baum zu laufen, dort einen Apfel zu pflücken und dann wieder auf sein Füllen zu steigen. Dann setzte er seinen Weg fort.

So verließen sie die Ebene und befanden sich vor einem Lustwäldchen (5b), das aus den schönsten Pflanzen zusammengesetzt war. Dort gab es Rosen in allen Farben, spanischen Ginster, rotes Geißblatt, und über alldem erhob sich eine Wunderblume, welche lachte; aber ein Löwe mit Schlangenmähne lief um das Wäldchen herum, rollte die Augen und knirschte mit den Zähnen wie mit zwei frischgeschliffenen Mühlsteinen. Peronnik blieb stehen und begrüßte ihn.

PERONNIK: Ich wünsche Dir und Deiner Familie alles erdenkliche Glück, sag, ist das der rechte Weg nach Kerglas?

LÖWE: Und was suchst du in Kerglas?

PERONNIK: Mit Eurer Erlaubnis bin ich im Dienst einer Dame, welche eine Freundin des Herrn Rogear ist und welche ihm als Geschenk etwas sendet, wovon er eine Lerchenpastete machen kann.

LÖWE: Lerchenpastete? Es ist ein Jahrhundert her, daß ich keine gegessen habe. Hast du viel dabei?

PERONNIK: Alles, was dieser Sack fassen kann, gnädiger Herr!

SPRECHER: Peronnik wies den Leinenbeutel vor, den er mit Federn und Leim gefüllt hatte. Und um seinen Worten Glauben zu verschaffen, fing er an, das Zwitschern der

Lerchen nachzumachen. Dieser Ton vergrößerte den Appetit des Löwen.

LÖWE: Laß sehen, zeig mir deine Vögel, ich will wissen, ob sie fett genug sind, um unserem Herrn aufgetischt zu werden.

PERONNIK: Ich wünsche mir nichts Besseres, aber wenn ich sie aus dem Sack hole, fürchte ich, daß sie mir davonfliegen.

LÖWE: Öffne ihn nur so weit, daß ich hineinschauen kann.

SPRECHER: Das war es, was Peronnik erhofft hatte, er hielt dem Löwen den Leinenbeutel vor, der seinen Kopf hineinsteckte, um die Lerchen zu packen, da aber sah er sich in den Federn und dem Leim festgehalten. Der Dummling zog geschwind die Schnur des Sackes um seinen Hals zu, machte ein Kreuzzeichen über den Knoten, um ihn unauflöslich zu machen, und lief dann zur lachenden Blume, pflückte sie und eilte mit der ganzen Geschwindigkeit seines Füllens von dannen.

VORHANG
DRACHENSEE UND BEWACHTES TAL

SPRECHER: Aber alsbald traf er auf den Drachensee, den er durchschwimmen mußte, und kaum war er drin, so eilten die Drachen von allen Seiten herbei, um ihn zu verschlingen. Diesmal warf er ihnen die Perlen des Rosenkranzes vor, wie man den Enten Korn vorwirft, und bei jeder verschluckten Perle drehte sich ein Drache auf den Rücken und verendete. So erreichte der Dummling das andere Ufer.

Es blieb also noch das Tal, das von dem schwarzen Mann bewacht wurde. Peronnik gewahrte ihn gleich am Eingang, mit den Füßen an den Felsen geschmiedet und in der Hand die Eisenkugel haltend, welche, nachdem sie ihr Ziel erreicht hatte, stets von selbst zurückkehrte. Er hatte sechs Augen rund um den Kopf, welche abwechselnd wachten, aber in diesem Augenblick hatte er alle sechs geöffnet. Peronnik wußte, daß ihn, sobald er be-

111

merkt würde, die Eisenkugel treffen würde, noch bevor er hätte reden können, daher zog er es vor, am Unterholz entlang zu schleichen. So kam er bis auf einige Schritte an den schwarzen Mann heran. Dieser setzte sich gerade nieder, und zwei seiner Augen waren zum Schlummer geschlossen. Peronnik glaubte, jener sei müde, und er begann, halblaut den Anfang der Messe zu singen. Der schwarze Mann schien zuerst erstaunt, er wandte den Kopf: dann aber, da der Gesang auf ihn wirkte, schloß er das dritte Auge. Peronnik stimmte nun das Kyrie eleison an im Tone jener Priester, die vom Schlafteufel besessen sind. Der schwarze Mann schloß sein viertes Auge und das fünfte zur Hälfte. Peronnik begann die Vesper, aber ehe er zum Magnifikat gekommen war, war der schwarze Mann eingeschlafen.

TAL DER FREUDEN

SPRECHER: Nun nahm der Bursche das Füllen und führte es leise über Moosflecke; dann gelangte er, rasch am Wächter vorbeigehend, ins Tal der Freuden. Das war die schwerste Probe, denn es handelte sich hier nicht darum, einer Gefahr zu entgehen, sondern einer Versuchung zu widerstehen. Peronnik rief alle Heiligen der Bretagne zu Hilfe. Das Tal, das er durchquerte, glich einem Garten voller Früchte, Blumen und Quellen, aber die Quellen waren von Wein und süßen, berauschenden Getränken, die Blumen sangen mit zarten Stimmen wie die Cherubim im Paradies, und die Früchte boten sich von selber dar. Bei jeder Biegung des Weges sah Peronnik große Tafeln, die gedeckt waren, wie um Könige zu speisen; er roch den Duft des Backwerks, das man gerade aus dem Ofen zog, er sah Diener, die ihn zu erwarten schienen, während weiter abseits schöne junge Mädchen aus dem Bade stiegen und auf dem Rasen tanzten; sie riefen ihn bei Namen und baten ihn, den Reigen anzuführen.

Der Dummling machte zwar das Zeichen des Kreuzes, aber er verlangsamte doch den Schritt seines Füllens, ohne es zu merken, er hob die Nase in den Wind, um besser den Duft der Schüsseln zu riechen und die badenden Mädchen zu sehen; fast hätte er angehalten, und dann wäre es um ihn geschehen gewesen; da zuckte ihm der Gedanke an das goldene Becken und die diamantne Lanze durch das Hirn, und sogleich begann er auf seiner Holunderpfeife zu flöten, um die lockenden Stimmen nicht zu hören, er aß sein mit ranzigem Speck bestrichenes Brot, um den Duft der Schüsseln nicht zu riechen, und er betrachtete die Ohren seines Pferdes, um die Tänzerinnen nicht zu sehen. Auf diese Weise gelangte er ohne Unfall zum Ende des Gartens und sah nun endlich das Schloß Kerglas vor sich.

FLUSS

SPRECHER: Aber noch trennte ihn von diesem der Fluß, von dem man ihm erzählt hatte, und der nur eine einzige Furt besaß. Glücklicherweise kannte sie das Füllen und trat am rechten Ort ins Wasser. Peronnik schaute um sich, ob er nicht die Dame erblickte, die ihn ins Schloß führen sollte, und er bemerkte sie auf einem Felsblock sitzend. Sie war in schwarze Seide gekleidet und ihr Antlitz war gelb wie das einer Maurin.

PERONNIK: Gnädige Frau, wollt Ihr nicht den Fluß überschreiten?

PEST: Deshalb erwarte ich Dich, komm näher.

SPRECHER: Peronnik ritt herzu und begrüßte sie. Er ließ sie aufsitzen und begann die Furt zu durchschreiten. Mitten im Fluß sagte die Dame zu ihm:

PEST: Weißt Du auch, wer ich bin, du armer Junge?

PERONNIK: Verzeihung, aber nach Euren Kleidern zu urteilen seid Ihr wohl eine adlige und mächtige Dame.

PEST: Adlig muß ich wohl sein, denn mein Stamm geht auf den ersten Sündenfall zurück; und mächtig bin ich auch, denn alle Völker der Erde beugen sich vor mir.

PERONNIK: Und wie ist Euer Name, gnädige Frau, wenn ich bitten darf?

PEST: Man nennt mich die Pest!

SPRECHER: Der Dummling machte einen Satz und wollte sich in den Fluß stürzen.

PEST: Bleib ruhig, armer Junge, du hast von mir nichts zu fürchten, und ich könnte dir sogar einen Dienst leisten.

PERONNIK: Ist es möglich, daß Ihr so gütig sein wolltet, Frau Pest? Ich erinnere mich jetzt in der Tat, daß Ihr mir angeben solltet, wie ich mich des Zauberers Rogear entledigen kann.

PEST: Soll der Zauberer sterben?

PERONNIK: Nichts wäre mir lieber, aber er ist leider unsterblich.

PEST: Höre und suche mich zu verstehen! Der Apfelbaum, den der Zwerg bewacht, ist ein Steckling des Baumes des Guten und Bösen, den Gott selbst ins irdische Paradies gepflanzt hat. Seine Frucht macht wie die, von welcher Adam und Eva aßen, die Unsterblichen für den Tod empfänglich. Sieh zu, daß der Zauberer den Apfel genießt, dann brauche ich ihn nur zu berühren, damit er aufhöre zu leben.

PERONNIK: Ich will es versuchen, aber wenn es mir gelingt, wie kann ich das goldene Becken und die diamantne Lanze erwerben, die in einem dunklen Verlies verborgen sind, das kein geschmiedeter Schlüssel aufzusperren vermag?

PEST: Die lachende Blume öffnet alle Tore, und erhellt alle Nächte.

SCHLOSS KERGLAS

SPRECHER: Nach diesen Worten erreichten sie das andere Ufer, und der Dummling schritt auf das Schloß zu. Vor dem Eingang befand sich ein großes Wetterdach, ähnlich dem Thronhimmel, unter dem Sr. Eminenz der Bischof von Vannes bei der Prozession des Hl. Sakramentes schreitet. Hier lag der Riese vor der Sonne geschützt und hatte die Beine übereinandergeschlagen wie ein Landwirt, der sein Korn eingebracht hat, und rauchte aus einer Tabakspfeife von lauterem Gold.

Als er das Fohlen erblickte, auf welchem Peronnik und

die gelbe Dame in schwarzer Seide saßen, hob er den Kopf und sprach mit donnerdröhnender Stimme:

ROGEAR: Bei Belzebub, unserem Herrn! Das ist mein Füllen von dreizehn Monaten, auf dem dieser Dummkopf reitet.

PERONNIK: So ist es, o größter aller Zauberer!

ROGEAR: Und wie hast du es angestellt, um dich seiner zu bemächtigen?

PERONNIK: Ich habe die Worte wiederholt, die mich Euer Bruder Bryak gelehrt hat. Als ich an den Waldrand kam, habe ich gesagt: Füllen mit den leichten Füßen, Füllen mit den scharfen Zähnen, Füllen ich bin da! Komm geschwind, ich wart' auf dich! Und das kleine Tier ist sogleich gekommen.

ROGEAR: Du kennst also meinen Bruder?

PERONNIK: Wie man seinen Herrn kennt!

ROGEAR: Und warum schickt er dich?

PERONNIK: Um Euch zwei seltene Dinge zu überbringen, die er soeben aus dem Maurenland erhalten hat: hier den Apfel der Freuden und dort die unterwürfige Frau, die Ihr vor Euch seht. Wenn Ihr den ersteren verspeist, werdet Ihr immer einen so zufriedenen Sinn haben wie ein armer Mann, der einen Beutel mit hundert Talern in einem Holzschuh gefunden hat; und wenn Ihr die letztere in Euren Dienst nehmt, so habt Ihr auf der Welt keinen Wunsch mehr.

ROGEAR: Nun, so gib den Apfel und laß die Maurin kommen.

SPRECHER: Der Dummling gehorchte; aber sobald der Riese in die Frucht gebissen hatte, rührte ihn die gelbe Dame an, und er fiel zu Boden wie ein Ochs, den man niederschlägt.

IM SCHLOSS

SPRECHER: Peronnik trat sogleich ins Schloß, in der Hand die lachende Blume. Er durcheilte nacheinander mehr als fünfzig Säle und gelangte endlich vor das Gewölbe mit der Silberpforte. Diese öffnete sich von selbst vor der Blume, welche dem Dummling leuchtete und ihm gestattete, bis zum goldenen Becken und zur diamantnen Lanze vorzudringen. Aber kaum hatte er sie ergriffen, so bebte die Erde unter seinen Füßen, ein schreckliches Krachen ertönte, der Palast verschwand, und Peronnik befand sich inmitten eines Waldes (9c) versehen mit seinen zwei Wunschdingen, mit denen er sich an den Hof des Königs der Bretagne begab.

Als er nach Nantes (10) kam, wurde diese Stadt gerade von den Franzosen belagert, welche die Felder rings umher derart verwüstet hatten, daß kaum ein Baum mehr übrigblieb, an dem eine Ziege hätte rupfen können. Obendrein war Hungersnot in der Stadt, und die Soldaten, die nicht an ihren Wunden starben, kamen aus Mangel an Brot um. Daher verkündete gerade an dem Tag, da Peronnik ankam, ein Trompeter an allen Straßenecken, daß der König der Bretagne denjenigen, der die Stadt befreien und die Franzosen verjagen würde, als Erben einzusetzen verspräche.

Als der Dummling dieses Versprechen hörte, sagte er zu dem Trompeter.

PERONNIK: Rufe nicht länger, sondern führe mich zum König! Ich bin imstande zu tun, was er verlangt.

TROMPETER: Du? Schau, daß du weiterkommst, kleiner Stieglitz, der König hat keine Zeit, um Vögel zu fangen.

SPRECHER: Statt jeder Antwort streifte Peronnik den Soldaten mit seiner Lanze, und im gleichen Augenblick fiel dieser tot zur Erde zum großen Schrecken der zusehenden Menge, die nun entfliehen wollte.

PERONNIK: Ihr habt gesehen, was ich gegen meine Feinde vermag, erfahrt jetzt, was ich für meine Freunde tun kann!

SPRECHER: Und er näherte das Zauberbecken den Lippen des Toten, der augenblicklich wieder belebt wurde.

Der König, der dieses Wunder vernahm, übertrug Peronnik den Befehl über die Soldaten, und da der Dummling mit seiner Lanze Tausende von Franzosen tötete, während er mit seinem Becken alle gefallenen Bretonen erweckte, vertrieb er in wenigen Tagen das feindliche Heer und erbeutete alles, was in ihrem Lager zurückblieb.

Endlich, als er alles dem König unterworfen hatte, erklärte er, er wolle abreisen, um das heilige Land zu befreien, und er schiffte sich in Nantes ein.

SPRECHER: Manche sagen, daß er und seine Söhne dank dem goldenen Becken noch lebten und in Palästina herrschten; aber andere versichern, daß der Bruder Rogears, der Zauberer Bryak, die beiden Wunschdinge zurückerobert habe und daß die, welche sie zu erlangen wünschen, sie bloß zu suchen brauchen.

Übersetzt und bearbeitet von der
Marionettenbühne Evinghausen

Peredur

»Evrawe, Graf des Nordens, hatte sieben Söhne, von denen
sechs, sowie er selbst, in Schlachten und Kämpfen umka-
men. Mit dem siebenten Sohne Peredur zog die Mutter, um
ihn vor einem gleichen Schicksale zu bewahren, in die Einöde, und niemand durfte ihm Pferde und Waffen zeigen
und von Kämpfen mit ihm sprechen. Eines Tages sah der
Knabe drei Ritter daherkommen, Gwalchmai, Sohn des
Gwyar, Geneyr Gwystyl, und Owain, Sohn des Urien. Seine Mutter erklärte sie ihm als Engel. — »So will ich hinge-
hen und ein Engel werden wie sie«, sagt Peredur. Er läßt
sich von ihnen das Wappen und Reitzeug erklären und den
Gebrauch der Waffen lehren. Seine Mutter fällt darüber in
Ohnmacht, doch Peredur sucht sich ein Roß, schirrt es mit
Gezweig auf und nimmt Abschied von seiner Mutter, die
ihn mit Lehren entläßt, wörtlich fast denen gleich, die Herzeleide dem Parzival bei Wolfram gibt. Nach zwei Tagen
und zwei Nächten kommt er zu einer vornehmen Dame, die
im Walde ein schönes Zelt aufgeschlagen hat; er stillt seinen
Hunger mit den eben dastehenden Speisen, bittet sich ihren
Ring aus und reitet weiter. Der Gemahl der Dame kehrt zurück, und eifersüchtig eilt er mit ihr, der er keine Rast gönnen will bis er den Frevler gefunden, dem Peredur nach.
Dieser gelangt zu Artus Hof, wo soeben ein Ritter der
Königin Gwenhwyvar einen goldenen Becher mit Wein ins
Antlitz und auf ihren Brustlatz gegossen und sie ins Gesicht
geschlagen hatte mit der Aufforderung: wenn nun Jemand
ihm den Becher streitig machen, und den der Königin zuge-
fügten Schimpf rächen wolle, so möge er ihm folgen. Der
ganze Hof läßt den Kopf hängen. Peredur erbittet sich die
Ritterschaft von Arthur; seine Mutter habe gesagt, er könne
sie geben. Ein Zwerg begrüßt ihn mit dem Ausruf: sei ge-
grüßt, du Blüte der Ritterschaft, du erster der Kämpfer. Kai
bestraft ihn mit einem Faustschlag. Sein Weib, die Zwergin,
wiederholt den Ruf, und Kai bestraft sie mit Fußtritten; sie

waren ein Jahr lang stumm an Arthurs Hofe gewesen und hatten jetzt zuerst gesprochen. Kai weist Peredur zu dem Ritter mit dem Becher; wenn er dessen Roß und Rüstung bringe, solle er die Ritterschaft empfangen. Peredur erschlägt ihn. Owain eilt dem schönen Knaben nach, findet das Unglück schon geschehen, hilft ihm sich wappnen, und reitet mit dem Becher an den Hof zurück, während Peredur mit der Versicherung, nicht eher wiederzukehren bis er die Schmach des Zwerges und der Zwergin gerächt habe, von dannen trabt. Bald trifft er auf einen Ritter, Arthurs Feind. Peredur besiegt ihn und schickt ihn an Arthurs Hof zur Sühne für die Schmach des Zwerges. So überwältigt er im Lauf der Woche noch 12 Ritter, die er alle gleichfalls zu Arthur schickt. Kai grämt sich darüber sehr. Peredur kommt zum Schloß eines eisgrauen, lahmen Mannes (man möchte ihn anfangs für den Fischerkönig halten, er entspricht aber dem Gurnemans), der ihn in Waffenkunst und feiner Sitte unterrichtet. Er warnt ihn, nicht zu viel zu fragen und entläßt ihn mit guten Lehren. Darauf gelangt er zu einem andern Schloß, wo er gastlich aufgenommen wird. Der Herr des Schlosses, ein stattlicher Mann mit greisem Haupte, sitzt in der Halle und räumt ihm beim Mahle den Platz an seiner Seite. Nachher fragt der Schloßherr ob er mit dem Schwerte zu fechten verstehe. »Soll ich darin Unterweisung empfangen«, sagt Peredur, »so denke ich es zu vermögen.« Nun war in der Vorhalle ein Schloßhaken, so dick, daß ihn kein Mann umspannen konnte. »Nimm dieses Schwert«, sagt der Schloßherr, »und schlage damit auf den Eisenhaken.« Peredur gehorchte und schlug so stark, daß der Haken entzwei brach und auch das Schwert. »Lege nun beide Teile zusammen und verbinde sie.« Peredur legte sie zusammen und sie wurden eins wie zuvor. Dasselbe geschah noch zum zweitenmal, und sowohl Schwert als Haken wurden wieder eins. Aber beim dritten Streiche Peredurs ließen sich weder die Stücke des Schwerts noch des Hakens wieder vereinigen. Da sagte der Schloßherr: »Du fichst besser mit deinem Schwerte wie irgendeiner im Königreiche; du hast zwei Dritteile deiner Stärke erlangt, aber das letzte Drittel hast du noch nicht erreicht. Und wenn du zu deiner Vollkraft wirst gekommen sein, so wird niemand mit dir wetteifern mögen. Ich bin dein Oheim, deiner Mutter Bruder, und bin der Bruder des Mannes, in dessen Hause du die letzte Nacht warst.« Während sie sich noch unterhielten, sah Peredur zwei Jünglinge in den Saal treten, die einen Speer von mächtiger Größe trugen, von dessen Spitze herab drei Ströme Bluts auf den Boden flossen. Dem ungeachtet brach der Herr das Gespräch mit Peredur nicht ab. Dieser wagte nicht, nach der Bedeutung des Vorgangs zu fragen. Nachdem die Klagen ein wenig nachgelassen hatten, traten zwei Mädchen ein mit einer großen *Schüssel*, worauf das *blutige Haupt eines Menschen* lag. Hierüber stieß die Gesellschaft im Saale ein so großes Geschrei aus, daß es lästig ward, dabei in der Halle zu bleiben. Darauf ging Peredur zur Ruh, und ritt am andern Tage mit Erlaubnis seines Oheims weiter. Bald hörte er im Walde ein lautes Geschrei: er findet ein schönes Weib, die Leiche eines Ritters in ihrem Schoße haltend. Auf seine Frage über ihr Leid schmäht sie ihn, daß er die Ursache des Todes seiner Mutter geworden, die aus Gram um ihn gestorben sei. Sie selbst sei seine Milchschwester. Sie begraben den Leichnam, ihren gewesenen Gemahl, und treffen bald den Ritter, der ihn erschlug. Peredur besiegt ihn, und nimmt ihm das Gelübde ab, diese Frau zu heiraten und an Arthurs Hof zu gehen, zur Ehre des Zwerges für die erlittene Schmach. Arthur, dies vernehmend, macht sich mit seinem Hofe auf, Peredur zu suchen. Dieser gelangt zu einem Schlosse, das Feinde bedrohen und worhin Hungersnot herrscht. Mit Tränen tritt nachts die Herrin des Schlosses in Peredurs Schlafgemach und bittet ihn um Hilfe. Er sagt sie ihr zu, besiegt die Feinde, schickt sie zu Arthur, und reitet weiter. Bald begegnet er der Dame auf dem Klepper mit ihrem eifersüchtigen Gemahl. Peredurs Schwert gibt ihm Überzeugung von der Unschuld seiner Frau und versöhnt kehren sie heim. Darauf kommt Peredur zu den *Hexen von Gloucester*, welche die Dame eines Schlosses bedrohen, und die er zwingt, von ihrem Unternehmen abzustehen. Immer bald weiter reitend, übernachtet er einst bei einem *Eremiten*. Morgens bei frischgefallenem Schnee ausreitend, sieht er Blutstropfen im Schnee von einem Vogel, den ein Habicht getötet hat. Der Anblick gemahnt ihn an die Dame im Schloß, wo er Hungersnot gefunden und die ihn sehr liebgewonnen hatte; dies versetzt ihn in tiefes Nachdenken. Inzwischen war Arthur mit seinem Hofe in jene Gegend gelangt. Sie bemerken von ferne den sinnenden Ritter. Ein abgesandter Knappe, der ihn ungeschickt aus seinem Traume zu wecken sucht, wird von ihm zu Boden geworfen; dasselbe geschieht noch 24 Knappen. Darauf komm Kai heran, Peredur zerschlägt ihm jedoch mit der Lanze den Kinnbacken und schleudert ihn hin, daß er Arm und Schulter bricht. Kais Roß kehrt ledig zum Schrecken des Hofes zurück. Peredur verharrt in seinem Nachdenken. Endlich geht Gwalchmai zu Peredur, ungeachtet Kai ihn hart schmäht, und Peredur folgt seiner höflichen Einladung, an den Hof zu kommen; man erkennt ihn als den Ritter, der den Schimpf der Königin und der Zwerge gerächt hat, und mit Jubel führen sie ihn zu Arthurs Residenz Kaerlleon. Am andern Tage begegnet er Angharad mit der goldenen Hand (Law Eurawc), die ihm versichert, sie werde ihn nie lieben. Peredur dagegen schwört, er werde nicht eher zu einem Christen ein Wort sprechen bis sie ihn vor allen Männern liebe. Peredur reitet bald wieder auf Abenteuer aus. Hier beginnt eine Reihe Geschichten, die unserm Parzival ganz fremd sind, und auch bei Chretien und seinen Fortsetzern (nur der mont douloureux kommt vor) sich nicht finden; er erschlägt einen Löwen, stürzt ihn in den Abgrund, springt selbst hinüber und kommt in das Rundtal, dessen Riesen er besiegt zu Arthur schickt. Dann erschlägt er eine Schlange, die auf einem goldenen Ringe liegt, und gewinnt den Ring. Aus Sehnsucht nach Arthurs Hofe und nach der Dame, die er am meisten liebt, verliert er den Glanz seiner Gesichtsfarbe und sein schönes Ansehen, so daß als er an den Hof zurückkehrt, ihn niemand erkennt. Er spielt den Stummen, zieht weiter und besiegt viele fremde Ritter, die an Arthurs Hof kamen und das Zeichen der Herausforderung aufgesteckt hatten. So erhält er den Namen des stummen Jünglings. Da begegnet ihm Angharad und löst sein Gelübde (von Heirat wird nichts gesagt). Nun wird er am Hofe als Peredur erkannt, er bleibt dort, und schließt Waffenbrüderschaft mit

Arthurs Rittern. Hierauf bei einer Jagd verliert er sich von
Arthur, besiegt und erschlägt den schwarzen Unterdrücker,
einen grimmigen einäugigen Riesen, kommt zu den Söhnen
des Königs der Martern, zum Berg der Trübsal, zu einem
Strome, an dessen Ufern schwarze und weiße Schafe weiden, die, je nachdem sie von einem Ufer zum andern gehen,
die Farbe wechseln; am grünenden Flammenbaum zeigt ein
Jüngling von königlichem Anstand ihm den Weg zu dem
Seeungeheuer Addanc, das Peredur tötet. Drauf gesellt sich
Etlym Rothschwert zu ihm, mit dem er zur Gräfin der Groß-
taten reitet, deren 300 Ritter Peredur besiegt, und die er dem
Etlym danach vermählt. Nachdem er einer Schlange einen
kostbaren von ihr bewachten Ring, den er dann dem Etlym
gibt, geraubt, folgt eine Aventüre mit der Kaiserin von Chri-
stinobyl, bei welcher er sich 14 Jahre lang in behaglicher Ruhe aufhält. — Sodann ein neuer Abschnitt.

»Arthur war zu Kaerlleon am Usk, seiner Hauptresidenz.
Vier Männer saßen bei ihm: Owain, Gwalchmai, Howel und
Peredur mit der langen Lanze. Da trat ein schwarzes kraus-
haariges Mädchen ein, hergeritten auf einem falben Maultiere, ausgezackte Riemen als Peitsche in der Hand, von wildem, scheußlichem Aussehen. Gesicht und Hände waren
schwärzer als mit Pech überzogenes Eisen, abschreckend
war ihre Gestalt. Sie hatte hohe Backenknochen, ein langes
Gesicht, kurze Nase mit weiten Nüstern, ein Auge grau und
hervorstechend, das andere tiefliegend und schwarz wie
Teer. Ihre Zähne waren lang und gelb, ihr Brustbein ragte
über das Kinn hervor, ihr Rücken von der Form eines
Krummhakens, die Schenkel breit und knochig. Sie begrüßte Arthur und den Hof, mit Ausnahme Peredurs, den sie so
zu schelten begann: »Blind war das Glück, als es dir Ruhm
und Ehre gab. Als du am Hofe des lahmen Königs warst,
dort die Jünglinge, das blutige Haupt, den bluttriefenden
Speer und noch andere Wunder gewahrtest, da fragtest du
weder nach deren Ursach noch Bedeutung. Hättest du das
getan, so würde der König seine Gesundheit wieder erhalten haben und seine Vasallen wären zufrieden gestellt worden. Seitdem muß er Fehden und Kämpfe bestehen, seine
Ritter kommen um, die Frauen, die Töchter bleiben unaus-

gestattet, und das alles durch dich.« — Dann sprach sie zu Arthur: »Schenke mir Gehör, Herr. Meine Wohnung ist weit von hier, in dem stattlichen Schlosse, von dem du gehört hast. Darin sind 566 Ritter mit den Damen ihrer Liebe. Wer Ruhm erwerben will, wird ihn sicher dort erlangen, wenn er ihn verdient; und wer den Gipfel des Ruhms erreichen will, für den weiß ich den Ort dazu. Da ist ein Ort auf luftiger Höhe, worin ein Mädchen gefangen gehalten wird. Wer sie befreit, wird den höchsten Preis gewinnen.« — Hierauf ritt sie fort. Indem Gwalchmai sich anschickt, das letztere Abenteuer aufzusuchen, und Peredur schwört, nicht eher zu rasten, bis er die Bedeutung des blutigen Speers und Hauptes erfahre, kommt ein Ritter im Kriegskleide, der den Gwalchmai des Mords seines Herrn beschuldigt, und ihn zum Kampf vor seinen jetzigen König fordert. Gwalchmai folgt nun zunächst dieser Aufforderung. Bald trifft er auf einen königlichen Jagdzug. Der Anführer ladet ihn in sein nahes Schloß, wo seine Schwester ihn gütlich empfangen werde. Während Gwalchmai mit dieser sich beim Mahle unterhält, tritt ein greiser Mann in das Zimmer und schmäht die Dame, daß sie sich mit diesem Mann ins Gespräch einlasse. Diese warnt Gwalchmai und rät, die Türe zu verschließen. Bald stürmt der Mann mit 60 Bewaffneten heran. Gwalchmai verteidigt die Türe mit einem Schachbrett, bis der Herr des Schlosses zurückkehrt. Dieser geht, um mit dem Gast zu reden, und sie kommen überein, daß, nachdem Gwalchmai die ihm von Arthur aufgetragene Botschaft geworben habe, er zurückkehren solle, um sich von der Anklage durch Zweikampf zu reinigen. Am nächsten Morgen ritt er fort. »Die Geschichte erzählt nichts weiter von Gwalchmai in Betreff dieses Abenteuers.«

»Peredur, andrerseits, begegnet auf seiner Wanderschaft einem Geistlichen, der ihn schilt, am Karfreitag Waffen zu tragen, und der ihm deshalb seinen Segen versagt. Peredur nimmt sich das zu Herzen, steigt vom Roß und ladet ihm seine Waffen auf: so kommt er zu Fuß zu einem unbefestigten Schlosse, wo derselbe Geistliche als Wirt ihn empfängt, und wegen seines Betragens lobt. Vier Tage (die Osterzeit) weilt er bei ihm, dann läßt er sich den Weg zum *Schloß der*

Wunder beschreiben. Auf der Fahrt dahin begegnet er einem Jagdzuge, dessen Anführer ihn in sein Schloß ladet, wo seine Tochter ihn gastlich bewirten werde. Diese empfängt ihn so auffallend freundlich, daß ein Page dem König Vorstellung deshalb macht und der König ihn in einen Kerker wirft, und als am andern Morgen sich der König von einem benachbarten Grafen angegriffen sieht, gibt sie dem Peredur einen scharlachenen Mantel und eine treffliche Rüstung. Drei Tage lang kämpft er unerkannt mit den Feinden, am vierten erschlägt er den Grafen, und jedes Mal kehrt er abends in seinen Kerker zurück. Der König erkennt dem Unbekannten den höchsten Preis der Tapferkeit zu; die Tochter entdeckt ihn nun, und der König sichert ihm die Hand seiner Tochter samt seinem halben Reiche und die erledigte Herrschaft des erschlagenen Grafen zu. Doch Peredur sagt, ich kam nicht hieher um zu freien, ich forsche nach dem Wunderschloß. Man bringt ihn, gut ausgerüstet, auf den Weg dahin. Bald ist er dort; es liegt mitten in einem See. In der Halle stand ein Schachbrett, dessen Steine von selbst spielten (kommt auch bei Chrestien vor). Die Partie, die er begünstigte, verlor, worüber die andern Figuren ein großes Gelächter aufschlugen. Er steckt sie deshalb in die Tasche und wirft das Schachbrett in den See. Da überhäuft das eintretende schwarze scheußliche Mädchen ihn mit Vorwürfen, daß er die Kaiserin Chrystinobyl um ihr schönstes Kleinod gebracht habe; zum Ersatz möge er den Riesen Ysbidinongyl erschlagen, der ihre Besitzungen verwüste. Es geschieht; die schwarze Häßliche sagt aber, er werde die Kaiserin nach seinem Wunsche nicht eher sehen als bis er den Hirsch erlegt, der ihre Wälder verwüste und ihre Tiere töte; er ist schnell wie der schnellste Vogel und hat ein Horn von Speeres Länge an der Stirn (diese Aventüre auch bei Chrestien). Peredur schlägt diesem Ungetüm den Kopf ab; unterdes kommt eine Dame geritten, die ihm darüber die größten Vorwürfe macht, und deren Zorn er nur versöhnen kann, wenn er in jenem Berghaine den schwarzen Mann erschlage. Peredur kämpft also mit ihm, jedoch oft aus dem Sattel geworfen, springt er stets wieder hinein. Peredur steigt deshalb ab und greift zum Schwert. Inzwischen aber entwischt jener mit Peredurs Pferd. Zu Fuß geht er nun um den Berg und auf ein nahe gelegenes Schloß zu. In der Halle saß der greise lahme König, neben ihm Gwalchmai, im Stalle stand neben Gwalchmais Pferde das seinige wohlbehalten. Peredur setzte sich neben den Greis. Siehe, da trat ein blonder Jüngling ein, beugte ein Knie vor Peredur und bat um seine Freundschaft. »Herr« — sprach der Jüngling — »ich war es, der in Gestalt des schwarzen häßlichen Mädchens an Artus Hof kam, und zu dir, als du das Schachbrett in den See warfst, und als du den schwarzen Mann Ysbidinongyl erschlugst, und den Hirsch erlegtest und mit dem schwarzen Mann im Berghaine strittst. Ich kam mit dem blutigen Kopf in der Schüssel und mit der blutenden Lanze; der Kopf war der deines Vetters, der durch die Hexe von Gloucester getötet wurde, die auch deinen Oheim getötet hat. Ich bin dein Vetter. Eine Prophezeihung sagte, daß du berufen seist, alle diese Dinge zu rächen.« Darauf pflegen Peredur und Gwalchmai Rat und luden Arthur und seinen Hofhalt ein, gegen die Hexen zu ziehen. Und der Kampf mit ihnen begann. Dreimal erschlug eine Hexe vor Peredurs Augen einen Mann von Arthurs Leuten, und dreimal bat sie Peredur vergebens um Schonung dieser Männer. Da zog Peredur sein Schwert und spaltete der Hexe ihre Hauptrüstung. Sie erhob darob ein lautes Geschrei und bat die andern Hexen zu fliehen: denn Peredur sei der Mann, der von ihnen Ritterschaft erlernt habe, und von dem sie nach dem Schicksal erschlagen werden sollten. Darauf fiel Arthur mit seinem Gefolge über die Hexen her und sie erschlugen alle Hexen von Gloucester. Das Mabinogi schließt mit den Worten: »... und also wird erzählt in Betreff des Wunderschlosses.«

AUGUST WILHELM SCHLEGEL

Einem Ritter der Tafelrunde

»Einem Ritter der Tafelrunde ist ein großes Abenteuer vorbehalten, nämlich den Gral, d.h. den Kelch, woraus Christus mit seinen Jüngern zum Abendmahl getrunken, in seine Obhut zu bekommen. Hierzu wurde nächst dem Preise der Tapferkeit auch noch ein ganz unschuldiger Ritter erfordert, weswegen Lanzelot, Gavain und andere Vortreffliche davon ausgeschlossen waren; die Lösung war endlich Parcival vorbehalten. Auch der Speer, womit dem Heiland die Seiten durchstochen worden, kommt vielfältig vor.«

Der Beginn der Gralssuche

Sir Parzival, der von König Artus und den Rittern der Tafelrunde nur der Reine genannt wurde, hatte sich vom Geklirr der Waffen, den tapferen Taten, die er in Turnieren und beim Lanzenbrechen vollbracht hatte, in das stille Leben des Gebets zurückgezogen.

Er tauschte seinen Helm gegen eine Kutte, um zu beten, zu fasten und um Almosen zu bitten. Er begab sich in eine fern von Camelot gelegene Abtei, wo er bald darauf starb.

In dieser Abtei lebte der Mönch Ambrosius, der den Ritter mehr als alle anderen ins Herz geschlossen hatte und ihn verehrte.

Er fand seinen Weg zum Herzen des Ritters, da er ihn auf eine Art liebte, die die Liebe des anderen erweckte.

In dem Sommer bevor Parzival starb, saßen die beiden an einem windigen Aprilmorgen unter einer alten Eibe, alt wie die Welt, die das Kloster halb verdeckte und deren Zweige im Wind rauschten und der Mönch Ambrosius fragte Parzival: »Mein Bruder, ich habe diese Eibe jeden Frühling, bald ein halbes Jahrhundert, rauschen gehört, denn ich habe niemals die Außenwelt erblickt, noch habe ich mich jemals über die Grenzen des Erlaubten hin verirrt. Aber Herr, als Ihr zu uns kamt, sprach aus Euren Gliedern und aus Eurer Stimme anfangs eine solche Ritterlichkeit, daß ich Euch sogleich als jemanden erkannte, der in Arturs Halle speiste.

Denn Ihr gleicht einer Münze, manche sind echt, manche sind falsch, aber jedem einzelnen von Euch ist das Bild des Königs eingeprägt und nun erzählt mir doch, mein Bruder, was Euch von der Tafelrunde fortgetrieben hat! War es wegen einer schlechten irdischen Leidenschaft?«

»Nein«, antwortete der Ritter«, es war keine meiner Leidenschaften, sondern die süße Vision des Heiligen Grals, die mich von all der Prahlerei, dem Wettstreit, den hitzigen Gefechten forttrieb, die unter uns ausbrachen und unter den Augen der Frauen funkelten. Wer gewinnt und wer verliert, und damit verschwendeten wir unsere geistige Kraft, die wir viel besser dem Himmel gewidmet hätten.«

»Der Heilige Gral«, sagte daraufhin der Mönch, »obwohl ich sicher bin, daß wir dem Himmel jung und grün erscheinen mögen, sind wir hier alt und vermodert, was die äußeren Angelegenheiten betrifft.

Doch berichtete uns hiervon einer Eurer Ritter, der sich als Gast bei uns aufhielt. Er erzählte uns vom Gral in unserem Refektorium. Doch sprach er voller Traurigkeit und so leise, daß wir kaum die Hälfte des Gesagten verstehen konnten.

Was ist der Gral? Ist er das Trugbild eines Kelches, der kommt und geht?«

»Oh nein, Mönch, kein Trugbild«, antwortete Parzival. »Es ist der Kelch selbst, aus dem unser Herr bei seinem letzten traurigen Abendmahl trank. Der gute Hl. Joseph von Arimathea brachte ihn aus dem Heiligen Land von Aramat nach Glastonbury, nach dem dunklen Tag, als die Toten über Moriah umherirrten. Dort blüht der Christdorn zu Weihnachten, um uns an den Herrn zu erinnern.

Der Kelch weissagte den Menschen und wenn ihn ein Mensch berühren oder sehen konnte, wurde er durch den Glauben sofort von all seinen Leiden geheilt. Aber dann wurden die Zeiten so schlecht, daß der Kelch vom Himmel zurückgeholt wurde und verschwand.«

»Aus unseren alten Büchern weiß ich wohl«, entgegnete der Mönch, »daß Joseph einst nach Glastonbury kam, und daß ihm der Heidenprinz Arviragus eine Insel im Sumpf schenkte, auf der er bauen konnte. Dort errichtete Joseph in diesen alten Tagen eine kleine Kirche aus Torfziegeln.

Denn so steht es in unseren Büchern geschrieben. Aber, sie scheinen, so weit ich sie gelesen habe, über dieses Wunder zu schweigen. Wer aber erblickte in unseren Tagen als erster diese heilige Sache?«

»Eine Frau«, erwiderte Parzival, »eine Nonne, sie ist mir als Schwester eine nahe Blutsverwandte. Wenn es jemals eine heilige Jungfrau gab, deren Knie in Anbetung die Steine abwetzten, so ist sie es, oder aber es hat niemals eine erleuchtete Jungfrau gegeben.

Aber es war in ihrer frühen Mädchenzeit, daß sie die glühende Flamme der menschlichen Liebe den heiligen Dingen zuwandte, da sie rüde und grob zurückgewiesen worden war. Nun wandte sie sich dem Gebet, den Lobpreisungen, dem Fasten und den Almosen zu. Dennoch, obwohl sie eine Nonne war, wurde sie zum Skandal des Hofes und zur Sünde von Artur und seiner Tafelrunde. An die Eisenstäbe ihrer Zelle drang der fremde Laut einer ehebrecherischen Rasse und sie betete und fastete um so mehr.

Und jenem, dem sie ihre Sünden beichtete, oder das, was sie in ihrer völligen Unschuld für Sünde hielt, ein Mann der beinahe 100 Lenze zählte, berichtete ihr vom heiligen Gral. Dies war eine Legende, die durch fünf oder sechs Generationen seit der Zeit unseres Herrn, von Männern weitergegeben worden war, die ein jeder 100 Lenze zählten. Und der alte Mann dachte, daß nachdem Artur seine Tafel rund gemacht hatte und die Herzen aller Männer für eine Zeitlang rein waren, daß der Heilige Gral wiederkehren würde.

Doch Sünde brach aus. Ach Christus, wenn er doch nur käme und die Welt von aller Bosheit erlösen würde!

›Oh Vater‹, fragte die Jungfrau, ›könnte er mir durch Fasten und Gebet erscheinen?‹ ›Nein, ich weiß es nicht‹, antwortete er, ›denn dein Herz ist so weiß wie Schnee.‹

Und so betete und fastete sie, bis die Sonne durch sie hindurch schien und der Wind durch sie hindurchblies. So daß ich dachte, sie könne aufsteigen und schweben, als ich sie sah.

Denn eines Tages sandte sie nach mir um mich zu sprechen und als sie sprach erblickte ich ihre Augen, die über mein Wissen hinaus schön waren, wundervoller als alles was ich je erblickte.

Wunderschön im Lichte der Heiligkeit. Und sie sprach: ›Oh, mein Bruder Parzival, liebster Bruder, ich habe den Heiligen Gral gesehen. Ich erwachte mitten in der Nacht und hörte einen Laut, als würde in den Hügeln ein silbernes Horn geblasen. Und ich dachte: Es ist nicht Arturs Gewohnheit, im Mondschein zu jagen. Doch dieser leichte Klang, der aus einer Ferne jenseits der Vorstellung erklang, schwoll an, und näherte sich mir. Weder eine Harfe noch ein Horn gleicht jener Musik, die da kam, noch könnten wir sie blasen, oder durch Berührung erzeugen. Und dann glitt durch meine Zelle ein kalter silbriger Strahl. Entlang des Strahles stahl sich der Heilige Gral, Rosenrot und auf ihm viele Gravuren, als wäre er lebendig, bis alle weißen Wände meiner Zelle mit rosigen Farben getönt waren, die über die Mauern schossen. Und dann verklang die Musik und der Gral verschwand ebenso wie der Strahl und das rosige Zittern starb in der Nacht. So ist das heilige Gefäß wieder hinter uns, Bruder, bete auch du und faste und sage deinen Ritterbrüdern, daß auch sie beten und fasten sollen, damit vielleicht auch ihr die Vision erblicken könnt und die Welt geheilt wird.‹

Nachdem ich die bleiche Nonne verlassen hatte, erzählte ich allen Menschen davon und ich selbst fastete und betete immerzu gleich vielen anderen von uns mehrere Wochen lang. Wir beteten und fasteten bis zum Äußersten in der Erwartung des Wunders, das da kommen würde.

Unter uns war einer, der sich immer in weißer Rüstung bewegte, ›Galahad, möge Gott dich so gut machen, wie er dich schön gemacht hat‹, sprach Artur, als er ihn zum Ritter schlug. Keiner war je zuvor in so jungen Jahren zum Ritter geschlagen worden, bis Galahad kam. Und dieser Galahad erfüllte mich mit Staunen, als er von der Vision meiner Schwester erfuhr. Seine Augen wurden den ihren so ähnlich und schienen die ihren zu sein. Und er selbst schien mehr ihr Bruder zu sein als ich.

Er hatte weder Schwester noch Bruder, doch einige nannten ihn den Sohn des Lancelot und andere sprachen von einer verzauberten Zeugung. Alles Schwätzer, die den Schnabel aufsperren wie Jungvögel um Fliegen zu fangen. Wir wissen nicht, woher diese Gerüchte kamen, denn wann war Lancelot jemals liederlich herumgezogen?

Aber sie, die bleiche Maid, schnitt sich den ganzen Reichtum ihrer Haare, die einen seidenen Vorhang bis zu den Füßen hinab gebildet hatten, vom Haupte. Und daraus flocht sie einen breiten langen und starken Schwertgürtel und webte in den Gürtel mit Silberfäden und Karmesin ein seltsames Muster ein, einen karmesinroten Gral inmitten eines Silberstrahls.

Damit gürtete sie den strahlenden Ritterjüngling als sie ihn sah und sprach: ›Mein Ritter, mein Liebster, mein Ritter des Himmels, o du mein Lieber, dessen Liebe mit meiner eins ist. Ich, die Maid, umringe dich, ich die Maid, binde dich mit meinem Gürtel. Geh hinfort, denn du sollst sehen, was ich gesehen habe, und durchbrich alles, bis man dich zum König krönt, weit weg in einer geistigen Stadt.‹ Als sie so sprach, sandte sie die unsterbliche Leidenschaft ihrer Augen durch ihn hindurch und machte ihn zu dem ihren, und legte ihm ihren Geist auf und er glaubte an ihren Glauben.

Dann kam das Jahr des Wunders, ach Bruder, in unserer großen Halle stand ein unbesetzter Stuhl, den Merlin gebaut hatte, bevor er verschied. In dem Stuhl waren innen wie außen seltsame Bilder eingeschnitzt. Eines davon war eine Schriftrolle die sich wie eine Schlange wand, beschriftet mit Buchstaben in einer Sprache, die niemand lesen konnte und Merlin nannte ihn ›Die gefährliche Belagerung‹. Gefährlich im Guten wie im Bösen, denn hier, so sagte er, kann sich kein Mann hinsetzen ohne sich selbst zu verlieren. Und einst, durch ein Mißgeschick setzte sich Merlin selbst in diesen Stuhl und ward verloren. Galahad, der von Merlins Schicksal erfuhr rief aus: ›Wenn ich mich selbst verliere, rette ich mich selbst!‹ Dann, in einer Sommernacht geschah es, daß Galahad sich in den Stuhl setzte, während ein großes Bankett gerichtet wurde. Und plötzlich, als wir so daniedersaßen, hörten wir ein Krachen und das Dach spaltete sich. Wir hörten ein Reißen und einen Windstoß, über unseren Köpfen grollte Donner und durch den Donner drang ein Schrei. Mit dem Windstoß fiel ein Lichtstrahl in die Halle, siebenmal heller als der Tag. Den Strahl entlang glitt der Heilige Gral, gänzlich von einer leuchtenden Wolke eingehüllt und keiner konnte sehen, wer ihn offenbarte und glitt davon. Aber jeder Ritter erblickte in dem Gesicht seines Gegenübers einen Abglanz der Herrlichkeit. Daraufhin erhoben sich alle Ritter und starrten einander töricht an, standen so, bis ich meine Stimme erhob um einen Schwur zu sprechen. Ich leistete vor allen Anwesenden einen Eid, daß ich, da ich selbst den Gral nicht gesehen hatte, für ein Jahr und einen Tag ausreiten würde, bis ich ihn gefunden und gesehen hätte, wie meine Schwester, die Nonne ihn gesehen hatte. Und Galahad leistete den Eid, ebenso der Gute Sir Bors, der Cousin von Lancelot und Lancelot schwor und mit ihm viele unter den Rittern und lauter als der Rest schwor Gawain.«

Da sprach der Mönch Ambrosius und fragte ihn: »Was sagte der König? Leistete auch er den Eid?«

»Nein«, entgegnete Parzival, »denn mein Herr, der König war nicht in der Halle. Früh an jenem Morgen war eine junge Frau in die Halle geeilt, die ganz außer sich war. Sie war aus einer Höhle geflohen und von einem dreisten Banditen geschändet worden. Sie bat um Hilfe, denn ihr leuchtendes Haar war mit Erde verschmiert und die milchigweißen Arme waren rot zerkratzt von Brombeerdornen. Das Kleid, das sie trug, war zerrissen wie ein Segel im Sturm. So machte sich der König auf, um den wilden Bienenstock auszuräuchern, der es da unerlaubt wagte in seinem Königreich Honig zu naschen. Nichtsdestoweniger sah auch er ein wenig von dem Wunder. Als er über die Ebene zurückkehrte, die sich bei Camelot zu verdunkeln begann, schaute der König empor und rief: ›Schaut da, die Dächer unserer großen Halle sind von Gewitterstürmen umwirbelt. Betet zu Gott, daß sie nicht vom Blitz getroffen ist!‹ Denn die Halle war Artur lieb und teuer, da er so oft in ihr mit allen Rittern gefeiert hatte und sie die prächtigste Halle auf Erden war.

O Bruder, hättest du doch unsere mächtige Halle gekannt, die Merlin für Artur vor so langer Zeit erbaut hatte. Den ganzen heiligen Hügel Camelot, die trübe dunkle Stadt, Dach an Dach, Turm an Turm und Turmspitze an Turmspitze.

Durch ein Wäldchen, eine grüne Wiese, fließt ein rauschendes Bächlein zur Halle hin, die Merlin erbaute. Und dazwischen stehen Skulpturen in vier Abschnitten, voll mystischer Symbole, die die Halle umgeben.

Im untersten Abschnitt erschlagen die niedrigsten Tiere die Menschen, im zweiten erschlagen die Menschen die Tiere, im dritten sind Krieger, vollkommene Männer und im vierten stehen Männer, denen Flügel wachsen. Und über dem ganzen steht ein Denkmal von Artur, das Merlin schuf.

Die Flügelspitzen zeigen zum Polarstern und die Statue blickt gen Osten. Die Krone so wie beide Flügel sind aus Gold und leuchten bei Sonnenaufgang, so daß die Bauern auf den fernen Feldern, die so oft von heidnischen Truppen vernichtet wurden, sie erblicken und ausrufen: ›Wir haben noch einen König!‹

Und Bruder, hättest du die Halle von innen erblickt, breiter und höher als irgendeine auf der Welt. Dort, wo zwölf große Fenster die Schlachten von Artur beschreiben, so daß all das Licht, das in die Hälle fällt durch die 12 großen Schlachten unseres Königs strömt.

Ein weiteres Fenster am östlichen Ende ist reich geschmückt mit der wandernden Linie der Hügel und dem Weiher, wo Artur das Schwert Excalibur fand. Und ihm gegenüber im Westen ist noch ein Fenster jedoch unverziert und wer wird es schmücken und wann und wie?

Ja, dort erscheint vielleicht, einst, wenn wir alle Kriege geschlagen haben, ein Bild, wie das Schwert Excalibur weggeworfen wird.

Zu dieser schönen Halle also ritt der König, angsterfüllt, daß das traumgleiche Werk des Merlin plötzlich verschwinden könnte, eingehüllt in den unbarmherzigen Mantel eines sich ausbreitenden Feuers.

Und er ritt in die Halle hinein. Ich blinzelte hoch und sah den goldenen Drachen funkeln, und viele der anderen, die von der Macht verbrannt waren, die Arme versehrt, die Stirn mit Ruß beschmutzt und versengt, folgten meinem Blick, mit leuchtenden Gesichtern, die von der Vision erfüllt waren. Dann sprach der König zu mir, da ich am nächsten stand — denn in der Halle herrschte Tumult, manche schworen, manche protestierten — ›Parzival — was geht hier vor?‹

Ach Bruder, als ich ihm sagte, was passiert war, daß die Vision meiner Schwester uns erschienen sei und was danach geschah, verdunkelte sich sein Antlitz, so wie ich es mehr als einmal gesehen hatte und er rief aus: ›Weh mir meine Ritter, wäre ich hier gewesen hättet ihr den Eid nicht geleistet.‹

Meine Antwort war kühn: ›Wärt Ihr hier gewesen mein

König, hättet ihr selbst geschworen!‹ ›Ja, ja‹, sagte er, ›du bist so kühn und hast den Gral doch nicht gesehen!‹ ›Nein Herr, ich hörte ein Geräusch und ich sah das Licht, aber da ich das heilige Ding nicht sah tat ich einen Schwur ihm zu folgen, bis ich es gesehen hätte.‹

Und als er uns jeden für sich fragte, ob irgendeiner es gesehen hätte, gab es nur eine einzige Antwort: ›Nein Herr, deshalb taten wir den Schwur!‹

›Aber‹, sprach Artur, ›habt ihr denn eine Wolke gesehen? Wofür geht ihr in die Wildnis?‹ Dann rief Galahad plötzlich, und seine Stimme drang grell durch die ganze Halle: ›Aber ich, Sir Artur, ich sah den Heiligen Gral und ich hörte einen Ruf Galahad, Galahad, folge mir!‹

›Ach Galahad, Galahad‹, sagte der König, ›für solche wie dich ist diese Vision, aber nicht für die anderen. Die heilige Nonne und du, ihr habt das Zeichen gesehen. Niemand ist heiliger als sie, Parzival. Das ist das Zeichen den Orden zu zerstören, den ich schuf. Ihr jedoch folgt nur der Stimme eines Führers.‹ Bruder, der König war hart zu seinen Rittern. ›Taliessin ist unser bester Sänger, so hat einer gesungen und alle anderen Trottel stimmen mit ein. Lancelot ist Lancelot und hat fünf Ritter mit einem Streich überwältigt. Und jeder junge Ritter, der noch unerprobt ist, hält sich für einen Lancelot, bis er von einem anderen überwältigt wird. Dann wird er ernst, und Ihr? Wer seid Ihr? Galahads? Nein, auch keine Parzivals, denn so gefiel es dem König, mich nach Sir Galahad einzureihen — nein, sagte er, sondern Männer mit Kraft und dem Wunsch das Böse zu bekämpfen, mit der Kraft die Häupter der Gewalt niederzustrecken, Ritter, die in zwölf großen Schlachten Aufsehen erregten und das starke weiße Pferd mit seinem eigenem heidnischen Blut gefärbt haben. Aber einer hat etwas gesehen und alle Blinden wollen es auch sehen.

Geht, denn Eure Schwüre sind heilig, da sie getan sind. Doch wisset, daß die Schreie meines ganzen Königreiches durch diese Halle hallen wie schon so oft. O meine Ritter und Eure Plätze an meiner Seite sind dann leer. Die Gelegenheit zu edlen Taten wird sich bieten und wieder gehen, ohne herausgefordert worden zu sein, während ihr Irrlichtern folgt und Euch im Sumpfland verliert. Viele von Euch, ja, die meisten sogar, werden nicht zurückkehren. Ihr denkt wohl, daß ich zu düster in die Zukunft blicke. Doch kommt nun, laßt uns den morgigen Tag noch einmal in voller Zahl begehen, wie in jenen glücklichen Tagen, so daß Euer König, bevor ihr ihn für diese Suche verlaßt, noch einmal die ungebrochene Stärke seiner Ritter zählen kann und sich an dem Orden, den er schuf, erfreuen kann.‹

Als dann die Sonne aufging, trafen sich alle von der Tafelrunde im Turnier. Es ging dabei so heftig zu, und so viele Lanzen brachen entzwei, wie man es in Camelot, seit Artur kam, noch nicht gesehen hatte. Und ich selbst und Galahad, die wir durch die Vision gestärkt waren, überwältigten so viele Ritter, daß die Zuschauer schrien und in ihrem Eifer fast die Barrieren sprengten, indem sie Sir Galahad und Sir Parzival riefen.

Aber als der nächste Tag heranbrach, ach Bruder, hättest du unser Camelot gekannt, erbaut von alten Königen, Jahrhundert für Jahrhundert und so alt, daß selbst unser König fürchtete es könne zerfallen, so fremd, so reich, so düster. Dort wo die Dächer aneinanderstießen sahen wir nur Köpfe entlang der Straße, die unseren Abzug beobachteten. Von den langen Balkonen, überladen von Damen, die auf den Nacken von Drachen gestützt waren, die sich in die alten Mauern krallten, fielen dichter als Gewitterregen dutzende von Blumen. Männer und Knaben saßen an allen Ecken rittlings auf den Hälsen von Löwen, Drachen, Greifen und Schwänen und riefen einen jeden beim Namen und wünschten uns viel Glück. Aber auf den unteren Wegen weinten die Ritter und Damen, arm und reich weinte, selbst der König konnte vor Kummer kaum sprechen. Und mitten auf dem Weg ritt die Königin neben Sir Lancelot und jammerte und klagte: ›Dieser Wahnsinn ist wegen unserer Sünden über uns gekommen.‹ So erreichten wir das Tor der drei Königinnen, an dem Arturs Kriege auf mysteriöse Weise geendet hatten und gingen von dort aus ein jeder seines Weges.«

Übertragen von Momo Schlender

MARION ZIMMER BRADLEY

Der heilige Kelch

Morgaine spürte, wie sich die Macht auf sie herabsenkte. Sie spürte, wie sie größer und größer wurde, während die Macht ihren Körper und ihre Seele erfüllte. Sie bemerkte nicht mehr, daß Ravens Hände sie hielten, sie wie den Kelch mit dem heiligen Wasser des Heiligen Geistes füllten ...

Morgaine schritt vorwärts und sah, wie Patricius sprachlos vor ihr zurückwich. Morgaine fürchtete sich nicht, obwohl sie wußte, es bedeutete den Tod, die Heiligen Insignien unvorbereitet zu berühren — in einem entfernten Winkel ihres klaren Bewußtseins dachte sie ...

Wie ist es Kevin gelungen, den Bischof vorzubereiten? Hat er ihm auch dieses Geheimnis verraten ...?

Morgaine wußte mit unerschütterlicher Sicherheit, ihr ganzes Leben war eine Vorbereitung auf diesen Augenblick gewesen, denn jetzt hob sie als Göttin den Kelch mit beiden Händen empor.

Später hörte sie, daß manche sagten, eine Jungfrau in schimmernden weißen Gewändern habe den Heiligen Kelch durch den Raum getragen. Andere behaupteten, ein brausender Wind habe die Halle erfüllt, und man habe den Klang vieler Harfen gehört ... Morgaine wußte nur, daß sie den Kelch mit beiden Händen hob, und daß er wie ein großer funkelnder Juwel, wie ein Rubin, wie ein lebendes, schlagendes Herz in ihren Händen aufglühte und pulsierte ... Sie trat vor den Bischof. Er fiel vor ihr auf die Knie, als sie flüsterte: »Trinke! Dies ist der Heilige Geist ...«

Patricius trank, und sie fragte sich flüchtig, was er wohl sah. Aber er blieb zurück, während sie weiterging, oder der Kelch sich bewegte und sie mit sich zog ... sie wußte es nicht. Sie hörte das Rauschen vieler Flügel, das ihr voraneilte; sie roch einen süßen Duft, der weder Weihrauch noch Parfüm war ... Später sagten manche, der Kelch sei unsichtbar gewesen. Andere behaupteten, er habe geglänzt wie ein großer Stern und jeden geblendet, der ihn ansah ... Jeder in der Halle fand auf seinem Teller das, was er am liebsten aß ... diese Geschichte hörte sie später wieder, und dies war das Zeichen, daß sie wirklich den Kessel von Ceridwen in den Händen gehalten hatte. Aber für andere Geschichten hatte sie keine Erklärung und brauchte auch keine.

Sie ist die Göttin, und ihr Wille geschieht ...

Als sie vor Lancelot stand, hörte sie ihn ehrfurchtsvoll flüstern: »Seid Ihr es, Große Mutter? Oder träume ich ...?« Und von unaussprechlicher Zärtlichkeit erfüllt, setzte sie den Kelch an seine Lippen. Heute war sie Mutter für alle. Selbst Artus kniete vor ihr nieder, als der Kelch an seinen Lippen vorüberzog.

Ich bin alles ... Jungfrau und Mutter und die Göttin, die Leben und Tod schenkt. Verleugnet mich, wenn ihr es wagt, ihr, die ihr andere Namen anruft ... aber wisset, ich bin der Anfang und das Ende ...

Morgaine dachte: *Von allen Menschen in der Großen Halle hat allein Nimue mich erkannt. Sie blickte mich in staunendem Wiedererkennen an.* Ja, auch Nimue hatte gelernt, die Göttin zu erkennen, gleich in welcher Gestalt sie zu ihr trat.

»Auch du, mein Kind«, flüsterte sie erfüllt von unendlichem Mitgefühl. Nimue kniete nieder und trank. Morgaine spürte, wie sie eine Woge von Lust und Rache überflutete und dachte: *Ja, auch das ist ein Teil von mir ...*

Morgaine schwankte, spürte, wie Ravens Kraft sie aufrecht hielt ... Stand Raven an ihrer Seite und hielt den Kelch? Oder war es ein Trugbild, und Raven kauerte immer noch in der Ecke und hielt sie durch den Fluß ihrer Kraft aufrecht, der durch sie beide hindurch in die Göttin strömte, die den Kelch hielt ...? Später wußte Morgaine nicht, ob sie wirklich den Kelch gehalten hatte. Oder war auch das Teil des mächtigen Zaubers gewesen, den sie für die Göttin gewirkt hatte ...? Doch jeder Mann, jede Frau in der Halle kniete nieder und trank, die Süße und die Seligkeit umflossen sie. Morgaine schritt dahin, als trügen sie die großen Schwingen, deren Rauschen sie hörte ... und dann tauchte Mordreds Gesicht vor ihr auf.

Ich bin nicht deine Mutter. Ich bin die Mutter aller ...

Galahad war bleich und überwältigt. Sah er den Kelch

des Lebens oder den heiligen Kelch des Christus vor sich? Worin lag der Unterschied? Gareth, Gawain, Lucan, Bedivere, Palomides, Cai ... alle alten Gefährten und viele, die sie nicht kannte; schließlich schienen die Räume jenseits der Welt durchwandert zu sein, und alle, die je zu ihnen gehörten, selbst jene, die diese Welt schon verlassen hatten, saßen an diesem Tag mit ihnen in der Tafelrunde — Ectorius, Lot, der junge Drustan, ermordet von dem eifersüchtigen Marcus, Lionel, Bors, Balin und Balan kehrten Hand in Hand durch die Pforten des Todes zurück ... Alle, die sich je um die runde Tafel versammelt hatten — in der Vergangenheit oder in der Gegenwart — saßen in diesem Augenblick, der der Zeit weit entrückt war, hier an der Tafel des Königs von Camelot. Und schließlich begegnete sie auch den weisen Augen von Taliesin. Dann kniete Kevin vor ihr. Sie hob den Kelch an seine Lippen ... *Auch du. Ich vergebe allen an diesem Tag ... was in den Zeiten, die noch im Dunkel liegen, auch geschehen mag ...*

Schließlich setzte Morgaine den Kelch an ihren Mund und trank. Das köstliche Wasser der Heiligen Quelle floß über ihre Lippen. Sie sah, daß alle anderen in der Halle aßen und tranken, und als sie ein Stück Brot nahm, glaubte sie das weiche Honigbrot zu schmecken, das Igraine für sie gebacken hatte, als sie noch ein Kind in Tintagel war.

Sie stellte den Kelch auf den Altar zurück, und er strahlte wie ein Stern ...

Jetzt, Raven! Jetzt! Der große Zauber! Die Druiden mußten all ihre Kraft aufbringen, um Avalon der Welt zu entrücken. Von uns wird weniger gefordert ... Der Kelch, die Schale und der Speer müssen verschwinden ... sie müssen für immer aus dieser Welt verschwunden sein. Wir haben sie in die Sicherheit von Avalon zu bringen, damit sie nie wieder von einem Sterblichen berührt und entweiht werden. Nie wieder soll man sie für unsere Riten unter den Ringsteinen hervorholen, denn sie sind durch einen christlichen Altar entweiht. Aber sie werden auch nie mehr von den Priestern eines kleinlichen Gottes besudelt werden, der alle anderen Wahrheiten leugnet ...

Morgaine spürte Ravens Berührung. Hände umklammerten ihre Hände, und sie schien außer Ravens Händen andere Hände zu spüren. Sie wußte nicht, welche ... In der Halle war zum letztenmal das Rauschen der großen Flügel zu hören. Ein mächtiger Wind brauste durch das Gebälk ... und alles war vorbei.

Helles Tageslicht fiel in den Raum, der Altar war leer, und das weiße Altartuch lag unordentlich und zerknittert darüber. Morgaine sah das bleiche und erschrockene Gesicht des Bischofs.

»Gott war unter uns«, flüsterte er. »Heute haben wir den Wein des Lebens aus dem Heiligen Gral getrunken ...«

Gawain sprang auf: »Aber wer hat den Heiligen Kelch gestohlen?« rief er. »Wir alle haben ihn verhüllt auf dem Altar gesehen ... Ich schwöre, ich werde ausziehen und ihn suchen. Ich werde ihn finden und an diesen Hof zurückbringen! Und dieser Suche werde ich zwölf Monate und einen Tag weihen, bis ich ihn deutlicher sehe als hier ...«

Natürlich muß es Gawain sein, dachte Morgaine, *er ist immer der erste, der sich dem Unbekannten stellt.*

Übersetzt von Manfred Ohl und Hans Sartorius

Gaweins Fahrt zum Gral

Nun macht sich Gawein, getreu seinem dem Angaras zu Karamphi gegebenen Versprechen, zur Fahrt nach dem Grale auf, die zunächst auf Anstiften des Fimbeus und der Giramphiel durch den Handschuh und den Ritter auf dem Steinbock aufgehalten wird. Trotzdem bricht Gawein mit Keii, Calocreant und Lanzelet auf; sie wollen zunächst nach Madarp, um bei Gansguoter sich Rat zu holen. Baingranz von Ainsgalt, ein Bruder des von Gawein im ersten Teil überwundenen Riesen Assiles, stellt sich ihnen entgegen, wird aber besiegt. Gansguoter empfängt sie freundlich und ist um Igernes willen zur Hilfe bereit. Er gibt Gawein ein Eisengewand, das die Eigenschaft besitzt, fremden Zauber aufzuheben. Er geleitet sie durch sein Land bis zur Grenze von Sardin, dem Lande von Fimbeus und Giramphiel. Gawein besiegt in seinem Eisenkleid Fimbeus und nimmt ihm die Kleinodien, den Ring, die Handschuhe und den Siegerstein wieder ab. Auf der weiteren Fahrt kommt Gawein mit seinen Genossen auf ein Schloß, das einer Göttin, Gansguoters Schwester, gehört. Inmitten ihrer Jungfrauen empfängt sie Gawein und berät ihn für das Gralsabenteuer, er solle sich vor Müdigkeit hüten und nicht trinken. Dann wird ein Bote mit dem Ring und den Handschuhen zu Artus gesandt. In Karidol betrauerte man nämlich den vermeintlichen Tod des Helden, weil Gigamee geprahlt hatte, Gawein getötet zu haben. Nach einigen belanglosen Abenteuern, wobei Keii gefangen wird, kommen die drei andern zur Gralsburg.

Das Haus war reich und herrlich, voll von Rittern und Frauen. Auf dem Hofe wurden ritterliche Spiele getrieben. Gawein und seine Genossen wurden zu einem schönen Pallas geleitet, dessen Fußboden mit Rosen bestreut war. Der reich gekleidete alte Hausherr in weißem Gewand saß mit zwei Junkern beim Schachspiel. Er begrüßte die Ankömmlinge und bot Gawein auf seinem Ruhebett neben ihm einen

Sitz an. Viele Ritter und Frauen kamen zur Abendmahlzeit auf den Pallas. Kämmerer brachten Kerzen und Handwasser, Fiedler sangen und spielten auf. Gawein und seinen Begleitern wurden Plätze neben dem Wirt angewiesen. Die übrigen saßen paarweise, je ein Ritter und eine Dame, zusammen. Ein Jüngling brachte ein schönes, breites Schwert, das er vor den Wirt niederlegte. Dann kamen Schenken mit Wein. Gawein aß und trank nichts, Calocreant und Lanzelet aber mißachteten die Warnung, aßen und tranken und verfielen alsbald in tiefen Schlaf. Nun traten zwei Jungfrauen mit Kerzen herein, gefolgt von zwei Junkern mit einem Speer und zwei anderen Jungfrauen mit einem goldenen, mit Edelsteinen besetzten Teller (oblier) auf kostbarer Seidendecke.

> nach ieglîcher meide
> zwèn juncherren giengen,
> die under in beviengen
> deswâr ein vil kluoc sper.

Von diesem blutigen Speer fallen hernach drei Tropfen auf den Teller und dienen mit dem Brot im Gral zur Nahrung.

> nâch disen vil lîse trat
> diu schoenste vrouwe,
> diu nâch der werlde schouwe
> got ie geschuof ze wîbe:
> an kleidern und an lîbe
> was sie gar vollekomen;
> diu hât vür sich genomen
> in einen tiuren plîalt
> ein kleinôt, daz was gestalt
> als ein rôst von golde rôt:
> dar ûf ein ander kleinôt
> was gestalt unde gemachtet,
> dèswar, daz niht swachet:
> gesteint was ez und goldes rich;
> einer kefsen was ez glîch,
> diu ûf einem alter stêt.

Gawein erkannte in ihr die Göttin (Gansguoters Schwester), die ihm vom Gral erzählt und sein Verhalten angewiesen hatte. Eine weinende Jungfrau schritt hinter ihr her. Alle verneigten sich vor dem Wirt. Die Mädchen und Knappen setzten Speer und Teller auf den Tisch.

> Dô geschach ein michel wunder
> vor Gâweines ougen:
> daz sper von gotes tougen
> warf grôzer tropfen bluotes drî
> in den tobliere, der im bî
> stuont: die nam der alt dar abe:
> diu vrouwe mit der richen habe,
> der wichen dise, und giene sie zuo
> (von der ich hân gesagt nuo)
> und jene magt dâ mit:
> von der kefsen nam sie daz lit
> und stalte ez ûf die tavel dar.
> des nam Gâwein alles war;
> einen brosem er dar inne sach.
> des dirre alt abe brach
> daz dritte teil und az daz.

Da tat Gawein die Frage nach der Bedeutung aller dieser Wunder. Allenthalben erhob sich freudiger Schall, von dem Calocreant und Lanzelet erwachten, um bald wieder in Schlaf zu sinken. Der Wirt, der Gawein als seinen »süßen Neffen und lieben Gast« anredete, erwiderte, es sei der Gral, den er vor sich sehe. Anders als der zage Parzival habe er durch seine Frage viele aus großer Not erlöst, Lebende und Tote. Der ganze Jammer sei einst durch einen Brudermord entstanden: Parzivals Oheim habe seinen Bruder erstochen, um sein Land zu gewinnen. Gott verfluchte darauf sein ganzes Geschlecht. Alle Lebenden wurden vertrieben, die Toten aber führten ein Scheinleben weiter, bis ein Angehöriger des Geschlechtes nach dem Abenteuer fragen werde.

> Ditze sper und dirre trôst
> daz nert mich und anders niht:
> wan ich an der geschiht

> vil gar unschuldic was,
> dar umbe ich vor got genas;
> ich bin tôt, swie ich niht tôt schîn,
> unde daz gesinde mîn
> daz ist ouch tôt mit mir.

Aber die Frau, die Gralsträgerin, und ihre Gefährtinnen sind lebendig.

> von gote ist bevolhen in
> durch mich daz gotes tougen,
> daz sie vor dinen ougen
> hie ûf dirre taveln habent,
> da mite mich got und sie sich labent
> niwan z'einem mâle in dem jâr.
> unde wizze daz vür wâr,
> swaz du âventiure hâst gesehen,
> daz si von dem grâle sint geschehen.
> der kumber ist volendet
> und mit alle verswendet;
> dîn arbeit ist wol gewendet.

Hiermit reichte er ihm das Schwert, das niemals im Streite zerbrechen würde. Am andern Morgen werde er Angaras von Karamphi finden: es sei gerade ein Jahr, daß er ihm geschworen hätte, das Geheimnis des Grales zu ergründen oder sich wieder ihm gefangen zu geben. Den Gral aber werde fortan niemand mehr schauen. Damit verschwand der Altherr und sein Gesinde samt dem Gral, nur die Göttin mit ihren fünf Jungfrauen blieb zurück. Auf ihre Bitte verweilte Gawein noch einen Tag, dann machte er sich zur Heimfahrt nach Karidol zu Artus auf. Unterwegs begegnete er Angaras, der sich ihm anschloß, nachdem er die Gralskunde empfangen hatte. Nach einem halben Jahre gelangten alle wohlbehalten nach Karidol, wo zur Feier der nun wiedervereinigten Helden glänzende Feste gefeiert wurden.

Nacherzählt von Wolfgang Golther

143

Gawan findet den Gral

SCHATELIER:

Da sind wir am Friedhofsgitter! Hu, wie's hier pfeift!
Wie das wirbelnde Schneegewitter sein Leichenhemd
  schleift!
Wie die weißen Hummeln einen im Antlitz kratzen!
Wie der Eiswind fetzt mit seinen dolchscharfen Tatzen!
Doch Gottlob! Wir sind schon am Zaun; wir sind zur
  Stelle!
Dort, — tief in die Felswand gehaun, — ist die grüne
  Kapelle!

GAWAN:

Dies die grüne Kapelle? Was! Dies Loch in Basalten?
Hier mag Herr Satanas seine Frühmetten halten!
Hier mögen gottvergessen, halbnackt in Schleiern,
Verruchte Nonnen Messen und Orgien feiern
Und Kruzifixe schänden; und Hostien und Wein
Auf frechentblößten Lenden mit Spottlitanein
Darbringen vergötterten Sternen durch schandbaren Kuß
Und vom Buhlteufel Todlaster lernen, vom Inkubus!
Man fühlt: der Altar ist behext; und obgleich es finster,
Seh ich, wie Farn ihn umwächst und Epheu und Ginster.
Und wenn ich gezweifelt noch, nun weiß ichs bestimmt,
Daß hier im Felsenloch ein Teufelsgral glimmt!

SCHATELIER:

Ja, dem Tapfersten kann es hier bangen! Zu weit kam
  ich mit;
Und weiter, als ich gegangen, geh ich keinen Schritt!
Ihr findet allein vom Gehege ins Heiligtum; —
Hier trennen sich unsre Wege: ich kehre jetzt um.
Doch daß ichs Euch nicht verhehle (da Ihr mir gefallt,
So liebenswürdig an Seele und schön an Gestalt,
Zu rein, um schuldlos zu brennen im Schwefelbad):
Ich will Euch die Wahrheit bekennen; befolgt meinen Rat!

Geht nicht in das Betgemach! O, laßt Euch warnen!
Hier unter dem Felsendach zwischen Gräsern und Farnen
Wohnt nicht die Jungfrau Marie und der Erlöser; —
O, nein! Der Messner hie ist ein Schänder, ein böser!
Und die Grüne Kapelle hat abscheuliche Sitten:
Kommt einer an der Statt vorbeigeritten
Und bindet sein Pferd an die Linde, um einzutreten,
Vor der reinen Magd und dem Kinde das Ave zu beten,
Und wär es der Kühnste der Kühnen, er sinkt bald nieder
Und kehrt nimmermehr aus der Grünen Kapelle wieder.
Es wäre unsinnig, vermessen, es wäre Wahn,
Versuchtet Ihr Euch zu messen mit Liliths Kaplan!
Verspart Euch des Todes Begegnen, frohlockt Eurer
    Jugend;
Und die herzliebe Magd wird Euch segnen durch Christi
    Tugend
Und an Edens Freuden beteiligen, die Ihr gehören!
Und ich will bei Gott und den Heiligen Euch Eide
    schwören,
Daß ich verschweigen werde, was Euch beirrt,
Und daß nie ein Mensch auf der Erde erfahren wird,
Daß Ihr vor dem Tor am Gerölle, aus Scheu und
    Respekt
Vor den großen Altvätern der Hölle, zurückgeschreckt.

GAWAN:

Hab Dank, daß Du mir den Arm zur Rettung bietest!
Wohl weiß ich, daß du meinen Harm niemals verrietest.
Doch magst Du auch noch so treu das Geheimnis
    wahren, —
Wenn ich entfliehe aus Scheu und Furcht vor Gefahren
Und freventlich den Zeiger der Schicksalsuhr hemme,
So bin ich ein Schelm, ein feiger Gesell, eine Memme!

SCHATELIER:

Ach, Ihr kennt nicht die Giftsaat und Werke der Nacht,
    die Ihr erntet!
Doch da Ihr bislang, wie ich merke, das Fürchten nicht
    lerntet,
So steht es mir nicht an, Euch entgegenzutreten;

Ich kann Euch nicht hindern; ich kann nur bedauern
und beten:
Gott möge diese Gefährde Euch gnädig erlassen!
Lebt wohl, Herr Gawan! Ich werde Euch hier verlassen.
Für alle Erdenkleinode und Kostbarkeiten
Vermöchte ich nicht, zum Tode Euch zu geleiten!

Der Schatelier geht ab nach rechts. Das Schneegestöber hat inzwischen nach-
gelassen und hört bald ganz auf.

ZWEITE SZENE
Gawan allein.

Nachdem der Schatelier fort ist, geht Gawan auf die Gitterpforte des Fried-
hofzaunes zu und will sie öffnen. Er findet sie aber verschlossen. Gawan
schlägt mit seiner Axt dreimal gegen das Gitter. Da plötzlich öffnet sich die
Pforte von selbst. Gawan tritt in die Umfriedung ein und nähert sich jetzt dem
großen, doppelflügeligen Tore der Felsenkapelle. Wie er schon ganz nahe ist,
springen mit einem Male schnell und mit lautem Knarren beide Flügel des To-
res auf. Die Bühne, die bis dahin völlig finster war, ist jetzt plötzlich mit Licht
überflutet, das grünlich aus der Kapelle strömt.

Die Kapelle ist eine geräumige und tiefe Felsenkammer. In der Mitte vorn
ist ein Sarg aufgebahrt, um den vier mannshohe Kandelaber aus Gold stehen;
in jedem brennt je eine armdicke Wachskerze. Im Hintergrunde, in einer er-
höhten Nische hinter dem Altar, steht eine holzgeschnitzte, bemalte Madon-
nenstatue. Als »Ewige Lampe« brennt davor, an einer schweren Eisenkette
von der Decke herabhängend, eine Ampel aus grünem Kristall, deren intensi-
ves Licht die ganze Kapelle grün färbt.

Gawan tritt etwas zögernd und sichtlich verwundert ein. Er scheint ande-
res erwartet zu haben. Langsam, sich mehrmals umschauend, schreitet er in
den Hintergrund der Kapelle und wirft sich vor der hölzernen Madonnensta-
tue auf die Knie.

GAWAN:
Du bist die Trösterin, Du bist die Ruh,
Du strahlende Königin der Engel, Du!
Du streichelst der Betenden Haar, stillst Seelenbluten,
Du bietest Obhut dar vor des Peinigers Ruten!
Du bist die reine Maid, die liebste der Frauen,
Ich will mein Herzeleid Dir anvertrauen:
Ich bin verloren; nicht weil mich der Tod gefangen,
Nein — weil ich feige und feil eine Sünde begangen.
Einen Zaubergürtel bekam ich als Minnegabe,

Und ich wies ihn nicht ab, ich nahm ihn aus Furcht vor dem
   Grabe.
Und weil ich den Gürtel behielt, habe ich gelogen
Und mein Heil, meine Ehre verspielt, in den Schmutz
   gezogen.
Oh, Jungfrau, Du hast die Kunst, in Herzen zu lesen;
Du siehst meiner Reue Brunst; oh, laß mich genesen!
Oh, führ mich zum Heiles-Wege, Marie, Du Süße!
Da sieh! den Gürtel lege ich Dir vor die Füße!
Dem Tod bin ich untertänig, er ist mein Begehr;
Nichts Leibliches mehr ersehn ich, nichts Irdisches mehr!
Nur mach mich wieder rein, so rein wie Du's liebst,
So rein wie Du, Mägdelein, von Männern bliebst!
Oh, laß mich durch Dein lindes Schmerzlächeln gesunden!
Ich befehle mich Deines Kindes fünf heiligen Wunden!

Gawan erhebt sich und kommt wieder nach vorn in die Nähe des Sarges.
Dann ruft er laut mit greller, dröhnender Stimme.

GAWAN *rufend*:
Wo ist der Pontifex der Hexerzunft,
Der mich geladen zwecks der Zusammenkunft?
Hier steht Gawan! Und er, der in Belials Pult
Meinen Schuldbrief verschloß, trete her, — ich bezahle
   die Schuld!

Lautlose Stille folgt. Dann ertönen langsam zwölf dumpfe Glockenschläge.
Nachdem der zwölfte Glockenschlag verhallt ist, fällt plötzlich der Sargdeckel
polternd vom Sarge. Der Grüne Ritter — gekleidet wie im ersten Aufzuge, mit
geschlossenem Visier — liegt im Sarge. Er hebt sich gespenstisch empor.

DRITTE SZENE

Gawan und der Grüne Ritter.

DER GRÜNE RITTER *sich im Sarge aufsetzend*:
Wer rief? Wer stört meine Ruhe? Du, Brüderlein fein?
Du legtest mich früh in die Truhe, ins Leilach hinein!
Du hast mich mit bösem Hadern geschröpft und geköpft,
Hast alles Blut meiner Adern herausgeschöpft!
Jetzt ist ja an Dir die Reihe ...! Willst bei mir rasten?
Es ist hier Platz für zweie im schwarzen Kasten!
Wir Leichen feiern so einsam die heiligen Metten;

Feins Brüderlein, willst Du gemeinsam im Leilach Dich
betten?

GAWAN:
Warum spielst Du Dich auf als Leiche, die Du nicht bist!
Ich weiß, in welchem Reiche Dein Thronsessel ist!
Wenn Du glaubst, mit dem Grabeston mein Grausen zu
wecken,
So irrst Du! Ich spreche Dir Hohn und Deinen Schrecken!
Ich kenne Dich, ich kenne Dein düsteres Schloß,
Deine List und Dein schweflig Gebrenne, Herr Phospho-
ros!
Schöpfe meinen roten Saft in Höllengefäße,
Doch verschon mich mit Brüderschaft! Und laß Deine
Späße!

*Der Grüne Ritter ist bei Gawans Worten aus dem Sarg gesprungen und steht
jetzt hoch und stolz Gawan gegenüber.*

DER GRÜNE RITTER *in ernstem Tone*:
Du bist der kühnste Mann, den seit Evas Tagen
Mein Auge gesehn. Nicht kann ich Dir Achtung versagen!
Und da ich als ritterlich und stolz Dich Verwegnen
Erkannt, so will auch ich Dir als Ritter begegnen!
Willkommen, Gawan! Du gefällst mir so finster und rauh!
Man muß Dir lassen, Du hältst Dein Versprechen genau!
Eh zwölf die Glocke schlug, eh die Frist verrann,
Kamst Du! Man nennt Dich mit Fug einen Ehrenmann!
Nun, Du kennst ja unsern Vertrag: es sind jetzt zwölf
Monde,
Da empfingst Du am Weihnachtstag von mir eine Frohnde.
Des Christfestes heilige Weihe ist wieder erschienen,
Und jetzt ist an Dir die Reihe, mit gleichem zu dienen.
Nimm ab den Helm und knie am Sarg hier nieder:
Und das Beil, das ich Dir lieh, das Beil gib mir wieder!

GAWAN *die Axt reichend*:
Hier ist die Axt; ihre Schneide ist ungeschartet;
Sie blinkt wie ein Kind im Geschmeide, das die Braut-
nacht erwartet;
Sie ist ungeduldig und ächzt, träumt von seltnen Ge-
nüssen;

148

Sie ist liebesdurstig, sie lechzt nach blutigen Küssen.
Du sollst ihre Sehnsucht stillen! Schlag mächtig zu!
Ich beuge mich Gottes Willen, dessen Werkzeug Du!
Auch der widrigen Sterne Lauf führt der Weltenlenker!
Schlag zu, und halt mich nicht auf, wie das Sitte der
    Henker!

Gawan kniet nieder.

DER GRÜNE RITTER:

Du kennst nur der Menschen Sitte, nicht unsre, Du Tor
    Du!
Hast Du keine letzte Bitte, keinen Wunsch, bevor Du
So gelassen gehst, so mutig ins Totenreich?

GAWAN:

Mach meine Locken nicht blutig mit Deinem Streich!

*Gawan senkt das Haupt und erwartet den Streich. Der Grüne Ritter holt zum
Hieb aus und läßt das Beil niedersausen. Aber bevor er noch Gawans Kopf getroffen, hält er inne. Denn im selben Augenblicke hatte die Madonnenstatue in
der Nische den Arm erhoben und laut gerufen:*

DAS MADONNENBILD:

Halt, Engel des Todes! Beuge dich meinem Befehle
Und rühr ihn nicht an! Ich bezeuge: rein ist seine Seele!

*Das Marienbild steigt von der Nische herab und kommt — mit dem Christus-
kind auf dem Arm — nach vorn. Man erkennt jetzt, daß die Mutter Gottes
dieselben Gesichtszüge hat wie Marie de Hautdesert.*

DER GRÜNE RITTER *mit devoter Ironie:*

Ich werde mich nicht unterstehn, zu widersprechen;
Nur kann ich die Reinheit nicht sehn vor lauter Ge-
    brechen.
Nie hab ich vernommen, daß es zur Reinheit gehört,
Wenn einer aus Furcht ein krasses Perjurium schwört.
Die Lüge eignete einst dem Geist der Verneinung;
Doch Du, Mutter Gottes, scheinst jetzt anderer Meinung.
Wenn ich falsch unterrichtet bin, unwissend und dumm,
So belehre mich, Königin; ich bitte darum!

DAS MADONNENBILD:

Seine Schuld war schwer. Und ich freue mich über sein
    Leid!
Denn mehr wert sind Buße und Reue als Schuldlosigkeit!

149

Es ist mehr wert, zu fallen und durch die Gnade
Zu steigen, als sündlos zu wallen auf ebenem Pfade.
Dem Gral, dem Herzenszünder, stehn Schuldige näher;
Mein Kind liebt inniger Sünder als Pharisäer.
Die Verlockung ist Gottes Huld, die Prüfung ist Lust;
Nur durch Gnade und schwere Schuld kommt Erleuchtung
 der Brust.
Die Versöhnung mit Gott nach dem Zwist wird ein freudig
 Ergebnis;
Eine Seelenläuterung ist ein Sündenerlebnis.
Dieser Mann ist rein, weil er büßt; seine Tat ist vergeben;
Und die Schar der Engel begrüßt ihn zum neuen Leben.
Gawan, Du riefst nach Marie, Du riefst nach mir!
Da sieh, hier bin ich! Sieh, ich komme zu Dir!
Die Sündlast, um die Du bangst, Deiner Seele Wehmut,
Deines Herzens Gewissensangst und Deine Demut,
Sie haben aus Himmelreich mich zu Dir getrieben;
Da sieh, meine Hand ist weich und sie streichelt Dich
 Lieben.
Drei Lilien stehn in Blüte auf Gottes Herz,
Die eine ist die Güte, die andre der Schmerz,
Und die dritte, ja, die dritte ist sein göttlicher Wille,
Der will, daß in Sündenmitte uns Heilsgnade stille!
Weil Deinen Wandel mit Rührung Sein Auge erblickt,
Hat er Dir die Verführung als Segen geschickt.
In Gottes Auftrag betrat der Tod meine Klause
Und eine Gunst erbat sich von mir der Grause.
Er sprach: »Du kennst den Gawan, den Sohn des Lot;
Sein Leben ist wohlgetan; er liebt seinen Gott;
Seine Hand ist ausgestreckt nach dem heiligen Gral;
Doch ihn hat noch nie Sünde geschreckt und nie tödliche
 Qual.
Bevor er nicht Feuerproben, wie Hiob, bestand,
Wird kein Seraph sein Handeln loben im seligen Land.
Und so gab ihn mir preis der Herre, daß ich ihn ergründe
Und durch Todesschrecken zerre und tödliche Sünde.
Jedoch, Gawan ist ein Christ und nicht begehrlich,
Und kein Erdenmädchen ist ihm als Lockung gefährlich;
Keine Sylphe ist so weiß, so voll Zaubereien;

Er würde um irdischen Preis nie den Gral entweihen.
Nur eine, die unerreichbar, hat solche Magie:
Nur eine ist unvergleichbar, nur Du, Marie.
Und so bitt ich Dich: komm uns zu Hülfe und übertrag
Deine Schönheit auf eine Sylphe für wenige Tage;
Gestatte, daß eine Verlorne und Teufelinne,
Eine sündhafte, feuergeborne, Dein Magdtum gewinne;
Wenn Du das gestattest, so soll es mir schwerlich miß-
    glücken,
Gawan durch Dein wundervolles Konterfei zu berücken.«
So sprach der Tod. Und ich versetzte darauf:
»Wie listig beredest Du mich zum Seelenverkauf!
Klug bist Du, aber klüger ist Gottes Liebe,
Die sich bedient der Betrüger und Seelendiebe!
Viel forderst Du, Tod; — doch sei's, ich will Dirs erlauben;
Denn ich kenne Gawan und weiß, Du kannst ihm nichts
    rauben.«
Und ich habe Recht behalten! Gawan, frohlocke!
Du rangst mit der Schlange, der alten, im Sylphenrocke!
Mit der Sünde, mit Astaroth, hast Du siegreich gestritten;
Und nur überlistet vom Tod bist Du niedergeglitten!
Und da Du der Schuld, deren Schlinge unlösbar schien,
Entgingst, ist auch das geringe Versehn Dir verziehn.

Zum Grünen Ritter gewendet:

Entlarve Dich, Tod, damit er erfahre, wer
Ihn geprüft hat als Grüner Ritter!

Der Grüne Ritter schlägt sein Visier auf.

GAWAN *murmelnd*:
Ha, Hautdesert!

DER GRÜNE RITTER:
Der Satrap im fahlen Revier der ewigen Wüste,
Ich war es, der Dich bei mir als Gastfreund begrüßte
Und schirmte vor Wintersplage in meinem Palaste;
Du warst eine Nacht und zwei Tage beim Tode zu Gaste!

DAS MADONNENBILD *zu Gawan*:
Du hast das Leben besiegt und den Tod überwunden;
Dein seliger Glaube schmiegt sich an Christi Wunden.

Wer durch Sünde und Todesgrauen hindurchgegangen,
Ist wert, den Gral zu schauen und den Kelch zu
  empfangen.

Aus dem Hintergrunde der Kapelle nähert sich ein in Weiß gekleideter Mäd-
chen-Engel, der mit beiden Händen den verhüllten Gralkelch trägt. Der Engel
kniet vor der Mutter Gottes nieder. Diese nimmt das hüllende Seidentuch vom
Gral. Der Gral erstrahlt. Dann reicht das Madonnenbild dem noch immer
knieenden Gawan den Gral. Gawan küßt den Kelch und trinkt vom Gral. Lei-
se Musik. Engelsgesang aus der Höhe. Der Vorhang fällt.

JOHN STEINBECK

Aufbruch zur Ausfahrt

»Ich habe mir lange durch den Kopf gehen lassen, was Ihr vorgeschlagen habt, Sir. Ich möchte hinausziehen in die Welt der Wunder und Abenteuer.«

»Das freut mich«, sagte Lancelot. »Ihr werdet es nicht bereuen. Es ist nicht gut, sich zu lange an Höfen und in Rittersälen aufzuhalten.«

»Wann brechen wir auf, Onkel?«

»Wir müssen behutsam vorgehen. Wenn wir unsere Absicht laut werden lassen, wird am Hof Betrübnis einziehen. Es ist sogar denkbar, daß das Königspaar uns die Ausfahrt verbietet. Darum wollen wir uns in aller Stille bereit machen und heimlich aufbrechen. Sollte unser Fortgehen Kummer oder Zorn zur Folge haben, wird sich beides geben, sobald die Kunde von unseren Abenteuern nach Camelot dringt.«

Lyonel unterdrückte ein Lachen, und später, am Brunnen, sagte er: »Und darauf habe ich gesagt: ›Das ist wohl überlegt, Sir. Es wird geheim bleiben wie ein Sobbet.‹«

»Was ist das, ein Sobbet?«

»Er hat nicht danach gefragt. Warum solltet ihr es erfahren? Und dann habe ich gesagt: ›Ja, wir werden davonziehen wie Rauch. Aber es wäre vergnüglich, ihre Gesichter zu sehen, wenn sie unser Verschwinden bemerken.‹«

Sie bereiteten sich derart geheimnistuerisch auf ihre Ausfahrt vor, mit undurchsichtigen Worten und an die Lippen geführten Fingern, mit geflüsterten Besprechungen in abgelegenen Winkeln, daß die Hunde in den Sälen und die Tauben auf den Türmen spürten, etwas Ungewöhnliches bahnte sich an. Sir Lancelot und sein Neffe entwarfen ihre Pläne an versteckten Orten, so daß einige der weniger intelligenten Ritter dem König von verräterischen Umtrieben berichteten. Sie sprachen: »Was haben die beiden im Schatten des Torturms, in strömendem Regen miteinander zu tuscheln, wenn sie loyal gesinnt sind?« Worauf die Königin erwiderte:

»Ich wäre besorgter, wenn sie in der großen Halle Flüsterreden führten.«

In weiten Mänteln, unter den Falten der Kapuzen verborgen, berieten sie sich, während der Wind um ihre Beine peitschte. »Ihr müßt mich belehren, Sir«, sagte Lyonel. »Ich habe noch nie gekämpft, ja, noch nicht einmal einen Drachen gesehen.«

»Seid unbesorgt, mein Junge«, sagte Lancelot. »In Frankreich bin ich Drachen und Riesen begegnet. Ihr werdet welche sehen, wenn die Zeit dafür reif ist. Habt Ihr dafür gesorgt, daß die Pferde aus den Mauern hinausgebracht werden?«

»Ja, Sir.«

»Und habt Ihr den Knappen eingeschärft, nichts zu verraten?«

»Ja, Sir.«

»Wir müssen zur Beichte gehen und unsere Sünden bekennen«, sagte Lancelot. »Ein Ritter muß für den Tod ebenso gerüstet sein wie für einen Feind.«

»Das hätte ich vergessen«, sagte Lyonel.

Die Knappen verpflichteten ihre Fräulein zum Schweigen, die sich das gleiche von ihren Schwestern versprechen ließen, welche wiederum ihre Liebsten erst einweihten, nachdem diese Schweigen gelobt hatten, bis schließlich der König sagte: »Ich wollte, sie wären endlich fort, meine Teure. Sie bringen die ganze Stadt in Aufruhr.«

»Es ist bald soweit«, sagte Guinevere. »Sir Lancelot hat mich heute um meinen kleinen blauen Schleier gebeten. Er sagte, er wollte etwas haben, was zur Farbe seines Wappenzeichens paßt.«

Und als sich schließlich die beiden fahrenden Ritter in der Nacht aus der Stadt schlichen, wurden sie dabei von Hunderten von Augen beobachtet, und hinter den Mauerzinnen verbargen sich viele Zuschauer. Außerhalb der Mauern lösten sich die Knappen aus den Armen ihrer Fräulein.

Sie waren schon weit fort und vor jeder Entdeckung gefeit, als der Tag anbrach und die Welt der fahrenden Ritter entschleierte — einen tiefen, grünen Wald, aus dem Hintergrund des Morgens hervortretend wie eine Tapisserie. Es war ein Tag, des Sonnenlichts, schlug ein Pfau ein großes Rad, glitzernd wie ein Juwel. Die Kaninchen hatten keine Angst, hoben sich auf ihren Hinterläufen, streckten die Ohren hoch und drückten die Vorderpfoten dicht an die Brust. Und der Wald hallte wider vom Tirilieren der Vogelstimmen. Die Knappen plapperten von diesem und von jenem, bis Lancelot sich umwandte und sie mit einem Blick zum Schweigen brachte.

Sir Lyonel atmete schwer. »Es scheint mir ein richtiger Tag für eine Ausfahrt zu sein, Sir.«

»Der Tag ist ideal«, sagte Lancelot.

»Soll ich sprechen oder muß ich schweigen, Onkel?«

»Das kommt drauf an. Wenn sich in Euren Worten unsere Ausfahrt spiegelt, wie sie sich in diesem Tag spiegelt, wenn Eure Rede stolz ist wie der Hirsch, edel wie der Pfau, bescheiden und frei von Furcht wie die Kaninchen dort, dann sprecht.«

»Sind Fragen passend, Sir?«

»Wenn es passende Fragen sind.«

»Eine Ausfahrt ist für mich etwas Neues, Sir. Aber ich habe in der großen Halle hundert Berichte von zurückgekehrten Rittern gehört, die bei heiligen Dingen geschworen haben, die Wahrheit zu erzählen.«

»Wenn sie ihr Rittertum in Ehren halten, halten sie auch ihre Schwüre.«

Übersetzt von Christian Röthlingshöfer-Spiel

Lancelot findet den Gral

Da gab er sich große Mühe, die Tür zu öffnen. Dann horchte er und hörte eine Stimme, die so süß sang, daß es nichts Irdisches schien; und ihm war, die Stimme sagte: Jauchzen und Ehre dem Vater im Himmel. Da kniete Lancelot vor dem Gemach nieder, denn er wußte wohl, daß der Heilige Gral in diesem Gemach war. Dann sagte er: Lieber süßer Vater Jesus Christus, wenn ich je etwas tat, das dir gefiel, Herr, in deinem Erbarmen, verstoß mich nicht um meiner Sünden willen, die ich in früherer Zeit begangen habe, und zeige mir etwas von dem, was ich suche. Und damit sah er die Tür des Gemachs geöffnet, und es drang eine große Helligkeit heraus, daß das Haus so strahlend war, als leuchteten da alle Fackeln der Welt. So kam er an die Zimmertür und wolte eintreten. Da aber sprach eine Stimme zu ihm: Flieh, Lancelot, und tritt nicht ein, denn es kommt dir nicht zu, es zu tun; und, wenn du eintrittst, sollst du es büßen. Da zog er sich sehr traurig zurück. Dann blickte er auf in die Mitte des Gemachs und sah einen Tisch aus Silber, und das heilige Gefäß mit roter Seide bedeckt und viele Engel darum, von denen einer eine brennende Wachskerze trug, und der andere hielt ein Kreuz und die Geräte eines Altars. Und vor dem heiligen Gefäß sah er einen frommen Mann im Gewand eines Priesters. Und es schien, daß er im Hochamt begriffen war. Und es schien Lancelot, daß über den Händen des Priesters drei Männer waren, von denen zwei den jüngsten an Aussehen zwischen die Hände des Priesters gaben; und so hob er ihn recht in die Höhe und schien ihn so dem Volk zu zeigen. Und da staunte Lancelot gar sehr, denn ihn deuchte, die Gestalt müßte so auf dem Priester lasten, daß er meinte, er müßte zu Boden fallen. Und als er niemanden bei ihm sah, der ihm helfen wollte, da trat er ein gutes Stück näher an die Tür und sagte: Lieber Vater Jesus Christus, nimm es für keine Sünde, daß ich dem frommen Mann helfe, der Hilfe dringend bedarf. Und damit trat er in das Gemach und ging auf den silbernen Tisch zu; und als er näher kam, fühlte er ein Wehen, daß ihm war, als wäre es mit Feuer vermischt, das ihm so scharf ins Gesicht schlug, daß er meinte, es verbrannte sein Gesicht; und damit fiel er zu Boden und hatte keine Kraft aufzustehen, da er so außer sich war, daß er die Macht über seinen Körper und sein Gehör und sein Gesicht verloren hatte. Dann spürte er viele Hände an sich, die ihn aufnahmen und ihn aus dem Zimmer zur Tür hinaustrugen, ohne daß er aus seiner Ohnmacht erwachte, und ihn da ließen, für alle Leute scheinbar tot. So hatten sich am Morgen, als es heller Tag war, die Leute der Burg erhoben und fanden Lancelot vor der Zimmertür liegen. Sie wunderten sich alle, wie er hereingekommen war, und so sahen sie nach ihm und fühlten seinen Puls, um zu erfahren, ob noch Leben in ihm war; und so fanden sie Leben in ihm, aber er konnte nicht stehen noch eines seiner Glieder regen. Und so nahmen sie ihn und trugen ihn in ein Zimmer und legten ihn in ein reiches Bett, weit ab von allen Leuten; und so lag er vier Tage. Da sagte der eine, er lebte, und der andere sagte nein. Im Namen Gottes, sagte ein alter Mann, ich tue euch wahrhaft kund, er ist nicht tot, sondern er ist so voller Leben, wie der kräftigste von euch allen; und also rate ich euch, daß ihr ihn gut bewahret, bis Gott ihm wieder Leben schickt.

So behielten sie Lancelot vierundzwanzig Tage und ebenso viele Nächte, so er immer still lag wie ein toter Mann; und am fünfundzwanzigsten Tage nach der Mittagstunde geschah ihm, daß er die Augen öffnete. Und als er Volk um sich sah, brach er in Klagen aus und sagte: Warum habt ihr mich geweckt, denn mir war wohler, als mir jetzt ist. O Jesus Christus, wer wäre so begnadet, daß er öffentlich deine großen verborgenen Wunder schauen dürfte, da wo kein Sünder weilen kann. Was habt Ihr gesehen, fragten die um ihn her. Ich habe so große Wunder gesehen, sagte er, daß keine Zunge sie zu schildern und kein Herz sie zu denken vermag, und wäre nicht mein Sohn vor mir dagewesen, so hätte ich viel mehr gesehen. Dann erzählten sie ihm, wie er vierundzwanzig Tage und Nächte dagelegen hatte. Dann glaubte er, daß es Strafe für die vierundzwanzig Jahre war,

da er ein Sünder gewesen war, wofür Unser Herr ihn vierundzwanzig Tage und Nächte mit Buße belegt hatte. Dann
blickte Sir Lancelot vor sich und sah das Haar, welches er
fast ein Jahr lang getragen hatte, und er war sehr traurig
darüber, daß er sein Versprechen, das er dem Einsiedler gegeben und welches er ihm gelobt hatte, gebrochen hatte.
Dann fragten sie, wie es mit ihm stand. Fürwahr, sagte er,
ich bin heil am Leib, Unser Herr sei gelobt; darum, ihr Herren, sagt mir um Gottes willen, wo ich bin. Dann sagten sie
alle, daß er in der Burg Carbonek wäre. Darüber kam eine
Edelfrau und brachte ihm ein Hemd aus feinem Linnen,
doch zog er es nicht an, sondern nahm wieder das Haar zu
sich. Herr, sagten sie, was Euch angeht, so ist die Suche des
Heiligen Grals nun vollendet, denn nie werdet Ihr von dem
Heiligen Gral mehr zu sehen bekommen, als Ihr gesehen
habt. Nun danke ich Gott in seiner großen Gnade, sagte
Lancelot, für das, was ich gesehen habe, denn es genügt
mir; denn ich glaube, kein Mann in dieser Welt hat besser
gelebt, als ich getan habe, um zu vollenden, was ich getan
habe. Und damit nahm er das Haar und kleidete sich darein,
und darüber zog er ein leinenes Hemd und weiter ein
Scharlachgewand, frisch und neu. Und als er so angetan
war, staunten sie alle, denn sie kannten ihn, daß er Sir Lancelot war, der gute Ritter. Und dann sagten sie alle: O hoher
Herr Sir Lancelot, seid Ihr es? Und er sagte: Wahrlich, ich
bins.

Übersetzt von Hedwig Lachmann

Parzivals Fahrt nach dem Gral

Der Held kannte die Richtung, aber nicht den Weg zu der Behausung seiner Mutter; es war daher nicht zu verwundern, daß er sich manchmal verirrte. So kam er denn eines Tages in eine ihm völlig fremde Gegend. Der Spiegel eines Sees lag vor ihm ausgebreitet am Fuße eines Waldgebirgs, das sehr unwirtbar schien. Da saß ein Fischer in einer Barke, die Angelrute in der Hand. Der Mann trug reiches Gewand, aber er war bleich und harmvoll. Parzival fragte ihn, ob nicht eine Herberge in der Nähe zu finden sei, wo er und sein wegmüdes Pferd rasten könnten. »Oben auf dem Berge steht ein Schloß; so Ihr den Berg nicht verfehlt, werdet Ihr gute Herberge finden«, so sprach der Fischer und kehrte sich ab. Der Recke folgte der Weisung und gelangte gegen Abend nach einer mühevollen Wanderung über Steingeröll und durch Dorngesträuch an einen Bau, dessen Pracht alles übertraf, was er bisher gesehen hatte. Die Zugbrücke war aufgezogen, aber auf seinen Ruf wurde sie niedergelassen; die Torflügel gingen auf, und wie er in den Burghof ritt, eilten Knappen und Diener hinzu, nahmen ihm die Rüstung ab, reichten ihm schönes Gewand und einen mit Gold und Edelstein geschmückten Mantel, den, wie der Kämmerling sagte, die Königin Repanse ihm sende. Er war erstaunt, daß man ihn, den Fremdling, so festlich empfange, und ließ sich in die Halle führen. Da strahlte ein Leuchter gleich einer Krone von der Decke herab, und hundert Kerzen spiegelten ihr Licht in dem Marmor, der die Wände überkleidete. Vierhundert Ritter saßen umher auf weichen, mit kostbaren Teppichen belegten Polstern, und vor je vieren stand eine weiß gedeckte Tafel. Sie waren alle traurig und verharrten in lautloser Stille, doch als der Gast eintrat, erhoben sie sich grüßend, und ein Strahl von Freude leuchtete durch die Nacht der Schmerzen, die auf ihren Angesichtern gelagert schien.

Der Wirt des Hauses, in kostbaren Zobelpelz gehüllt, saß

auf einem Lehnstuhl in der Nähe des Kamins, in welchem duftendes Aloeholz brannte. Er glich dem Fischer, der den Helden nach der Burg gewiesen hatte. Er krankte, wie man leicht wahrnahm, an schwerem Siechtum.

Die Stille, welche noch immer im Saale herrschte, unterbrach zuerst der Burgherr, indem er mit matter Stimme den Fremdling einlud, auf einem Sessel neben ihm Platz zu nehmen, weil er sein längst ersehnter und erwarteter Gast sei. Er überreichte ihm zugleich ein schönes Schwert in goldener Scheide, das er, wie er sagte, selbst einst geführt habe, und das ihm in keinem Streite versagen werde. Gern hätte Parzival erfahren, wie man hier Kunde von ihm erhalten habe, aber er fürchtete, man könne es für müßige Neugierde halten, wenn er frage. Er hatte auch nicht Muße, darüber nachzusinnen; ein Knappe trug eine blutige Lanzenspitze herein, wandelte damit durch die Reihen der Ritter, die trüben Blickes darauf hinschauten, dann an dem Gast vorüber, bei dem er die Waffe emporhob, und verschwand durch eine Seitentür. Darauf traten Jungfrauen paarweise ein, alle in ihren blauen Augen die Unschuld widerspiegelnd, die in ihren Seelen wohnte. Die ersten Paare trugen ein mit goldenen Reifen und Spangen verziertes Gestell von Ebenholz, das sie vor den Burgherrn setzten, die zweiten einen flachrunden Stein, strahlend wie Morgenrot, den sie darüberlegten, noch andre bereiteten darauf ein mit Perlenschnüren umwundenes Polster. Zuletzt erschien eine hohe Jungfrau in königlichem Schmuck, vor der sich alle Ritter erhoben und leise flüsternd sprachen: »Repanse, die Königin.« Sie trug mit beiden Händen eine kostbare Schale, deren Glanz die Augen blendete, daß man nicht lange darauf hinschauen konnte. »Der Heilige Gral«, hörte Parzival wieder die Ritter flüstern. Viele Fragen, was das alles bedeute, schwebten ihm auf der Zunge, aber er scheute sich, sie laut werden zu lassen.

Die Jungfrauen zogen sich wieder durch verschiedene Pforten paarweise zurück, und an ihrer Statt erschienen Kämmerlinge und Edelknaben, die Ritter, den Burgherrn und den fremden Gast zu bedienen. Was man nur Köstliches von Speisen und Getränken sich wünschen konnte, entströmte in Fülle der wunderbaren Schale und wurde den Speisenden aufgetragen. Der Burgherr genoß nur weniges und nur von einem Gericht; auch war es kein fröhliches Gelage, denn es herrschte öde Stille, und der Wein schien hier seine belebende Wirkung verloren zu haben. Als das Mahl zu Ende war, erhob sich der kranke Mann, auf zwei Knappen gestützt, sah den Gast an, als erwarte er etwas von ihm, und entfernte sich dann tief seufzend. Andre Diener erschienen, den Fremdling in seine Kemenate zu geleiten. Ehe sie die Halle verließen, öffneten sie die Tür zu einem anstoßenden Gemach. Da lag auf einem Ruhebett ein ehrwürdiger Greis schlummernd. Weiße Locken umrahmten sein immer noch schönes Angesicht. Er schien ungeachtet der Spuren hohen Alters kräftig und lebensvoll, wie ein Mann von mittleren Jahren. Sein Schlaf war unruhig, er zuckte bisweilen, wie von innerer Sorge gequält; manchmal bewegte er die Lippen, als wolle er etwas sagen. Die Diener schlossen wieder die Tür und führten den Gast, wohlriechende Kerzen vortragend, in die für ihn bestimmte Kemenate. Sie war von einer alabasternen Ampel sanft erleuchtet, so daß er die wundersamen Bilder auf den seidenen Tapeten wohl erkennen konnte. Da sah er, was ihm besonders auffiel, einen Helden im Kampfgetümmel, der, von einem Speer getroffen, zu Boden stürzt. Der Mann auf dem Bilde hatte große Ähnlichkeit mit dem Burgherrn. Gern hätte er die Märe davon gewußt; aber er fragte nicht, obgleich die Diener, welche ihm beim Entkleiden behilflich waren, versicherten, man habe ihn lange erwartet und sich von seiner Ankunft Heil versprochen. Der Held verschob indessen weiteres Forschen auf den folgenden Tag, wo er dazu eine gelegene Stunde zu finden hoffte. Die Kämmerlinge verließen ihn seufzend, und er begab sich zur Ruhe. Sein Schlaf war indessen durch böse Träume gestört; er sah bald den siechen Wirt, der ihn wehklagend anblickte, bald die blutige Lanze, die auf ihn gerichtet war, bald schien es ihm, als zückten alle Ritter ihre Schwerter gegen ihn.

Am Morgen hoffte er, Kämmerlinge würden zu seiner Bedienung bereit sein, allein obgleich die Sonne schon hoch stand, so erschien doch kein Diener. Sein Gewand, auch seine Rüstung nebst dem eignen und dem vom Burgherrn ihm verliehenen Schwerte lagen vor seinem Ruhebett. Er kleidete und rüstete daher sich selbst und verließ das Gemach, um die Diener zu suchen. Er fand jedoch die meisten Türen verschlossen, und die offenen führten in öde Räume. Totenstille herrschte überall; im Hofe aber fand er sein Roß gesattelt und das Burgtor weit offen. Er schloß daraus, daß seines Bleibens hier nicht mehr sei. Als er über die Zugbrücke ritt, wurde sie hinter ihm schnell aufgezogen, und eine Stimme rief von der Mauerzinne: »Gottverfluchter, der du zu großem Heil erlesen warst und es schnöde versäumt hast, kehre nimmer zurück. Wandle deinen bösen Weg, bis du zur Hölle fährst!« Erschrocken kehrte der Held sich um; aber da grinste ihm von der Zinne ein Gesicht entgegen, so entsetzlich wie das eines Dämons, welcher der soeben angerufenen Hölle entstiegen ist. Er gab dem Rosse die Sporen und jagte fort über wildes Gestein, durch Dorngesträuch und öde Wildnis. Den ganzen Tag trabte er fort, ohne sich oder dem Pferde Ruhe zu gönnen. Als schon der Abend dunkelte, sah er eine einsame Klause und beschloß, bei dem Bewohner derselben Herberge zu suchen, während sein edles Roß in dem üppigen Grase reichlich Nahrung fand. Er trat leise ein in das stille Gemach. Da saß ein Weib mit gefalteten Händen vor einem Schrein. Sie murmelte Gebete und ward den Eintretenden nicht gewahr. Sie trug eine graues Büßergewand; ihr aufgelöstes Haar hing ihr wirr und wild um Nakken und Schultern und bedeckte zum Teil ihr Gesicht. Ein Geräusch weckte sie aus ihrer Andacht: sie erhob sich langsam und starrte ihn an, als sei sie wie über eine Wundererscheinung erstaunt; dann rief sie: »Du! Herzeleidens unseliger Sohn! Was willst, was suchst du bei der Büßerin? Tschionatulanders Leiche ruht einbalsamiert in diesem Schrein, an dem ich beten und büßen muß, bis mich der Allerbarmer erlöst.« — »Himmel!« sprach der Held bei sich selbst, »es ist Sigune, aber wie abgehärmt, entstellt die einst blühende Jungfrau!«

Die Unglückliche starrte ihn noch immer an. Das wirre Haar aus dem Gesicht streichend, sagte sie: »Unseliger, die Verdammnis schwebt über dir, folgt dir nach, wohin du gehst. Du warst gewürdigt, den Heiligen Gral zu schauen, und hast schnöde versäumt, die Pein des Dulders zu lösen. Entweihe nicht länger diese Zelle der Buße! Entweiche, Ruchloser, fliehe, bis dich der Fluch ereilt!« — Sie stand wie eine zürnende Prophetin Gottes vor ihm; er konnte dem Grauen, das ihn ergriff, nicht widerstehen; wie von unsichtbaren Dämonen verfolgt, entfloh er aus der Klause und immer weiter, bis er erschöpft unter einem Baume niedersank.

Vor Entkräftung fiel der Held in Schlaf, und er erwachte erst, nachdem die Sonne schon hoch über die umgebenden Berge gestiegen war. Sein treues Roß stand neben ihm; er schwang sich in den Sattel und ritt weiter, ohne zu wissen, wohin der Weg ihn führte. Die Gegend ward allmählich wirtlicher; Fruchtfelder und ländliche Wohnungen lagen vor ihm. Ein Landmann lud ihn ein, bei ihm Herberge zu nehmen, da er sehr müde schien. Er leistete gern Folge und ließ sich nach dem langen Fasten die ländliche Kost trefflich schmecken, was der gastliche Wirt mit herzlicher Freude sah. Als er wieder auf seinem Rotroß durch Feld und Wald trabte, fühlte er sich gestärkt durch den reichlichen Imbiß und die frische Morgenluft. Er dachte nun ruhiger über die jüngsten Erlebnisse nach, und es schien ihm am rätlichsten, das wunderbare Bergschloß und den Heiligen Gral nochmals aufzusuchen, um die ihm unbewußte Sünde zu sühnen. Er hatte keine Erinnerung mehr von dem Wege, auf dem er gekommen war. Er fragte Wanderer und Landleute, aber es fehlte wenig, so hätte man ihn für einen Schalksnarren erklärt wie vormals zu Nantes. In düstere Gedanken versunken, begegnete er einem Ritter, der eine gefesselte Frau mit sich führte. Er erkannte sogleich jene Dame, die er bei seinem ersten Auszug in der Schalksjacke in einem offenen Zelt schlummernd gefunden hatte. Da sie ihn bittend anblickte, so hielt er sich berufen, für ihre Befreiung eine Lanze zu brechen. Er befahl dem Ritter gebieterisch, seiner Begleiterin die Bande zu lösen. Ein Hohngelächter war die Antwort, worauf der Kampf begann. Die Speere brachen, ohne daß einer der Reiter im Sattel wankte. Sie sprangen von den Hengsten und zogen die Schwerter. Parzival erkannte bald, daß er einen starken und des Fechtens kundigen Gegner vor sich habe. Es gelang ihm jedoch, nach einem Schirmschlag denselben zu unterlaufen und ihn im Ringkampf an einen Baum zu pressen, daß ihm das Blut aus Mund und Nase quoll. Vergebens sträubte sich der Mann: er war nahe zu ersticken. Da gedachte der Sieger der Lehre Gurnemanns, daß man des besiegten Feindes schonen müsse. Er löste daher die Umschlingung und ließ ihn auf den Boden niedergleiten, wo er ohne Besinnung einige Zeit liegenblieb. Mittlerweile trat der Held zu der Dame und entledigte sie der Fesseln. Als sich jetzt ihr Begleiter wieder erholte und die Gnade seines Überwinders anrief, ward ihm dieselbe gewährt; nur mußte er feierlich geloben, die Dame nicht wieder zu kränken und am Hofe des Königs Artus seine Niederlage durch den roten Ritter einzugestehen. Nachdem der Friede hergestellt war, bot die schöne Frau den Kämpfern Erfrischungen, die sie vorsorglich mit sich führte. Im Gespräch erfuhr Parzival, daß der Ritter ihr Gatte sei und seit der Begegnung im Zelte aus unbegründeter Eifersucht auf sie zürne. Da beschwur der Held mit teurem Eid die Harmlosigkeit jenes Zusammentreffens und führte dadurch eine aufrichtige Versöhnung herbei. Er vernahm aber auch, der Mann, des Leben er geschont, sei Orilus, der den kühnen Tschionatulander erschlagen und sein Vatererbe Anjou und Waleis wiederholt geschädigt hatte. Wohl regte sich in seiner Brust die Begierde nach Rache, doch bezwang er den finstern Geist und schied friedlich von den beiden Ehegatten.

Der unverzagte Held hatte keinen andern Gedanken mehr, als den Gral zu finden. Er forschte überall nach dem Wege dahin, allein vergeblich. Er achtete es nicht, daß ungestüme Witterung eintrat und der sonst wonnige Mai statt der Blütenfülle dichtes Schneegestöber sandte. Während der Nacht, die er in einer wirtlichen Herberge zubrachte, tobte der Sturm fort und trieb die Flocken an die Fenster. Als der Held am Morgen weiterritt, war das ganze Feld weiß von Schnee. Da sah er in hoher Luft einen Edelfalken seine Kreise ziehen und dann auf eine Wildgans stoßen, die er mit Schnabel und Krallen zerfleischte. Der Vogel flatterte noch eine Strecke fort, aber der Schnee war von seinem Blute gerötet. Wie die Gedanken sich oft seltsam aneinanderreihen, so geschah es hier: Parzival konnte den Blick nicht von der Stelle abwenden, wo Blutstropfen die weiße Schneedecke röteten. Seine Fantasie schweifte hinüber zu Konduiramur, deren Korallenlippen und sanft gerötete Wangen gleich also von der blendend weißen Haut sich abhoben. Er wurde unsanft aus seinen Träumen geweckt; denn ein prächtig gerüsteter Mann rannte ihn an mit einem Zuruf, zu kämpfen oder sich auf Gnade zu ergeben. Nach einem hitzigen Gefecht blieb Parzival Sieger und befahl dem Gegner, seine Niederlage an König Artus' Hofe einzugestehen. Bald folgte ein zweiter, dann ein dritter Kämpfer, die dasselbe Schicksal hatten. »Schön zerbläut und übel heimgesandt!« rief ein vierter, »aber euch ist euer Recht geschehen. Seht ihr nicht, daß ihr mit dem roten Ritter angebunden habt, dem Unbezwinglichen, von dessen Ruhm die Welt erfüllt ist? Folgt mir, weidlicher Degen«, wendete er sich an den Helden, »folgt mir zu König Artus, meinem Oheim; denn ich bin Gawain, sein Schwestersohn, und werde darauf antragen, daß er Euch unter die Ritter der Tafelrunde aufnehme.« Parzival schloß sich bereitwillig dem berühmten Helden an; denn er hatte schon viel von seinen Taten gehört, und er wähnte, wenn irgendwo, so würde er bei Artus Kunde von dem Gral empfangen.

Gawain sandte einen Knappen voraus, die Ankunft des roten Ritters zu verkündigen; daher war die Aufnahme feierlich und festlich. Der König selbst mit seinen Helden kam ihm entgegen, die ganze Stadt war in Bewegung, den kühnen Mann zu sehen, den man ehemals als einen Schalksnarren verhöhnt hatte. Der Held nahm an dem Mahle der Ritterschaft teil, und am folgenden Tage erhielt er nach der Sitte auf offenem Felde von Artus den Ritterschlag und ward als Teilhaber an der Tafelrunde ausgerufen.

Während die Herolde unter Trompeten- und Paukenschall diese Ehren verkündigten, jagte auf einem umförmlichen Gaul ein Weib daher, stieg ab, trat vor die Ritterschaft, schlug den Schleier zurück und zeigte ein grauenvolles Antlitz. Es war bräunlich, oder vielmehr gelb und grau wie welkes Laub; ihre Augen brannten wie glühende Kohlen aus den tiefen Höhlen hervor. »Es ist die Zauberin Kundrie, die Botin vom Gral«, sprachen mehrere Stimmen. »Ja, sie ist es«, rief das Weib, »und sie ruft Wehe über den König Artus und seine Tafelrunde, wenn sie den Frevler in ihrer Mitte dulden. Parzival ist unwert der Ehren. Er war zu der höchsten Würde bestimmt und hat es frevelhaft versäumt, die Leiden des großen Dulders zu endigen. Wehe über ihn! Wehe über Artus und seine Helden, so des Verdammten Fuß noch länger die festliche Halle besudeln darf!« Entsetzt blickten Ritterschaft und Volk bald auf die grauenhafte Prophetin, bald auf Parzival. Dieser wich aus der Versammlung, bestieg sein Roß und eilte fort, um sich in Einöden zu verbergen. Unter den Helden der Tafelrunde war aber doch einer, der furchtlos Widerspruch wagte, nämlich Gawain, der unverzagte Degen. Er meinte, man dürfe die Blume der Ritterschaft nicht also ziehen lassen, man solle die Hexe an ihrer krummen Nase aufhängen oder auf dem Holzstoß als einen Leckerbissen für ihr höllisches Oberhaupt braten. »Verruchter Bösewicht«, rief Kundrie, »auch dich trifft der Fluch! Suche Klinschors Wunderschloß auf, wo deine Ahnin, deine Mutter und Schwester gefesselt liegen: befreie sie, so du es vermagst!« Der Held entfernte sich, ohne ein Wort zu erwidern, bestieg sein Roß und folgte Parzivals Spuren.

Galahad

Dann veranlaßte der König ihn auf Begehren der Königin, abzusteigen und seinen Helm abzunehmen, auf daß die Königin ihm ins Gesicht sehen konnte. Als sie ihn angesehen hatte, sagte sie: Wahrlich, ich darf wohl sagen, daß Sir Lancelot ihn gezeugt hat, denn nie hatten zwei Männer mehr Ähnlichkeit miteinander, daher ist es kein Wunder, daß er ein großer Held ist. So fragte eine Dame, die bei der Königin stand: Hohe Frau, um Gottes willen, sollte er wirklich ein so guter Ritter sein? Ja, wahrhaftig, sagte die Königin, denn er stammt von allen Seiten von den besten Rittern der Welt und vom höchsten Geblüt; denn Sir Lancelot stammt nur im achten Grad von unserm Herrn Jesus Christus ab, und Sir Galahad stammt im neunten Grad von unserm Herrn Jesus Christus, also darf ich sagen, sie sind die höchsten Edelleute der Welt. Und dann begaben sich der König und alle Vornehmen nach Camelot heim und gingen so zur Vesper in das große Münster und danach zum Abendessen, und jeder Ritter saß auf seinem Platze, wie sie zuvor gesessen hatten. Da hörten sie mit einem Mal ein donnergleiches Krachen und Wettern, daß ihnen war, als müßte die ganze Halle zerschellen. Inmitten dieses Getöses kam ein Sonnenstrahl herein, der war siebenmal leuchtender, als sie je das Tageslicht gesehen hatten, und alle wurden erleuchtet von der Gnade des Heiligen Geistes. Da fing jeder Ritter an, den andern anzusehn, und jeder sah den andern in ihrer aller Glanze schöner, als sie je zuvor ausgesehen hatten. Dabei aber konnte lange Zeit kein Ritter ein Wort reden, und so blickte jeder den andern an, als wären sie stumm. Dann trat da in die Halle der heilige Gral, mit reichem golddurchwirktem Damast bedeckt, aber da war keiner, der ihn, oder wer ihn trug, sehen konnte. Und es war die ganze Halle von süßen Düften erfüllt, und jeder Ritter hatte die Speisen und Getränke, die er in dieser Welt am meisten liebte. Und als der heilige Gral durch die Halle getragen worden war, da verschwand das heilige Gefäß plötzlich, daß sie nicht wußten, wohin es gekommen war: da hatten sie alle wieder Luft und konnten reden. Und da sagte der König Gott Dank für seine große Gnade, die er ihm geschickt hatte. Wahrlich, sagte der König, wir müssen unserm Herrn Jesus höchlich danken für das, was er uns heute zu Ehren dieses hohen Pfingstfestes erwiesen hat. Nun, sagte Sir Gawain, wir sind heute gut bedient worden und haben die Speisen und Getränke bekommen, an die wir dachten, aber in einem sind wir betrogen, wir konnten den heiligen Gral nicht sehen, er war so kostbar bedeckt. Und darum will ich hier das Gelübde tun, daß ich morgen ohne langes Zögern auf die Suche nach dem Gral ausgehen werde, daß ich Jahr und Tag oder länger, wenn es not tut, ausbleiben werde, und nie will ich zum Hofe zurückkehren, bis ich ihn deutlicher gesehen habe, als er hier zu sehen war; und wenn ich es nicht vollbringen kann, dann will ich zurückkehren als einer, der gegen den Willen unsres Herrn Jesu Christi nichts ausrichten kann. Als die vom Runden Tische Sir Gawain so sprechen hörten, da sprangen sie fast alle auf und gelobten das nämliche, was Sir Gawain gelobt hatte. Sowie König Arthur das hörte, da wurde er sehr bekümmert, denn er wußte wohl, sie konnten ihre Gelübde nicht zurücknehmen. Wehe, sagte König Arthur zu Sir Gawain, Ihr habt mich mit dem Gelübde, das Ihr gesprochen habt, fast erschlagen; denn Ihr seid schuld, daß Ihr mich der schönsten und treuesten Genossenschaft von Rittern beraubt habt, die je in einem Reiche der Welt zusammen gesehen wurden; denn wenn sie von hier scheiden, bin ich sicher, sie alle werden einander in dieser Welt nicht mehr treffen, denn ihrer viele werden auf dieser Suche sterben. Und so grämt es mich gar sehr, denn ich habe sie wie mein Leben geliebt, und darum muß mich das Scheiden dieser Genossenschaft gar traurig machen; denn ich habe den alten Brauch gehabt, sie in meiner Gesellschaft zu haben.

Übersetzt von Hedwig Lachmann

TANKRED DORST

Heimkehr

Die Ritter kommen von der Gralsuche zurück, verstört, abgeris-
sen, wie aus einer Schlacht heimkehrend. Der Chronist Blasius.
— König Artus sitzt allein am Tisch.

DER CHRONIST BLASIUS: Wo kommst du denn her?

SIR ORILUS: Aus dem Innern der Erde. Wo die Lava kocht.

DER CHRONIST BLASIUS: Wie heißt du denn?

SIR ORILUS: Wo das Eisen flüssig wird — schreib das auf!

DER CHRONIST BLASIUS: Deinen Namen will ich wissen.

SIR ORILUS: Sir Orilus! Du kennst mich doch! *Sir Orilus setzt*
sich hin.

DER CHRONIST BLASIUS: Orilus bist du? *Inzwischen ist Sir Tur-*
quine hereingekommen, auch er abgerissen, verstört; er hüpft
an einer Krücke.

SIR TURQUINE *schreit empört*: Jetzt will ich mal was wissen
von dir, Blasius! Jetzt soll mir mal einer eine Antwort geben! Jetzt will ich mal eine Antwort! Ich bin herumgezogen, zwei Jahre sind vergangen, ich weiß nicht, vielleicht
waren es auch drei oder zehn Jahre, und ich habe mir die
Füße abgefroren — wofür denn eigentlich? Das will ich
jetzt wissen! Ich habe den Gral nirgends gefunden — *Zu*
einem hereinkommenden Ritter: und du hast ihn auch nicht
gefunden! — Das sehe ich dir an! Wenn du ihn gefunden
hättest, würdest du nicht wie ein Krüppel dastehen und
schweigen. *Zu einem anderen Ritter, der hereinkommt:* Und
du! Deine Wunden würden nicht bluten!

SIR GIRFLET *leise, freundlich*: Ich habe ihn gefunden.

SIR TURQUINE: So? Dann zeige ihn mal her! Das würde mich
interessieren!

SIR GIRFLET: Den kann man doch nicht herzeigen.

SIR TURQUINE: Alles Schwindel! Alles Schwindel! Wenn du
ihn gefunden hättest, könntest du ihn doch herzeigen!
Wir müßten doch alle davon erleuchtet sein, alle, die wir
da herumstehen! Wir müßten Flammen auf dem Kopf ha-

ben wie die Apostel! *Inzwischen sind noch andere Ritter hereingekommen.*

SIR GIRFLET: Ich spreche eine andere Sprache.

SIR TURQUINE: So, du sprichst eine andere Sprache? Ich kann
dich aber sehr gut verstehen!

SIR GIRFLET: Nein, Sir, so ist das nicht. Sie können mich zwar
verstehen, aber Sie können mich trotzdem nicht verstehen.

SIR TURQUINE *zu Blasius*: Schreib das auf: »Sir Girflet ist ver-
rückt geworden.«

SIR GIRFLET *lacht freundlich*: Nein, nein, Sie verstehen mich
nicht.

SIR TURQUINE: Blasius, gib mir eine Antwort! Warum sind
wir in der ganzen Welt herumgeirrt? Was haben wir denn
nur gesucht?

DER CHRONIST BLASIUS: Früher hast du nicht gefragt, jetzt
fragst du. Warum hast du früher nicht gefragt?

SIR TURQUINE: Du sollst mir eine Antwort geben!

DER CHRONIST BLASIUS: Ich bin der Chronist, ich schreibe nur
auf, was geschieht. Eine Antwort mag dir Gott geben.
Schreibt auf: Sir Nabon ist zurückgekehrt, krank; Sir Orilus ist zurückgekehrt, verstört. Behauptet, im Feuer der
Erde gewesen zu sein. Sir Girflet zurückgekehrt, spricht
verwirrt. Ad te attollo animam meam, Domine, Deus
meus. In te confido: ne confundar! Ne exsultent de me ini-
mici mei! Etenim universi, qui sperant in te, non confundentur; confundentur, qui fidem temere frangunt. Vias
tuas, Domine, ostende mihi et semitas tuas edoce me. Di-
rige me in veritate tua et doce me, quia tu es Deus salva-
tor meus: et in te spero semper. — Sir Segwarides ist zurückgekehrt, blind; Sir Mador de la Porte ist zurückgekehrt; Sir Mordred ist zurückgekehrt.

KÖNIG ARTUS: Sir Lancelot ist nicht zurückgekommen?

SIR ORILUS: Doch, er ist zurückgekommen, er war sehr bedrückt, er wollte mit niemandem sprechen.

KÖNIG ARTUS: Er hätte ihn finden müssen!

DER CHRONIST BLASIUS: Sir Ironside ist zurückgekehrt, hat
die Erinnerung verloren; Sir Frol ist zurückgekommen,
berichtet von einer Meerfahrt an eine unbekannte Küste.
Sir Gawain ist zurückgekehrt.

SIR TURQUINE: Hat ihn auch nicht gefunden!

SIR ORILUS: Er hat ihn ja gar nicht mehr gesucht.

DER KRANKE SIR NABON: Aber eine schöne Frau hat er gefunden, und ist reich.

DER CHRONIST BLASIUS: Sir Lucas ist zurückgekehrt. Ihm ist, als sei er nicht fortgewesen. Sir Segramur ist als erster fortgegangen, er hörte einen schönen Ton und er hat ihn nachgesungen, so ging er singend davon, er ist nicht zurückgekehrt.

Sir Dodinas ist hereingekommen.

SIR TURQUINE: Sir Dodinas kommt zurück! Hast du den Gral gefunden?

SIR DODINAS: Nein. Aber den Hund habe ich mitgebracht.

DER CHRONIST BLASIUS: Einen Hund?

SIR DODINAS: Ja, den Hund von Sir Galahad. Er stand winselnd im Schnee. Wo vorher Sir Galahad gestanden hatte, da war der Schnee ringsum geschmolzen und es blühten Rosen.

SIR TURQUINE: Ist das ein Beweis? Wo ist denn Sir Galahad?

SIR DODINAS: Er ist verschwunden.

DER CHRONIST BLASIUS: Ein Rosenfeld im Schnee. Ich schreibe es auf.

SIR TURQUINE: Soll das heißen, er hat den Gral gefunden?

SIR GIRFLET: Ja, das soll es wohl heißen.

SIR TURQUINE: Dann frage ich wohl am besten den Hund. Sprich, Hund! Antworte mir! *Er schüttelt den Hund:* Soll das heißen, daß dein Herr den Gral gefunden hat? *Schlägt ihn:* Oder hat er ihn nicht gefunden? Hat er sich einfach davongemacht? Und das Rosenfeld ist da entstanden, wo du hingepinkelt hast in den Schnee?

SIR PERSANT:

Always in the quiet house I heard
clear as a lark, high o'er me as a lark,
a sweet voice, singing in the topmost tower
to the eastward: up I climbed a thousand steps
with pain: as in a dream I seemed to climb
for ever: at the last I reached a door,
a light was in the crannies, and I heard

»Glory and joy and honour to our Lord
and to the Holy Vessel of the Grail«.
Than in my madness I essayed the door;
it gave; and thro' a stormy glare, a heat
as from a seventimes-heated furnace I,
blasted and burnt, and blinded as I was,
with such a fierceness that I swooned away —
o, yet me thought I saw the Holy Grail,
all palled in crimson samite, and around
great angels, awfull shapes, and wings and eyes.

SIR TURQUINE: Alles Schwindel! Alles Schwindel! Warum
schreibst du denn das auf! Du kannst gar nicht wissen,
was die Wahrheit ist —, jeder erzählt dir etwas anderes.

DER CHRONIST BLASIUS: Alles ist wahr. Auch die Lügen sind
wahr.

SIR ASTAMOR: Ich bin gegangen bis zu einem klaren See, und
als ich mich bückte, um daraus zu trinken, merkte ich,
daß mir die Finger von den Händen abgefallen waren,
und ich konnte kein Wasser schöpfen. Als ich mein Gesicht dicht über das spiegelnde Wasser hielt, sah ich ein
Gesicht, das ich nicht kannte.

Andere Ritter kommen, zerschlagen, verwundet, erschöpft.

SIR TURQUINE: Wir sind betrogen worden.

SIR LAVAINE: Ich habe Zeichen am Himmel gesehen! Es war
eine riesige Schale, die schwebte leuchtend unter dem
Sternenhimmel.

SIR TURQUINE: Schwindel! Du hast geträumt.

SIR LADINAS: Es hat Blut geregnet vom klaren Himmel herunter. Das Blut Christi.

SIR DODINAS: Was bedeutet das? Was bedeutet das?

SIR BLEOBERIS: Merlin weiß es! Merlin soll es erklären!

SIR OZANNA: Wo ist denn Merlin?

RUFE: Merlin! Merlin! Merlin! Merlin!

KÖNIG ARTUS: Merlin hört uns nicht. Ich habe oft nach ihm
gerufen, Merlin hat uns nicht gehört.

SIR BLEOBERIS: Merlin! Merlin! Erkläre uns die Zeichen!

RUFE: Merlin! Merlin! Merlin!

KÖNIG ARTUS: Sir Gawain ist der letzte gewesen, zu dem er
gesprochen hat.

DER CHRONIST BLASIUS: Domine, Domine noster, quam admirabile est nomen tuum in universa terra, qui extulisti maiestatem tuam super caelos. Ex ore infantium et lactentium parasti laudem contra adversarios tuos, ut compescas inimicum et hostem. Cum video caelos tuos, opus digitorum tuorum, lunam et stellas quae tu fundasti: qui est homo, quod nemor est eius? aut filius hominis, quod curas de eo? Et fecisti eum paulo minorem Angelis, gloria et honore coronasti eum.

RUFE: Merlin! Merlin! Merlin!

KÖNIG ARTUS: Im Wald von Broceliande hat Gawain seine Stimme gehört.

RUFE: Merlin! Merlin!

KÖNIG ARTUS: Er hat Gawain gesagt, daß er nie mehr zurückkehren wird. Viviane hat ihm sein Geheimnis entlockt, sie hat ihn in die Weißdornhecke gebannt.

RUFE: Merlin! Merlin! Merlin! Merlin!

Merlin, in der Weißdornhecke verzaubert. Seine Füße sind wie Wurzeln in die Erde geflochten, seine Hände und Arme schlingen sich in die Zweige, sein Kopf sieht unter den Blüten heraus.

VIVIANE *singt:*

Merlin mein Liebster
in Blüte und Dorn
schon kommen die Schnitter
sie gehn durch das Korn

Zaubermann Merlin
mein Vogel im Nest
die Zweige die Wurzeln
sie halten dich fest.

Laß rufen die Stimmen
sie rufen von weit
was soll dich noch kümmern
der Tod und die Zeit.

Michael von Bramevaque

Es war unwiderstehlicher als eine Posaune des Jüngsten Gerichtes, als ein Befehl, den Christus selbst mit seinem Lichtfinger an einen von ihm Auserwählten hätte richten können.

In der nächtlichen Stille, zwischen den Säulen meines Bettes, höre ich dreimal meinen Namen nennen:

»Michael von Bramevaque, erhebe Dich!«

Einmal hätte genügt. Doch die Götter sind wie alte Leute und kleine Kinder, sie wiederholen sich gern.

Die Stimme spricht weiter:

»Ziehe hinaus in das Land um Toulouse. Finde den Gral wieder, der dort verborgen ist, und die Menschheit wird gerettet sein!«

Dies geschah in einer Septembernacht in Toulouse, nicht weit vom Tor Arnaud Bernard, bei zunehmendem Mond. Es wehte ein günstiger Wind, der den Wetterhahn auf meinem Geburtshaus nach Süden drehte.

Ich nenne es mein Geburtshaus, nicht, weil ich dort durch das komplizierte Wunder der Fortpflanzung das Licht der Welt erblickt habe, sondern weil dort, auf den alten Balken, viele weißgeflügelte Träume geboren wurden, mich durch ihre Gegenwart entzückten und wieder davonflogen.

Das Haus hatte nur eine Etage, aber es war ein Wunder an Formschönheit und Bequemlichkeit. Die Schönheit eines Hauses nimmt ab mit der Zahl der Stockwerke, und schon ein einziges wiegt schwer auf dem Rücken eines Hauses, mit seinen Eichentüren und seinen Möbeln aus dunklem Holz.

Ich sagte zu meiner Frau mit dem Schwanenhals und dem ungläubigen Gesicht:

»Gib mir meinen langen Stock, den mit den Kupfernägeln, der wie ein Krummstab gebogen ist und eine gewisse magische Kraft besitzt.«

Sie lachte beim Gedanken an diese Zauberkraft, denn sie

glaubte nicht daran. Ich hütete mich, ihr von der Stimme zu erzählen, die zu mir gesprochen hatte — sie hätte noch lauter gelacht, und es ist schon etwas anderes, ob man sich über einen Zauberstab lustig macht oder über eine göttliche Stimme.

»Ich will weit ins Toulouser Land ziehen, um die Menschen und alle Lebewesen zu erforschen.«

Und mit gesenkter Stimme fügte ich hinzu:

»Ich fühle ihr Leiden in mir und möchte es teilen, indem ich es besser kennenlerne.«

Sie lachte wieder, und ihr Lachen klang wie wertvolles Porzellan, das herabfällt und zerbricht. Ich hatte schon oft versponnene humanitäre Pläne geschmiedet, ohne sie je auszuführen.

»Gib mir auch den Umhang aus braunem Stoff, mit einer Kapuze gegen den Regen, in dem ich aussehe wie ein Mönch eines geheimnisvollen Ordens, der nicht dem Papst untersteht. Ich werde ihn gut gebrauchen können, wenn ich in die Berge wandere zur Burg von Bramevaque.«

Da brach um mich herum ein Geräusch los wie von herabregnendem Kristall. Die Burg von Bramevaque hoch in den Pyrenäen verwandelte sich in eine Ruine, und schon tausendmal hatte ich gesagt, daß ich dorthin gehen, meditieren und die Gedanken meiner Vorfahren aufspüren wollte.

Ich betrachtete die von Gutenberg gedruckte Bibel, die mein Großvater erworben hatte, den Atlas von Ortelius, von dem alle Welt sprach, die lateinischen und griechischen Bücher sowie die arabischen Manuskripte, die von meinem Meister Isaac Andréa stammten und Geheimnisse über den Körper und die Seele enthielten. Ich betrachtete die Pergamente, welche die Mitgliedschaft meines Vaters im Bürgerrat bescheinigten, der ein kluger und rechtschaffener Mann gewesen war. Ich verspürte kein Bedauern, sondern eine Welle von Fröhlichkeit durchströmte mich beim Gedanken an die Mission, mit der mich eine unsichtbare Kraft beauftragt hatte, indem sie mir einen kurzen und, ehrlich gesagt, etwas vagen Befehl gab.

Weit jenseits der Stadtmauern schlug die Glocke von Minimes zwölfmal. Ich hörte die Schritte der Wachsoldaten. Sie gingen behutsam, denn die Diebe waren zahlreich und gefährlich. Die Laterne am Tor Arnaud Bernard warf ein rötliches Licht.

Wie still und leblos war das Leiden der Geschöpfe! Doch es schlief nicht. Es ruhte niemals. Auch wenn ich ihm noch so sehr entgegenging, verspürte ich nie seinen Atem. Ich wußte aber, daß es da war, für immer gegenwärtig und überall dort lebendig, wo Menschen wohnen.

Tornebut war Schreiner im Vorort Saint Cyprien, und er besaß einen großen Schatz, dessen wahren Wert er nicht kannte — seinen Glauben an alle Dinge. Vor allem glaubte er an mich. Er führte kleine Arbeiten für die Bewohner seines Viertels aus, aber er arbeitete nicht besonders gern. Ihm lag es eher, den Leuten beim Erzählen zuzuhören und zustimmende Bemerkungen zu machen; doch je weniger er den Sinn des Gesagten verstand, desto schöner war es für ihn.

Man kann keine große Tat vollbringen, wenn man sie nicht zuvor im Geiste erschaffen hat; dafür muß man sie jemand erzählen, der daran glaubt. Denn für die Verwirklichung ist ein fester Halt notwendig, und Glaube ist der verläßlichste Stützpunkt.

Ich suchte also Tornebut auf und fand ihn auf seiner Türschwelle; er war gerade im Begriff, Wasser holen zu gehen. Der Tag war kaum angebrochen, und mein Haar war feucht von Tau. Die Wellen der Garonne erzählten den Kieseln am Ufer von der Schönheit der Fichtenwälder an den Hängen der Pyrenäen, und die Luft war erfüllt vom Duft frischgesägten Holzes.

Tornebut hatte noch nie etwas vom heiligen Gral gehört, aber er wäre beinah auf die Knie gefallen, als dieses Wort an sein Ohr drang. Als ich ihm ankündigte, daß ich in die Ferne ziehen wollte, um den Gral zu suchen, sah er der Reihe nach seinen leeren Eimer an, dann seine Werkstatt mit den schimmernden Werkzeugen, dann mich, der ich auf meinen Krummstab gestützt dastand, und sagte:

»Jeden Morgen habe ich mein Wasser am Brunnen bei der

176

Stadtmauer geholt. Dort habe ich all die Klatschweiber des Viertels getroffen, denn das Wasser ist, man weiß nicht warum, Frauensache. Das Wasser gehört den Frauen, der Stein und das Holz gehören den Männern. Sie haben sich über mich lustig gemacht, wegen meiner kantigen Schulter und meiner behaarten Brust, doch hat mich meine Einsamkeit nie bedrückt. Was schadet es, den Tag mit schweren Arbeiten zu verbringen, wenn der Geist sich des Abends über einem schönen Gespräch erhebt und hoch emporsteigt? Mein Meister, was soll aus mir werden, wenn Ihr fortgeht?«

Da ich die tröstende Kraft kannte, die alle Materie für den bereithält, der sie mit seinen Händen bearbeitet, wies ich auf das Holz, das er zersägt hatte, auf die Hobelspäne, die wie zerzauste Haarsträhnen herumlagen, auf die Holzbohlen mit ihren Jahresringen — sie waren lebendig, denn es gibt kein totes Holz.

Er schüttelte jedoch den Kopf, holte seine Lederjacke, zog sie an und setzte sich ein eigentümliches Hütchen mit zwei flügelähnlichen Spitzen, das einer Eselsmütze ziemlich ähnlich sah, auf den Kopf.

»Ich gehe mit Euch, Meister. Sagte nicht jener Meister, der durch Galiläa wanderte: ›Verlasse Deinen Vater und Deine Mutter und folge mir nach‹?«

»Ich bin nicht Christus, Tornebut! Ich bin der Fischer.«

»Und ich habe weder Vater noch Mutter, ich verlasse niemand.«

Er schloß seine Haustür mit einem großen Schlüssel ab und lud sich eine Bürde zersägten Holzes auf den Rücken.

»Eine alte Frau, sie wohnt in dem niedrigen Haus dort an der Straßenecke, hat mich gebeten, ihr Brennholz auf Kamingröße zurechtzusägen. Ich lade es vor ihrer Tür ab, und dann ist meine Arbeit beendet, denn zur Zeit gibt es nicht viel zu tun.«

Dies tat er, und wir wanderten ein Weilchen, bis er fragte: »Heute ist Freitag, der dreizehnte September. Glaubt Ihr, daß dieser Tag günstiger ist als die anderen Septembertage und wir deshalb heute aufbrechen sollten?«

Ich war ratlos und gab keine Antwort.

Tornebut nahm seinen Faden wieder auf: »Ich erlasse der

alten Frau die sechs Heller, die sie mir schuldet. Für sie ist
dies also insofern ein Glückstag, als daß er ihr sechs Heller
beschert. Aber inwiefern ist er günstig für uns?«

»Leider können wir unser Geschick und die Gunst oder
Ungunst eines Tages erst am letzten Tag unseres Lebens
richtig einschätzen.«

In diesem Augenblick flog ein Schwarm Vögel über unsere Köpfe hinweg. Einer von ihnen verlor eine Feder; sie
schwebte kreiselnd herab, denn Federn haben kein Gewicht
und fallen nicht einfach herunter wie Steine. Ich fing sie auf
und steckte sie an meine Mütze mit den Worten: »Eine weiße Feder! Wir werden in der Richtung dieser Vögel weiter-
ziehen.«

Sicherlich, es sind schon viele vor mir auf die Suche nach
dem Gral gezogen, aber sie haben ihn nicht gefunden.
Sonst hätten sich die Menschen zu lieben begonnen. Es wären Reiter auf den Straßen erschienen, um die gute Nachricht zu verkünden; die Tiere hätten sich mit ihren Men-
schenbrüdern ausgesöhnt, die Vögel wären in die Häuser
geflogen und hätten Krumen von den Tischen gepickt. Doch
man sah nichts dergleichen.

Der Gral war nicht, wie manche glaubten, in ein anderes
auserwähltes Land jenseits der Meere gebracht worden.
Das Toulouser Land ist das heiligste Land von allen: dieses
Land, das sich erstreckt von Carcassonne mit seinen stei-
nernen Türmen bis hin zu den Pyrenäen der Herren von
Foix und weiter als die Abtei von Comminges. Dorthin hatten einst die Keltiberer, mit ihren langen Haarschöpfen, die
ihnen bis zu den Fersen reichten und die sie hinten im Nakken knoteten, die mystischen Schätze von Delphi gebracht.
Im unwegbaren Gebirge des Ariège hatten die Druiden
griechische Symbole verborgen sowie auch jene Geheimnisse, die es ihnen ermöglichten, irdische Ereignisse aus der
Position der Gestirne abzuleiten. Nach Carcassonne brachte
der Gotenkönig Alarich jene Tafel Salomos, jenen Schatz
des Ursprungsgedankens, den er in Rom entwendet hatte
und der aus dem Tempel von Jerusalem stammte.

Später kamen vier Ritter — niemand weiß, warum sie immer zu viert sind — zur Festung von Montségur; unter ihrem Mantel verbargen sie das Erbe Josephs von Arimathia, den Smaragd in Form einer Lilie, der das Blut Christi enthielt.

Warum ist dieser Teil der Welt Sammelbecken aller göttlichen Reliquien? Warum fühlen sich all jene, die den Auftrag haben, diese zu hüten und weiterzugeben, hier mehr in Sicherheit als anderswo? Das ist ein Geheimnis, das ich nicht verstehen kann. Doch gibt es so viele Dinge, die für immer unbegreiflich bleiben. Weiß man, warum Wasser flüssig ist und Feuer nur unter bestimmten Bedingungen, als Folge von Reibung, entsteht?

Die Geschichte der Belagerung Montségurs überliefert, daß in einer stürmischen Nacht vier beherzte Albigenser an Seilen über die Hänge und Felsen heruntergelassen wurden und durch die Reihen der Soldaten des Königs in die Berge entkamen. Diese vier Männer trugen den Schatz der Katharer mit sich: nicht das Gold und die Edelsteine, nicht die Kandelaber und Schreine aus den Kirchen, nicht die aus Metall geschmiedete Pracht, die Herrlichkeiten aus Seide, die kostbar verzierten Griffe der Krummsäbel, welche die Ritter von ihren Kreuzzügen mitgebracht hatten. Es hätte vier Tage gedauert und alle Ochsenkarren von Mirepoix und aus dem Ariègetal erfordert, diese Schätze von Montségur herabzubringen. Der Schatz der vier nächtlichen Boten war von ganz anderer Art. Ein Mann genügt, ihn zu tragen; dennoch waren sie zu viert, und die Erzählungen, die in den Dörfern überliefert sind, haben die Namen dieser vier bewahrt:

Der erste war Amiel Aicart, der zweite hieß Poitevin, der dritte nannte sich Hugues, und der Name des vierten war Alfaro. Während sie an den Seilen hinabstiegen, so wird berichtet, verharrten alle aufmerksam: Ramon de Perelha, der Greis, und Pierre Roger von Mirepoix, der Jüngling, die auf Montségur Befehlsgewalt hatten; die Ritter, die unter ihnen kämpften; die Soldaten, die diesen Rittern unterstanden, die Perfecti, die nicht kämpften, sondern für den Sieg des heiligen Geistes beteten; die Greise, die sich ihre Bärte hielten; die Frauen in ihren weißen Gewändern — alle warteten reglos hinter den zerstörten Zinnen, auf den Felsgalerien, auf den äußeren Befestigungswällen inmitten der Wolken, auf den hohen Verteidigungstürmen; alle beugten sich schweigend hinab, so daß die Burg und ihre Verteidiger, der ganze Berg von Montségur, wie verwunschen aussahen.

Als weit entfernt, auf der anderen Seite des Tals, in den Bidorta-Bergen eine kleine Flamme aufleuchtete und anzeigte, daß der Schatz gerettet war und seine vier Träger in die undurchdringlichen Wälder gelangt waren, von Wolfsrudeln und langen Felsschluchten beschützt, da erhob sich ein Lobgesang aus der Brust der Verteidiger von Montségur, eine große Dankeshymne, denn nun konnten sie sterben: Der Gral war in Sicherheit.

O Herr, die Bösen haben triumphiert, und die unerbittliche Zeit ist verronnen. Doch das Böse bleibt niemals ganz und gar Meister; selbst wenn es so scheint, als habe es gesiegt und der Acker sei verwüstet und unfruchtbar, so liegt irgendwo ein kleines Samenkorn, ein kleines vergessenes Samenkorn, das auf seine Stunde wartet, um sich entfalten und früher oder später einen großen Baum hervorzubringen.

Und siehe da, ich bin es, der ausgewählt wurde, damit das Samenkorn wieder aufblüht. Liegt es an der magischen Natur meines Wanderstocks, der gebogen ist wie ein Krummstab? Es kann nicht daran liegen. Habe ich, ohne es zu wissen, dadurch große Verdienste erworben, daß ich Kranke pflegte oder hier und da Gutes tat? Doch das Gute, das man tut, ist ziemlich geringfügig in der allgemeinen Ordnung, und ich bin noch nicht einmal sicher, daß jemand, der nur Gutes tun will, weit damit kommt. Die einzige Tugend, die zu entwickeln sich lohnt, ist die Erleuchtung der Seelen, aber sei es aus Mangel an Glück, sei es, weil ich nicht richtig gesucht habe — ich habe nie eine Seele gefunden, die hochentwickelt genug war und das göttliche Wasser des Geistes verdient hätte.

Dennoch hatte die Stimme gesprochen: »Michel von Bramevaque, erhebe Dich!«

Ich war es, der den verlorenen Gral wiederfinden sollte; doch gab es keine Spur mehr von ihm, seit die vier Albigenser in den Wäldern von Bidorta verschwunden waren. Was war aus den vieren geworden? Besaßen sie Gutshäuser, Burgen oder einfach nur Schäferhütten? Hüteten sie das Geheimnis gewaltiger unterirdischer Stollen, oder hatten sie nur ein Loch ins Stroh gegraben? Hatten sie den Gral in einem Adlernest verborgen, in einem Feld oder unter einem Weinstock? In jedem Fall hat derjenige, der ihn an seiner Brust trug, genug Lebenskraft erhalten, um weit über hundert Jahre alt zu werden. Demnach könnte man darauf schließen, wenn man die Familien und dörflichen Überlieferungen befragte und dabei von einem außergewöhnlichen Greis hörte, der früher einmal länger als üblich gelebt hatte, daß er es war, der vor drei Jahrhunderten das Blut Christi an seinem Herzen getragen und von ihm die physische Lebenskraft empfangen hatte. Es sei denn, er war verzehrt worden von den weißglühenden Schwingungen, die von dem heiligen Smaragd ausgingen, und lag seit langem als ein Häufchen Asche unter der Erde.

Randolph Carter

Doch du, Randolph Carter, bist allen Dingen des Traumlandes mutig begegnet, und brennst noch immer mit der Flamme der Suche. Nicht als Neugieriger kamst du, sondern als einer, der sein Recht sucht; auch hast du nie die Achtung vor den milden Göttern der Erde vermissen lassen. Dennoch haben dich diese Götter von der wunderbaren Stadt im Sonnenuntergang deiner Träume ferngehalten, und nur aus ihrer eigenen, kleinlichen Habsucht; denn es verlangte sie fürwahr nach der überirdischen Schönheit dessen, was deine Fantasie gebildet hat, und sie gelobten, daß hinfort kein anderer Platz ihre Wohnstatt sein sollte.

Sie haben ihr Schloß auf dem unbekannten Kadath verlassen, um in deiner wunderbaren Stadt zu leben. Bei Tage ergehen sie sich in all ihren Palästen aus geädertem Marmor, und wenn die Sonne sinkt, treten sie in die duftenden Gärten hinaus und betrachten den goldenen Glanz auf Tempeln und Kolonnaden, Bogenbrücken und Fontänen mit Silberbassins, und breiten Straßen mit blütenüberladenen Urnen und elfenbeinernen Statuen in glühenden Reihen. Und wenn die Nacht kommt, steigen sie auf hohe, tauige Terrassen und sitzen auf gemeißelten Bänken aus Porphyr und folgen dem Lauf der Sterne oder lehnen auf blassen Balustraden, um auf die schroffen Nordhänge der Stadt zu schauen, wo, eins nach dem anderen, kleine Fenster in alten spitzen Giebeln im stillen, gelben Licht heimeliger Kerzen aufscheinen.

Die Götter lieben deine wunderbare Stadt und wandeln nicht länger auf den Pfaden der Götter. Sie haben die hohen Plätze der Erde vergessen und die Berge, die ihre Jugend kannten. Die Erde besitzt keine Götter mehr, die Götter sind, und nur die Anderen vom Außenraum herrschen auf dem verwaisten Kadath. Weit entfernt in einem Tal deiner eigenen Kindheit, Randolph Carter, spielen die achtlosen Großen. Zu gut hast du geträumt, o weiser Erzträumer, denn du hast die Traumgötter aus der Welt der Visionen aller Menschen in jene fortgezogen, die ganz dir gehört; indem du aus den kleinen Fantasien deiner Knabenzeit eine Stadt erbautest, die schöner ist, denn alle die voraufgegangenen Phantome.

Es taugt nicht, daß die Erdgötter ihre Throne der Spinne überlassen, auf daß sie dort ihr Netz webe, und ihr Reich den Anderen, auf daß sie es nach der Art der Anderen regieren. Freudig brächten die Mächte vom Draußen Chaos und Grauen über dich, Randolph Carter, der du der Grund für ihren Verdruß bist, wüßten sie nicht, daß nur durch dich die Götter in ihre Welt zurückgesandt werden können. In jenes halbwache Traumland, das dir gehört, vermag keine Macht der äußersten Nacht zu folgen; und nur du kannst die selbstsüchtigen Großen sanft aus dieser wunderbaren Stadt im Sonnenuntergang schicken, zurück durch das nördliche Zwielicht nach ihrem gewohnten Platz oben auf dem unbekannten Kadath in der kalten Öde.

Deshalb, Randolph Carter, verschone ich dich im Namen der Anderen Götter und befehle dir, jene Stadt im Sonnenuntergang zu suchen, die dir gehört und daraus die trägen, müßiggehenden Götter zu verweisen, auf die die Traumwelt wartet. Nicht schwer zu finden ist dies rosenfarbene Fieber der Götter, diese Fanfare himmlischer Trompeten und das Geschmetter unvergänglicher Zimbeln, dieses Mysterium, dessen Stätte und Bedeutung dich durch die Hallen des Wachens und über die Abgründe des Träumens heimsuchten und dich quälten mit Andeutungen versunkener Erinnerung und dem Schmerz über verlorene Dinge, ehrfurchtgebietend und wichtig. Nicht schwer zu finden ist dieses Symbol und Relikt aus den Tagen deines Staunens, denn wahrlich, es ist nur der beständige und ewige Edelstein, worin all jenes Wunder kristallisiert funkelt, um deinem abendlichen Weg zu leuchten. Siehe! Nicht über unbekannte Meere, sondern zurück über wohlvertraute Jahre muß deine Suche führen; zurück zu den strahlenden, sonderbaren Dingen der Kindheit und den flüchtigen, sonnüberfluteten magischen Eindrücken, die alte Szenen verwunderten jungen Augen bescherten.

Denn wisse, deine goldene und marmorne Stadt der Wunder ist nur die Summe dessen, was du in deiner Jugend geschaut und geliebt hast. Es ist die Pracht von Bostons Hügeldächern und Westfenstern flammend in Sonnenuntergang; des blütenduftenden Parks und der großen Kuppel auf dem Hügel und des Dickichts der Giebel und Kamine in dem violetten Tal, wo der vielbrückige Charles träge fließt. Diese Dinge sahst du, Randolph Carter, als dich dein Kindermädchen zum erstenmal im Wagen durch den Frühling schob, und sie werden das Letzte sein, was du je mit den Augen der Erinnerung und der Liebe anschauen wirst. Und dort ist das antike Salem mit seinen brütenden Jahren, und das gespenstische Marblehead, das seine felsigen Klippen in vergangene Jahrhunderte stürzt, und die Pracht von Salems Türmen und Helmdächern, wie man sie aus der Ferne von Marbleheads Weiden aus über den Hafen gegen die sinkende Sonne schaut.

Dort ist Providence, schmuck und herrschaftlich auf seinen sieben Hügeln über dem blauen Hafen, mit grünen Terrassen, die zu Kirchtürmen und Zitadellen lebendig bewahrter Altertümlichkeit hinaufführen, und Newport, das gleich einer Geistererscheinung hinter seiner verträumten Mole aufsteigt. Arkham ist da, mit seinen moosgrünen Walmdächern und den sich felsig wellenden Wiesen dahinter; und das vorsintflutliche Kingsport, altersgrau mit Schornsteinkästen und verödeten Kais und überhangenden Giebeln und dem Wunder steiler Klippen und dem milchigdunstenden Ozean mit schwankenden Bojen jenseits.

Kühle Täler in Concord, Pflasterstraßen in Portsmouth, dämmerige Wegbiegungen im ländlichen New Hampshire, wo gigantische Ulmen weiße Farmhausmauern und kreischende Brunnenschwengel halb verdecken. Gloucesters salzige Piere und Truros windgeschüttelte Weiden. Ansichten ferner, turmgeschmückter Städte und Hügel entlang der North Shore; verschwiegene, steinige Hänge und niedrige, efeubewachsene Cottages im Schutze gewaltiger Felsblöcke von Rhode Islands Hinterland. Geruch des Meeres und Duft der Felder, Zauber der dunklen Wälder und Glück der Obstplantagen und Gärten in der Dämmerung. Dies alles, Randolph Carter, ist deine Stadt; denn du bist es selbst. New England gebar dich, und in deine Seele goß es eine sanfte Lieblichkeit, die nicht sterben kann. Diese Lieblichkeit, durch Jahre des Erinnerns und Träumens geformt, kristallisiert und verfeinert, ist dein terrassiertes Wunder flüchtiger Sonnenuntergänge; und um jene Marmorbrustwehr mit den seltsamen Urnen und der gemeißelten Balustrade zu finden, und schließlich jene endlosen geländerflankierten Stufen zu der Stadt mit den breiten Straßen und prismatischen Fontänen hinabzusteigen, mußt du dich nur zurückwenden zu den Gedanken und Visionen deiner sehnsuchtsvollen Kindheit.

Sieh! Durch dies Fenster leuchten die Sterne ewiger Nacht. Sogar jetzt bescheinen sie die Szenerien, die du gekannt und geliebt hast, laben sich an ihrem Zauber, auf daß sie über den Gärten des Traums noch lieblicher scheinen. Dort ist Antares — er blinkt in diesem Augenblick über den Dächern der Tremont Street, und du könntest ihn von deinem Fenster auf Beacon Hill sehen. Draußen jenseits dieser Sterne gähnen die Schlünde, woraus mich meine hirnlosen Meister gesandt haben. Eines Tages wirst vielleicht auch du sie überqueren, doch wenn du klug bist, wirst du dich vor solcher Torheit hüten; denn von jenen Sterblichen, die dort waren und zurückkehrten, bewahrt nur einer einen von den stampfenden, krallenden Schrecken der Leere unzerrütteten Geist. Greuel und Blasphemien benagen einander um Raum, und die geringeren bergen mehr Übel als die größeren; wie es dir ja auch die Taten jener beweisen, die danach trachteten, dich meinen Händen auszuliefern, während ich kein Verlangen hegte, dich zu zerschmettern, und dir wahrlich schon vor langem würde hierher verholfen haben, wäre ich nicht anderswo beschäftigt gewesen und gewiß, daß du den Weg selbst finden würdest. Meide also die äußeren Höllen, und halte fest an den stillen, lieblichen Dingen deiner Jugend. Suche deine wunderbare Stadt auf, und vertreibe aus ihr die treulosen Großen, und sende sie behutsam zu jenen Szenerien ihrer eigenen Jugend zurück, die ungeduldig ihrer Rückkunft harren.

Leichter noch als der Weg dumpfer Erinnerung ist der

Weg, den ich für dich bereiten will. Schau! Dort naht, geführt von einem Sklaven, der zum Wohle deines Seelenfriedens besser unsichtbar bliebe, ein monströser Shantak. Sitz auf und sei bereit — da! Yogash, der Schwarze, wird dir auf das geschuppte Grauen helfen. Steuere nach jenem hellsten Stern im Süden des Zenits — es ist die Wega, und in zwei Stunden bist du genau über der Terrasse deiner Stadt im Sonnenuntergang. Doch steuere nur solange darauf zu, bis du ein weit entferntes Singen im Äther vernimmst. Darüber hinaus lauert Wahnsinn, darum zügle deinen Shantak, wenn die erste Note lockt. Schau dann zurück zur Erde, und du wirst die unsterbliche Altarflamme von Ired-Naa vom heiligen Dach eines Tempels leuchten sehen. Dieser Tempel liegt in deiner ersehnten Stadt im Sonnenuntergang, ihn steuere deshalb an, bevor du des Gesanges achtest und verloren bist.

Wenn du dich der Stadt näherst, steuere dieselbe hohe Brustwehr an, von wo aus du in alten Zeiten die hingebreitete Pracht schautest, und stachele deinen Shantak an, bis er laut schreit. Diesen Schrei werden die Großen vernehmen und erkennen, wenn sie auf ihren parfümierten Terrassen sitzen, und es wird ein solches Heimweh über sie kommen, daß alle Wunder deiner Stadt sie nicht über das Fehlen von Kadaths grimmen Schloß und des Pshents ewiger Sterne, das es krönte, hinwegtrösten werden.

Dann mußt du mit dem Shantak in ihrer Mitte landen, und sie den widerlichen, hippocephalischen Vogel sehen und berühren lassen; und ihnen indes vom unbekannten Kadath erzählen, den du erst kürzlich wirst verlassen haben, und ihnen sagen, wie seine grenzenlosen Hallen, darin sie einst in überirdischem Glanz tanzten und schwelgten, doch schön und lichtlos sind. Und der Shantak wird in der Weise der Shantaks zu ihnen reden, doch seine Überzeugungskräfte werden sich im Heraufbeschwören alter Zeiten erschöpfen.

Immer wieder mußt du den unsteten Großen von ihrer Heimstatt und Jugend sprechen, bis sie zuletzt weinen werden und darum bitten, den Pfad der Rückkehr gewiesen zu bekommen, den sie vergessen haben. Dann darfst du den wartenden Shantak freigeben und ihn mit dem Heimkehrruf seiner Rasse himmelwärts senden; bei seinem Klang werden die Großen vor antiker Lust hüpfen und springen, und sogleich dem eklen Vogel in der Art der Götter hinterherschreiten, durch die tiefen Schlünde des Himmels zu Kadaths vertrauten Türmen und Kuppeln.

Dann wird die wunderbare Stadt im Sonnenuntergang dein sein, um sie zärtlich zu lieben und auf immer darin zu wohnen; und erneut werden die Erdgötter von ihrem gewohnten Platz die Träume der Menschen regieren. Geh jetzt — die Fensterflügel stehen offen, und draußen warten die Sterne. Dein Shantak schnaubt und zittert schon vor Ungeduld. Steuere durch die Nacht zur Wega, doch wende, wenn der Gesang erklingt. Vergiß nicht diese Warnung, sonst saugen dich undenkbare Schrecken in den Schlund kreischenden und heulenden Irrsinns. Gedenke der Anderen Götter; sie sind groß und hirnlos und fürchterlich und lauern in den äußeren Leeren. Es sind Götter, die man besser scheut.

Hei! Ah-shanta 'nygh! Es geht los! Sende die Erdgötter in ihre Bereiche auf dem unbekannten Kadath zurück, und bete zum ganzen All, daß du mir niemals in meinen tausend anderen Formen begegnest. Lebewohl, Randolph Carter, und sei auf der Hut; *denn ich bin Nyarlathotep, das Kriechende Chaos.*«

Und Randolph Carter, keuchend und schwindelig auf seinem gräßlichen Shantak, schoß schreiend ins All, hin zu dem kalten, blauen Glanz der borealen Wega; und nur einmal blickte er sich um nach den dichtgedrängten und chaotischen Türmen des Alptraums aus Onyx, und dem noch immer einsam und bleich glimmenden Licht jenes Fensters über der Luft und den Wolken des Erdentraumlandes. Große, polypenartige Entsetzlichkeiten schlüpften dunkel vorbei, und unsichtbare Fledermausflügel umflatterten ihn in großer Zahl, doch er krallte sich weiter in die unheilsame Mähne jenes widerlichen und hippocephalischen Schuppenvogels. Die Sterne tanzten spöttisch und verschoben sich hin und wieder sogar, um fahle Untergangszeichen zu bilden, so daß man sich wundern mochte, sie nicht früher gesehen und gefürchtet zu haben; und unaufhörlich jaulten die Winde der Unterwelt von vager Schwärze und Einsamkeit jenseits des Kosmos.

Dann senkte sich eine mächtige Stille durch das glitzernde Gewölbe voraus, und alle die Winde und Schrecken schwanden dahin wie die Geschöpfe der Nacht vor der Dämmerung schwinden. In bebenden, von den goldenen Streifen einer Nebula sichtbar gemachten Wellen erklang die zarte Andeutung einer weit entfernten Melodie, in schwachen Akkorden gesummt, die unser eigenes Sternuniversum nicht kennt. Und als diese Melodie anschwoll, stellte der Shantak seine Ohren auf und schoß vorwärts, und auch Carter lehnte sich nach vorn, um jeden lieblichen Ton zu erhaschen. Es war ein Lied, doch nicht das Lied einer Stimme. Die Nacht und die Sphären sangen es, und es war alt, als das All und Nyarlathotep und die Anderen Götter geboren wurden.

Schneller flog der Shantak, und tiefer beugte sich der Reiter, trunken vom Wunder seltsamer Schlünde und wirbelnd in den Kristallspiralen der äußeren Magie. Dann kam die Warnung des Bösen zu spät, die sardonische Mahnung des dämonischen Legaten, der dem Sucher geboten hatte, sich vor dem Wahnsinn jenes Liedes zu hüten. Nur zum Hohn hatte Nyarlathotep den Weg in die Sicherheit und zu der wunderbaren Stadt im Sonnenuntergang gewiesen; nur zum Spott hatte dieser schwarze Sendbote das Geheimnis jener müßiggehenden Götter enthüllt, deren Schritte er nach Belieben so leicht zurücklenken konnte. Denn Wahnsinn und die wilde Vergeltung der Leere sind Nyarlathoteps einzige Gaben für die Anmaßenden; und obwohl sich der Reiter rasend mühte, sein abstoßendes Reittier zu wenden, zog jener lüstern blickende, kichernde Shantak ungestüm und unbarmherzig weiter, flappte in boshafter Freude mit den großen, schlüpfrigen Schwingen und flog jenen unheiligen Abgründen zu, wohin keine Träume reichen; jenem letzten amorphen Pesthauch heillosester Verwirrung, wo im Zentrum der Unendlichkeit der hirnlose Dämonen-Sultan Azathoth, dessen Namen laut zu nennen kein Mund wagt, brodelt und lästert.

Unerschütterlich und den Befehlen des verworfenen

Sendboten gehorchend, stürzte dieser höllische Vogel weiter durch Schwärme gestaltlos im Dunkeln Lauernder und Torkelnder und ausdruckslose Herden dahindriftender Wesenheiten, die tapsten und tasteten, und tasteten und tapsten; die namenlosen Larven der Anderen Götter, die wie jene blind und ohne Hirn sind, und besessen von wunderlichen Hunger- und Durstgelüsten.

Unerschütterlich und rücksichtslos voran, und mit frohlockendem Kichern über das Glucksen und die Hysterien, in die sich das angeschwollene Lied der Nacht und der Sphären verkehrt hatte, so trug jenes unheimliche, schuppige Monster seinen hilflosen Reiter; wirbelnd und dahinschießend, drang es zu den fernsten Rändern vor und überspannte die äußersten Abgründe; es ließ die Sterne und den Bereich der Materie hinter sich, und brach meteoritenhaft durch nackte Formlosigkeiten, hin zu jenen unfaßbaren, lichtlosen Kammern jenseits der Zeit, worin Azathoth inmitten des gedämpften, rasendmachenden Schlags nichtswürdiger Trommeln und des dünnen, monotonen Gewinsels verwünschter Flöten gestaltlos und gefräßig nagt.

Weiter — weiter — durch die schreienden, schnatternden und verrucht bevölkerten Abgründe — und dann kamen aus irgendeiner undeutlichen und gesegneten Ferne ein Bild und ein Gedanke zu Randolph Carter dem Verdammten. Zu gut hatte Nyarlathotep seinen Hohn und seine Foltern geplant, denn er hatte das heraufgerufen, was keine eisigen Entsetzensböen völlig hinwegfegen können. Heimat — New England — Beacon Hill — die wache Welt.

»Denn wisse, deine goldene und marmorne Stadt der Wunder ist nur die Summe dessen, was du in der Jugend geschaut und geliebt hast ... die Pracht von Bostons Hügeldächern und Westfenstern flammend im Sonnenuntergang; des blütenduftenden Parks und der großen Kuppel auf dem Hügel und des Dickichts der Giebel und Kamine in dem violetten Tal, wo der vierbrückige Charles träge fließt ... diese Lieblichkeit, durch Jahre des Erinnerns und Träumens geformt, kristallisiert und verfeinert, ist dein terrassierter Wunder flüchtiger Sonnenuntergänge; und um jene Marmorbrustwehr mit den seltsamen Urnen und der gemeißelten Balustrade zu finden, und schließlich jene endlosen geländerflankierten Stufen zu der Stadt mit den breiten Straßen und prismatischen Fontänen hinabzusteigen, mußt du dich nur zurückwenden zu den Gedanken und Visionen deiner sehnsuchtsvollen Kindheit.«

Weiter — weiter — schwindelerregend dem ultimaten Verderben entgegen, durch die Finsternis, wo augenlose Fühler tasteten und schleimige Schnauzen drängelten und namenlose Dinge kicherten und kicherten und kicherten. Aber das Bild und der Gedanke waren angekommen, und Randolph Carter wußte genau, daß er träumte und nichts als träumte, und daß irgendwo im Hintergrund noch immer die Welt des Wachens und die Stadt seiner Kindheit lagen. Worte kamen wieder — »Mußt du dich nur zurückwenden zu den Gedanken und Visionen deiner sehnsuchtsvollen Kindheit.« Wenden — wenden — Schwärze auf allen Seiten, aber Randolph Carter konnte sich umwenden.

Mächtig wie der rasende Alptraum war, der seine Sinne gepackt hielt, konnte sich Randolph Carter dennoch umwenden und bewegen. Er konnte sich bewegen, und wenn er wollte, konnte er von dem üblen Shantak abspringen, der ihn auf Nyarlathoteps Geheiß wirbelnd ins Verderben trug. Er konnte abspringen und jenen Tiefen der Nacht trotzen, die unten unermeßlich gähnten, jenen Tiefen der Furcht, deren Schrecken dennoch jenes namenlose Verderben nicht übersteigen konnten, das im Kern des Chaos wartend lauerte. Er konnte sich umwenden und bewegen und springen — er konnte — er würde — er würde — er würde.

Hinab von dieser gewaltigen, hippocephalischen Abscheulichkeit sprang der verdammte und verzweifelte Träumer, und hinunter durch endlose Leeren empfindender Schwärze fiel er. Äonen taumelten, Universen starben und wurden wiedergeboren, Sterne wandelten sich zu Nebelflecken und Nebelflecken zu Sternen, und noch immer fiel Randolph Carter durch jene endlosen Leeren empfindlicher Schwärze.

Dann erschütterte sich der äußerste Zyklus des Kosmos im langsam schleichenden Gang der Ewigkeit zu einer weiteren, unnützen Vollendung, und alle Dinge wurden wieder so, wie sie vor ungezählten Kalpas waren. Materie und Licht wurden erneut geboren, so wie das All sie einst gekannt hatte; und Kometen, Sonnen und Welten drängten flammend ins Sein, obwohl nichts überdauerte, um zu erzählen, daß sie gewesen und vergangen waren, gewesen und vergangen, immer und ewig, ohne einen ersten Anfang.

Und es gab wieder ein Firmament und Wind und den Glanz eines purpurnen Lichts im Auge des fallenden Träumers. Es gab Götter und Erscheinungen und Willenskräfte; Schönheit und Übel, und das Gekreisch der ihrer Beute beraubten, verderblichen Nacht. Denn den unbekannten ultimaten Zyklus hatten ein Gedanke und eine Vision aus eines Träumers Kindheit überdauert, und jetzt wurden eine wache Welt und eine alte, zärtlich geliebte Stadt erneut geschaffen, um diese Dinge zu verkörpern und zu rechtfertigen. Aus der Leere hatte das violette Gas S'ngac den Weg gezeigt, und der archaische Nodens brüllte seine Weisung aus ungeahnten Tiefen.

Sterne schwollen zu Dämmerungen, und Dämmerungen zerstoben in Fontänen aus Gold, Karmin und Purpur, und noch immer fiel der Träumer. Schreie zerrissen den Äther, als Lichtbänder der Furien von draußen zurückschlugen. Und der eisgraue Nodens röhrte ein Triumphgeheul, als Nyarlathotep in seiner dichten Verfolgung von einem Licht gehindert wurde, das seine formlosen, hetzenden Schrecken zu grauem Staub verbrannte. Randolph Carter war in der Tat endlich die breiten, marmornen Treppenfluchten zu seiner wunderbaren Stadt hinabgestiegen, denn er war wieder in die helle Welt New Englands gekommen, die ihn geformt hatte.

Und zu den Orgelklängen aus des Morgens Myriaden Kehlen, und dem Glanz der Morgendämmerung, den die große Goldkuppel des State House auf dem Hügel blendend durch purpurne Scheiben warf, fuhr Randolph Carter in seinem Bostoner Zimmer schreiend aus dem Schlaf. Vögel sangen in verborgenen Gärten, und aus Laubengängen, die sein Großvater angelegt hatte, zog sehnsuchtsvoll der Duft von Weinspalieren. In Schönheit und Licht erglühten Ka-

191

minplatte, gemeißeltes Gesims und grotesk verzierte Wände, während sich eine geschmeidige, schwarze Katze gähnend aus ihrem kaminnahen Schlaf reckte, den das Aufschrecken und der Schrei ihres Herrn gestört hatten. Und gewaltige Unendlichkeiten entfernt, hinter dem Tor des Tieferen Schlummers und dem Verwunschenen Wald und den Gartenländern und der Cerenäischen See und den Zwielichtregionen von Inquanok schritt brütend das kriechende Chaos Nyarlathotep in das Onyxschloß oben auf dem unbekannten Kadath in der kalten Öde, und schmähte unflätig die milden Götter der Erde, die er so jäh von ihren parfümierten Lustbarkeiten in der wunderbaren Stadt im Sonnenuntergang fortgerissen hatte.

Übersetzt von Michael Walther

3.

Der Fischerkönig oder Mythen und Mären von den Gralshütern

Ach Gott, ich wüßt' so gerne

»Ach Gott, ich wüßt' so gerne
wohin sie zogen, die tapferen Männer:
Wolfhart, Wittich und Heime,
Hildebrand und auch Herr Ilsan,
und wohin sind Herr Iwein und Herr Gawein,
Ecke und Hagen — kurz, die Helden alle?
Wohin zog der Herr von Bern
und der Markgraf Rüdiger,
wohin zog der gewaltige Etzel
mit all seiner großen Macht,
wohin zog der Hörnerne Siegfried
und wohin zog König Kantolan aus dem Land im Süden?
Wohin kam Parzival,
der Riese Sigenot und der Wilde Mann?
Sie zogen alle zum Heiligen Gral:
und dort wurden sie vom Tod überrascht!
Was half ihnen da alle ihre Kraft und ihre Macht?
Der Tod hat den Sieg über sie alle errungen
und ein jeglicher wäre ihm gerne entgangen.«

Übersetzt von Bertram Wallrath

194

Die ersten Gralshüter

Die ersten Gralhüter waren jene Engel gewesen, welche sich im Aufruhr Lucifers gegen Gott neutral gehalten hatten. Von ihnen kam der Gral in christliche Hände. Der erste König, dem die Fahne des Grals anvertraut wurde, war Titurel. Er nahm sich zum Wappen eine Turteltaube, welche von da an das Abzeichen der Templeisen blieb. Das war jener schöne alte Mann, den Parzival auf der Gralburg in einem Nebenzimmer liegen sah. Titurel trat das Königtum an seinen Sohn Frimutel ab. Der aber ritt auf Minnedienst für seine geliebte Frau und fand im Lanzenrennen den Tod. Ihm folgte sein ältester Sohn Anfortas. Auch dieser übertrat das Gebot des Grals und begehrte anderswo Minne, als der Gral ihm befahl. Er strebte nach Ruhm im Dienste der schönen Orgeluse, und sein Schlachtruf war Amor. Zur Strafe ward er vom vergifteten Speer eines Heiden in den Weichen verwundet. Kein Heilmittel half. Mit jedem Umlauf schlimmer Gestirne steigerten sich seine Qualen, welche nur dadurch gelindert wurden, daß man die Lanzenspitze in die Wunde steckte. Dann bildete das Gift an dem Eisen einen glasigen Überzug, den man mit silbernen Messern wieder absprengte. Die blutige Lanze und die silbernen Messer hatte Parzival auf der Gralburg gesehen. Die einzige Erholung des kranken Königs war, im Nachen auf dem See Brumbane zu lehnen. Daher nannte man ihn den Fischer. Endlich verkündete eine Gralinschrift, er solle genesen, wenn ein Ritter absichtlos den Weg zur Gralburg finde und ihn unaufgefordert über sein Leiden befrage. Diesem seinem Retter solle Anfortas dann das Gralkönigtum übergeben. Wohl kam ein solcher, fügte Trevrizent hinzu, der sah den Kummer des Königs, aber fragte ihm nicht nach. — Zögernd gestand Parzival voll Scham und Reue, daß er dieser Unselige gewesen. Zugleich erfuhr er, daß er durch sein Davonreiten seiner Mutter das Herz gebrochen und im roten Ritter Ither einen nahen Verwandten erschlagen habe.

Trevrizent tröstete den Tiefgebeugten. Er löste ihn von Sünden und gab ihm dabei einen ritterlichen Rat. Nach vierzehn Tagen schied Parzival mit Gott versöhnt von seinem Oheim.

Noch war aber seine Prüfungszeit nicht erfüllt; seine gefährlichsten Kämpfe sollte er noch bestehen. Auf einsamem Ritte traf er mit Gawan zusammen; sie erkannten sich nicht und rannten gegeneinander. Schon war Gawan am Unterliegen, als Edelknaben herbeikamen und angstvoll seinen Namen riefen. Parzival folgte dem Freunde an das Hoflager, wo eben nach zahlreichen Abenteuern eine allgemeine Sühne und fröhliche Hochzeiten gefeiert wurden. Aber aus dem Gewühle der Glücklichen stahl sich Parzival heimlich hinweg. Da traf er in einer lichten Wildnis auf einen reichgeschmückten Fürsten aus der Heidenschaft. Mit Ausrufen höchster Erregung begleitet der Dichter ihren wundervollen Kampf. Zum erstenmal kam Parzival in schwere Bedrängnis. Sein Schwert zerbrach auf des gewaltigen Gegners Helm. Da warf der Heide in stolzer Großmut auch das seine fort. Sie nannten ihre Namen und erkannten sich als Brüder. Es war Feirefiz, der Sohn Belakanes, der ausgezogen war, seinen Vater Gahmuret zu suchen. Freudig führte Parzival seinen Bruder an Artus Hof. Da, als die Helden mit Blumenkränzen im Haar an der festlichen Tafelrunde saßen, kam wieder die Gralbotin Cundrie, fiel mit Tränen vor Parzival auf die Knie und bat um seine Huld. Die Aufschrift war erschienen, er solle des Grales Herr sein. Sie geleitete ihn und seinen Bruder nach Munsalväsche. Parzival fragte den kranken König: Oheim, was fehlt Dir? — Von diesen Worten ward Anfortas geheilt und trat das Gralkönigtum an Parzival ab. Nun sandte man Botschaft an Condwiramur, die nach ihres Gatten Scheiden ein Zwillingspaar geboren hatte. Parzival zog ihr entgegen und fand ihre Zelte auf jener Stätte im Walde, wo ihn einst Blutstropfen im Schnee an die Farben ihrer Wangen gemahnt hatten. Sie schlief noch, und bei ihr auf dem Bette lagen ihre Söhnlein Loherangrin und Kardeiz. Jubelnd sprang sie auf in seine Arme; sie sollte zürnen, doch sie konnte nicht. Dann verlieh Parzival seinem einen Sohne Kardeiz die drei Königreiche Waleis, Norgals und Anjou; den andern, Loherangrin, nahm er mit nach Munsalväsche. Dort ließ sich Feirefiz taufen, um die schöne Gralträgerin Repanse-de-schoye zu erwerben, und zog mit ihr heim in sein Land; von ihnen beiden stammte der Priester Johannes.

Joseph von Arimathia

Christus saß im Hause Simons mit seinen Jüngern beisammen, als die Feinde unter Anführung des Judas hereinbrachen und ihn gefangen fortschleppten. Ein Jude nahm die Schüssel mit, welche dem Herrn beim Abendmahl gedient hatte, und brachte sie dem Pilatus. Joseph von Arimathia, der mit fünf ritterlichen Mannen dem Pilatus lange Jahre gedient hatte, erbat sich hiefür als einzigen Lohn den Leichnam Christi. Pilatus schenkte ihm noch die Schüssel dazu. Als Joseph mit Nicodemus die Wunden des Gekreuzigten wusch, floß Blut daraus. Das sammelte er in diesem Gefäße und bewahrte es in seinem Hause. Nach Christi Auferstehung beschuldigten die Juden den Joseph, er habe den Leichnam beiseite geschafft, rissen ihn nachts aus dem Bette und warfen ihn in einen unterirdischen Kerker. Aber Christus erschien ihm in blendender Klarheit, brachte ihm das kostbare Gefäß und tröstete ihn durch dessen Anblick. Wisse, sprach er, daß kein Meßopfer geschehen wird, ohne daß man sich Deiner erinnert. Wie Du mich vom Kreuze nahmst und ins Grab legtest, so wird man mich auf den Altar legen. Das Tuch, in das Du mich gehüllt hast, wird Corporale heißen. Das Gefäß, das mein Blut aufnahm, wird Kelch genannt werden, und die Patene, die man darüber deckt, wird den Stein bedeuten, womit Du das Grab verschlossen hast. Alle, die künftig dieses Gefäß schauen werden, werden davon Erfüllung des Herzens und dauernde Freude haben. Wer diese Worte lernen wird, der wird Gnade finden vor Gott und Welt; vor Gericht wird ihm kein Unrecht widerfahren, und im Gottesurteil wird er nicht unterliegen. — Darauf schied der Herr unter tröstlichen Verheißungen, und Joseph blieb in seinem Kerker lebendig begraben.

Nach langen Jahren wurde Vespasian, der Sohn des römischen Kaisers, von einem so schlimmen Aussatz befallen, daß niemand seine Nähe ertragen konnte. Man verschloß ihn in einen Turm, der nur ein einziges Fensterchen hatte, durch das man ihm seine Speise reichte. Da kam ein Pilger aus Judäa nach Rom und erzählte von den Wundertaten des großen Propheten Jesus von Nazareth, den die Juden ans Kreuz gebracht hätten: er würde sicher, wenn er noch lebte, den Kaisersohn geheilt haben. Sogleich schickte der Kaiser Gesandte an Pilatus und ließ nachforschen, ob sich nicht ein Gegenstand fände, der im Besitze des Propheten gewesen sei. Wirklich bewahrte eine Frau Verrine (Veronica) ein Schweißtuch, worauf sich das Antlitz Jesu abgedrückt hatte. Das zeigte man dem eingeschlossenen Kaisersohn durch das Fensterlein, und sofort war er gesund. Zum Danke dafür machte er sich mit einem Heere gen Jerusalem auf, um Christi Tod an den Juden zu rächen. Er bestrafte die Hauptschuldigen mit dem Tode und verkaufte die übrigen, je dreißig um einen Silberling. Bei dieser Gelegenheit wurde auch die Gewalttat offenbar, welche die Juden an Joseph von Arimathia begangen hatten. Vespasian ließ sich selbst an einem Seile in den Kerker hinab und fand den verschollenen heiligen Mann lebend, ohne Speise und Trank, in himmlischer Klarheit.

Darauf sammelte der Befreite eine Christengemeinde um sich und zog mit ihr in ein fernes Land. Sie bebauten das Feld und lebten lange Zeit in Wohlstand, bis die Sünde der Fleischeslust bei ihnen einzureißen begann. Von da an mißglückten alle ihre Anstrengungen, und Hungersnot bedrängte sie. Joseph warf sich vor dem heiligen Gefäße auf die Knie und bat den Herrn um Hilfe. Da befahl ihm eine himmlische Stimme, die Unreinen von den Reinen auszuscheiden. Nach göttlicher Weisung bereitete er eine Tafel, welche der Abendmahlstafel nachgeahmt war. In die Mitte stellte er die heilige Schüssel, den heiligen Gral. Sein Schwager Bron ging zu einem Wasser und fing einen Fisch; der wurde dem Gral gegenüber gestellt. Dann setzte sich das Volk um die Tafel. Zwischen Joseph und seinem Schwager wurde ein Platz leer gelassen; der bezeichnete den Sitz des Judas am Tische des Herrn. Alsbald empfanden die Reinen beim Anblick des Grals eine Süßigkeit und Erfüllung des Herzens; die Unreinen aber empfanden nichts und gingen beschämt hinweg. Von da an versammelte sich die Gemeinde täglich um die dritte Stunde zum Dienste des Grals. Ein falscher Jünger aber, namens Moses, drängte sich in ihre Reihe und setzte sich auf den leeren Platz des Judas. Sofort verschlang ihn die Erde, und eine Stimme rief, dieser Platz solle leer bleiben, bis dem Sohne Brons ein Sohn geboren werde; dem sei der Platz bestimmt. Später verteilten sich die Genossen und zogen in fremde Länder, um das Christentum auszubreiten. Joseph übergab seinem Schwager den heiligen Gral und lehrte ihn dabei die geheimen Worte, welche Christus zu ihm im Kerker gesprochen hatte; nach ihm solle sein Enkel das Gefäß erhalten. Darauf zog Bron mit dem Gral von dannen.

Bron und seine Söhne

Bron und seine Frau lebten lange Zeit beisammen, wie es die gute Sitte befahl, bis sie zwölf schöne, edle und kräftige Söhne hatten. Diese fielen ihnen sehr zur Last, denn sie bedurften ihretwegen großer Fülle; endlich sprach Enygeus zu Bron, ihrem Herrn, die Worte: »Herr, Ihr solltet Joseph, meinen Bruder, aufsuchen und ihn fragen, was wir mit unseren Kindern machen sollen! Seht sie doch so groß und kräftig herangewachsen! Jedoch dürfen wir nichts unternehmen, ehe wir nicht mit ihm gesprochen haben.« Bron erwiderte: »Das war auch mein Gedanke, daß ich mit Euch darüber sprechen sollte. Ich will gar gerne zu ihm gehen und aus gutem Herzen ihn um Rat bitten.«

Bron kam zu Joseph, so wie es ihm gefiel und wie es sich ziemte, und sprach zu ihm, daß seine Schwester ihn geschickt habe, da er sich um diese Frage große Sorge mache: »Herr, wir haben zwölf große Söhne. Wir wollen sie nicht unterweisen und nichts unternehmen, wenn nicht nach Deinem Rat; so sprich denn und sage mir, was wir mit ihnen tun sollen.« Joseph erwiderte: »Sie sollen in der Gemeinschaft Gottes sein und es wird ihnen wohl geraten. Ich will Ihn von Herzen gerne darum bitten, sobald ich Ort und Zeit dazu sehe.« Dabei ließen sie es bewenden bis zu einem Tage, an dem Joseph wieder zum Gebet vor sein Gefäß getreten war. Da erinnerte er sich mit großer Freude der Bitte, die Bron an ihn gestellt hatte. Er begann in tiefer Rührung zu weinen und bat Gott inbrünstig: »Gott und Vater, allmächtiger König, so es Euch gefällt, laßt mich wissen, was Euer Wille in dieser Sache ist, was wir mit meinen Neffen machen und welche Arbeit wir ihnen übertragen sollen. Gebt mir, so es Euch gefällt, eine Weisung und ein Zeichen.« Und Gott sandte zu Joseph einen Engel, der ihm verkündigte und sprach: »Gott sendet mich zu Dir; weißt Du, was er Dir durch mich bestellt? Er wird für Deine Neffen alles tun, was Du willst und worum Du ihn bittest; er will, daß sie dem Dienste Gottes zugeführt werden, damit sie seine Jünger seien und ihn als ihren Herrn bekommen. Wenn sie Frauen nehmen wollen, sollen sie sie erhalten; derjenige aber, der keine Frau nehmen wird, soll wissen, daß die Verheirateten ihm dienen sollen. Du aber sollst dem Vater befehlen und der Mutter verkünden, sie sollen denjenigen, der keine Frau zu sich nehmen und bei sich haben will, zu Dir bringen. Darin sollen sie Dir gehorchen. Wenn sie aber zu Dir gekommen sind, sollst Du nicht den Mut verlieren, sondern vor Dein Gefäß treten, und dort wirst Du die Stimme des Heiligen Geistes vernehmen.«

Joseph nahm alles auf, was der Engel ihm gesagt hatte, und dann verschwand der Engel wieder. Joseph aber blieb zurück in großer Freude ob des großen Heiles, das er vernommen und das jedem der Kinder widerfahren sollte. Er kam zu Bron und berichtete ihm den Rat, den er gefunden. »Weißt Du«, sprach Joseph, »was ich Dich bitte? Unterweise Deine Söhne im Gesetze Gottes, auf daß sie es bewahren und halten; sie sollen nach ihrem Belieben Frauen wählen und in der Weise aller anderen Menschen zur Ehe nehmen. Wenn einer unter ihnen ist, der keine Frau nehmen und mit mir in meinem Hause leben will, der soll hier bei mir wohnen.« Bron erwiderte: »Es geschehe nach Eurem Gebot und Belieben und so möge es gut sein!«

Bron kehrte zu seiner Frau zurück und erzählte ihr, was Joseph ihn geheißen hatte. Als Enygeus alles dies vernommen, freute sie sich in ihrem Herzen und sprach zu Bron: »Herr, eilet nun und tut, was Euch die Pflicht gebietet!« Bron berief alle seine Kinder und fragte alle insgesamt, welches Leben ein jeder führen wolle. Sie entgegneten: »In allem wollen wir nach Deinem Gebot handeln und es zum Besten ausführen.« Darob waren sie alle fröhlich in ihrem Herzen.

Da betrieb denn Hebron fern und nahe ihre Sache solange, bis sie Frauen bekommen hatten und vermählt waren. Er befahl ihnen, sie sollten sich treu und gut in der Gesellschaft ihrer Frauen halten, als edle Herren und Herrinnen. Sie ehelichten ihre Frauen nach dem alten Gesetz, ganz ohne Hochmut und Stolz, in der Weise der Heiligen Kirche.

Und Joseph schrieb ihnen in aller Klarheit vor, was sie unterlassen, was sie halten und wie sie sich führen sollten. So wurde es denn eingerichtet. Ein jeglicher bekam seine Gemahlin, außer einem, der sich lieber schinden und in Stücke schneiden lassen wollte, ehe er eine Frau nehmen und ehelichen würde: Er will keine, wie er selbst sagt. Als Bron dies vernahm, wunderte er sich darob überaus, berief ihn zu geheimem Rat und sprach: »Mein Sohn, weshalb nehmt Ihr keine Frau, wie Ihr es tun sollt, so wie es Eure Brüder getan haben?« — »Sprecht nur nicht weiter davon, denn Zeit meines Lebens will ich keine Frau nehmen und keine Frau ehelichen.«

Die elf Söhne wurden vermählt, den zwölften aber brachte Bron zu Joseph, seinem Oheim, und berichtete ihm die Sache. Als Joseph dies vernahm, lachte er und freute sich. Hierauf sprach er: »Diesen muß ich bekommen, und er soll in Wahrheit mein sein; so Ihr und meine Schwester wollt, sollt Ihr beide ihn mir übergeben.« Sie antworteten: »Gerne, Herr; er sei Euer ohne Kummer und ohne Trauer.« Joseph schloß den Jüngling in seine Arme, küßte ihn auf beide Wangen und sprach zum Vater und zu seiner Schwester, sie sollten hinweggehen und den Sohn bei ihm lassen. Da begab sich Bron mit seinem Weibe hinweg, der Sohn aber blieb bei Joseph. Darauf sprach Joseph: »Wahrlich, lieber Neffe, Euch soll große Freude widerfahren: Unser Herr hat nach seinem Wunsch und Willen Euch erkoren, ihm zu dienen und seinen süßen Namen zu erhöhen. Ihn kann man nicht genug lobpreisen! Lieber guter Neffe, Ihr sollt Führer sein und Eure Brüder leiten. Entfernt Euch nicht von meiner Seite und behaltet im Gedächtnis, was ich Euch sagen will: bei der Macht Jesu Christi, unseres ausgewählten Erlösers, wenn es sein Wille ist, daß er sich mir kundgibt, so wird er es tun, das glaube ich in aller Gewißheit.«

Joseph trat vor sein Gefäß und bat aus frommem Herzen Gott, er möge ihm zeigen, wie er zu seines Neffen Nutz und Frommen handeln solle. Joseph beschloß sein Gebet und vernahm alsbald den Klang der Stimme, die ihm antwortete: »Dein Neffe ist weise, das sage ich Dir, dazu einfältigen

Herzens und wohl belehrt, willfährig und besonnen; er wird Dir in allen Dingen glauben und alles behalten, was Du ihm sagen wirst. Vernimm, wie Du ihn belehren sollst: Du sollst ihm von der Liebe erzählen, die ich zu Dir und all Deinen Freunden hege, die die guten Lehren in sich haben. Erzähle ihm, wie ich zur Erde kam, wie alle Menschen gegen mich Krieg führten, wie ich verkauft wurde, verraten, ausgeliefert und überantwortet; wie ich geschlagen wurde und mißhandelt, verraten von einem meiner Jünger, angespien und geschmäht und an den Schandpfahl gebunden; wie sie mir soviel Leid antaten, als sie nur konnten und zuletzt mich an das Kreuz hängten. Wie Du mich vom Kreuze abnahmst, wie Du meine Wunden wuschest, wie Du dieses Gefäß bekamst und mein Blut darin auffingst, wie Du von den Juden gefangen und in die Tiefe des Kerkers geworfen wurdest, und wie ich Dich tröstete, als ich Dich im Kerker besuchte. Dort reichte ich Dir eine Gabe für Dich und Dein ganzes Geschlecht, für alle, die es erfahren und aufnehmen wollen. Sprich ihm auch von meiner Liebe und dem Leben, das ich Deiner ganzen Schar bereite, und bewahre in Deinem Gedächtnis, daß ich Dir die Fülle der Seligkeit des Menschenherzens in Deiner Gemeinschaft gab. Verheimliche Deinem Neffen, so wie all denen, die das erfahren werden und es getreu weiter verkünden sollen, nicht, daß sie die Freuden und Gnaden derjenigen erleben werden, die in dieser Welt das Gute tun. Ich werde ihnen ihr Erbe hüten, ich werde ihnen in allen Gerichten beistehen, sie werden nicht zu Unrecht verurteilt noch an ihren Gliedern noch in ihrer Habe geschädigt werden, sofern sie zu meinem Gedächtnis das Sakrament feiern werden. Sobald Du ihm alles dies dargestellt hast, sollst Du ihm mein Gefäß bringen und ihm sagen, was darinnen ist: das ist das Blut, das aus mir strömte. Wenn er dies in aller Wahrheit glaubt, wird er die Stärkung seines Glaubens bekommen. Zeige ihm, wie der böse Feind meine Freunde, sowie auch alle diejenigen, die sich an mich halten, betrügt und täuscht: er möge sich davor hüten, das bitte ich ihn. Vergiß nicht, ihm zu sagen, er solle sich vor Zorn und Grimm hüten, damit er nicht verblendet werde; denn schlecht ergeht es dem, der seine Augen nicht gut gebraucht. Diesen Fehler soll er recht kurz halten; denn dies wird ihn am besten und schnellsten von bösen Gedanken befreien und von Kummer und Groll erlösen. Dieser Tugenden wird er sehr bedürfen, und sie werden ihn gegen die Fallstricke des bösen Feindes verteidigen, so daß dieser nichts Böses gegen ihn ausrichten kann. Er hüte sich vor der Fleischeslust und lasse sich von ihr nicht verlocken. Das Fleisch kann ihn gar rasch betrügen und ihn in Gram und Sünde stürzen. Wenn Du ihm alles dies geoffenbart hast, sollst Du ihm sagen und ihn bitten, er möge es seinen Freunden weitergeben und dies um keinen Preis unterlassen. Er soll zu allen, die er als edle und gute Menschen weiß und erkennt, allezeit von mir sprechen, wo er auch sei, ob nah oder fern; denn je mehr er vom Guten sprechen wird, desto mehr Gutes wird er dabei finden. Verkünde ihm auch, daß aus ihm ein männlicher Erbe, der einst kommen soll, entstehen muß. Der Erbe wird dieses Gefäß zu hüten haben und deshalb sollst Du ihm auch von uns und unserer Schar sprechen. Insonderheit vergiß um keinen Preis, wenn Du alles dies getan hast, daß er die Obhut über alle seine Brüder und Schwestern haben soll. Alsdann soll er nach dem Abendlande ziehen, in die fernsten Gegenden, die er erreichen kann; und an allen Orten, zu denen er gelangen wird, soll er alle Tage meinen Namen erhöhen und in dem ganzen Land verbreiten. Und er soll seinen Vater bitten, daß er seine Gnade bekomme und er wird sie erhalten. Morgen, wenn ihr versammelt seid, werdet ihr ein großes Licht erblicken, das unter euch herabsteigen und euch einen Brief bringen wird. Den Brief der gebracht wird, sollt Ihr Petrus zu lesen geben, und Ihr sollt ihm in Kürze befehlen, er möge sich schnell aufmachen und sich dorthin begeben, wohin das Herz ihn am meisten ziehen wird, und er soll sich nicht fürchten; denn er wird von mir nicht vergessen werden. Sobald Du ihm dies befohlen hast, sollst Du ihn fragen, nach welchem Orte das Herz ihn am meisten zieht. Er wird Dir sagen, das soll keiner bezweifeln, er werde nach den Tälern von Avaron ziehen, und in jenem Lande werde er bleiben. Wahrlich, diese Landgebiete liegen alle nach dem Abendlande zu. Sage ihm, er solle dort, wo er Halt macht, den

Sohn Alains erwarten; er solle nicht aus jenem Lande entweichen noch vor dem Tage aus dieser Welt scheiden können, an dem er den Mann vor sich haben werde, der ihm seinen Brief vorlesen wird. Der Sohn Alains wird dem Petrus dann die Kraft enthüllen, die dieses Gefäß hier haben kann; er wird ihm anzeigen, was aus Moses geworden ist, der verloren war. Wenn Petrus all dies gesehen, gehört und wahrgenommen hat, wird er alsbald aus dem Leben scheiden und gewißlich in die Freude des Himmels aufgenommen werden. Und wenn Du Deinem Neffen alles dies erzählt hast, sollst Du Deine übrigen Neffen kommen lassen. Verkünde ihnen alle diese Worte, die ich Dir hier mitgeteilt habe, und übergib ihnen diese ganze Lehre, ohne etwas auszulassen.«

Wahrlich, Alain wurde auf das Allerbeste belehrt und mit Gottes Gnade erfüllt; denn Joseph hatte alles wohl vernommen und behalten, was die Stimme ihm verkündete. Er berief Alain, seinen Neffen, und erzählte ihm Wort für Wort alles, was er über Jesus Christus wußte und was die Stimme ihm darüber erzählt hatte. Meister Robert von Boron sagt, wenn er wörtlich alles sagen wollte, was sich in diesem Buche geziemte, so würde es sich nahezu zweihundertfach verdoppeln. Wer aber dieses wenige haben kann, wird in aller Gewißheit erfahren, so er es mit gutem Herzen vernehmen will, daß er genug des Guten darin von den Dingen, die Joseph seinem Neffen mitteilte und erzählte, aufnehmen kann. Als Joseph seinem Neffen alles dies gezeigt hatte, rief er ihn von neuem zu sich und sagte: »Lieber Neffe, gut müßt Ihr sein, da Ihr von unserem Herrn, von unserem Meister, solche Gnade empfangen habt; denn sie ist Euch von Gott gegeben worden.« Hierauf führte ihn Joseph hinweg und sprach zu seinem Vater und seiner Mutter, Alain solle alle seine Brüder hüten und leiten, sowie auch seine Schwestern. Sie aber sagten das zu, und waren bereit, unter seiner Leitung zu stehen: sobald sie über irgend etwas im Zweifel seien, sollten sie zu ihm kommen und mit ihm zu Rate gehen; wenn sie so handelten, werde es ihnen zum Guten ausschlagen; so sie nicht so handelten, werde ihnen Unheil daraus erwachsen. Joseph befahl Alains Vater Bron und seiner Frau, sie sollten nach seinem Willen Alain die Herrschaft aus ihrer Hand über ihre Töchter und Söhne und all ihre Kinder, groß und klein, in ihrem Beisein übertragen. Je mehr sie ihm glauben, ihn achten und lieben würden, desto besser werde er sie leiten können, solange jeder von ihnen seinem Worte glauben werde.

Am nächsten Tage waren sie beim Dienste, wie die Geschichte es berichtet, und es geschah, daß ein großes Licht ihnen erschien und einen Brief heranbrachte und alle, dünkt mich, erhoben sich vor ihm. Joseph nahm den Brief, rief Petrus zu sich heran und sprach zu ihm: Petrus, lieber Bruder, Gottes Freund, Jesus, der König des Paradieses, der uns alle aus den Banden der Hölle erlöste, hat Euch zu seinem Boten erkoren. Ihr sollt diesen Brief mit Euch nehmen an den Ort, den Ihr selbst erwählen wollt.« Als Petrus Joseph sprechen hörte, erwiderte er, er könne nicht glauben, daß Gott ihn zum Boten bestimmte und er einen Brief mitnehmen müsse. Joseph aber entgegnete ihm: »Er kennt Euch besser als Ihr selbst wißt; um eines aber bitten wir Euch um der Liebe willen, die wir zu Euch hegen, Ihr möget uns anzeigen, nach welcher Gegend und Richtung Ihr ziehen wollt.« Petrus sprach: »Das weiß ich wohl, und doch hat keiner mir etwas davon gesagt, und Ihr hättet keinen andern Boten finden können, der es besser wüßte, ohne daß ihm eine Mitteilung wurde. Ich werde in das Land gegen Westen, das überaus wild ist, in die Täler von Avaron ziehen, und dort die Gnade Gottes erwarten. Ihr aber möget Erbarmen mit mir haben und zu Gott, unserem Herrn, beten, daß ich Kraft und Vermögen, Verstand und Mut und Willen bekomme, damit ich nicht gegen seinen Willen handle noch etwas gegen seine Absicht spreche. Ihr möget auch in Euer Gebet einschließen, der böse Feind solle in keiner Weise mich zugrunde richten noch vernichten, noch von der Liebe Gottes trennen können.« Da antworteten alle mit einer Stimme: »Davor hüte Dich Gott, der dies allein zu tun vermag!«

Sie begaben sich in das Haus von Bron, riefen die Kinder Hebrons herbei und Hebron sprach zu ihnen allen: »Meine Söhne, meine Töchter, ihr seid alle hier versammelt; ihr werdet das Paradies nicht erlangen können, so ihr nicht einem, wer es auch sei, gehorchet. Deshalb will und wünsche ich, daß ihr alle einem Einzigen gehorchet; und soviel des Guten ich geben und Gnade übertragen kann, gebe ich dieses Amt meinem Sohne Alain, und es soll nicht vergebens sein. Ich befehle ihm und will ihn bitten, er möge euch alle in seine Obhut nehmen, und ihr sollt ihm gehorchen, wie ihr es einem Herrn schuldig seid; und so ihr des Rates bedürfet, sollt ihr unverzüglich zu ihm gehen. Ohne Zweifel wird er euch so treu, wie er es vermag, beraten. Etwas wage ich euch noch zu sagen: unternehmet nicht das Geringste ohne seinen Befehl; handelt in guter Gesinnung nach seinem Willen.«

Die Söhne gehen auf diese Weise hinweg, nehmen Abschied von ihrem Vater und sind mit gutem Willen entschlossen, Alain, ihrem Bruder, zu glauben. Er zog in fremde Länder hinaus, führte seine Brüder mit auf seiner Fahrt, und allenthalben, wohin er kam, verkündete er Männern und Frauen, die er fand, den Tod Jesu Christi. So wie Joseph es ihn gelehrt hatte, predigte er den Namen Jesu Christi und gewann viel Gnade und Ansehen unter allen. So waren sie nun ausgezogen. Von ihnen jedoch will ich hier nicht weiter sprechen, bis ich wieder auf sie zurückkommen muß. Geschieden sind sie und ausgewandert.

Petrus rief Joseph und die anderen herbei und sprach zu ihnen: »Nun muß ich ebenfalls ziehen, dünkt mich.« — »So sei es nach Gottes Gebot!« Dann hielten sie ihre Versammlung und baten Petrus, er möge nicht hinausziehen. Er aber antwortete ihnen auf der Stelle, der Sinn stehe ihm nicht danach zu bleiben, denn es sei seine Pflicht, in die Ferne zu ziehen: »Doch heute will ich noch um euretwillen dableiben und erst morgen weggehen, sobald wir beim Dienste gewesen sind.« So blieb er noch zu ihrer Freude.

Unser Herr, der alles wußte, wie die Sache gehen sollte, sandte zu Joseph seinen Engel, der ihn unsäglich tröstete und sprach, er möge sich nicht fürchten, denn er werde ihn niemals vergessen. »Meinen Willen mußt Du tun und die Liebe zwischen mir und Dir erfüllen. Petrus muß von Euch scheiden; weißt Du, weshalb? Heute habt Ihr gewagt, ihn zurückzuhalten und er wagte zu bleiben. So aber wollte Gott es fügen, damit Petrus in keinem Punkte denjenigen belüge, um dessentwillen er hinwegzieht, sondern ihm die Wahrheit berichte über alles, was er von Deinem Gefäß sehen wird, und über die guten und erlesenen Dinge, die ich Dir erzählt habe. Joseph, es ziemt sich in Wahrheit, daß die Dinge, die einen Anfang haben, auch zu Ende geführt werden. Unser Herr weiß wohl genau, daß Bron stets ein guter Edelmann gewesen ist, und deshalb war es des Herrn Wille, daß er im Wasser fischte und den Fisch fing, den Ihr bei Eurem Dienste habt. So will es Gott und so plant er es, daß Bron Dein Gefäß bekommen und nach Dir hüten soll. Unterweise ihn, wie er sich halten und führen muß und zeige ihm die Liebe, die Du zu mir hast und die ich zu Dir bisher gehabt. Unterweise ihn in allen Taten und Sitten, in allem, was Du von Gott hörtest, von jener Stunde an, da Du geboren wurdest. Du sollst ihn in meinem Glauben vertiefen und ihn gut unterweisen. Erzähle ihm, wie Gott zu Dir in den Kerker kam und Dein Gefäß trug und es Dir in die Hände gab; er hat zu Dir die heiligen Worte gesprochen, die süß und kostbar, gnadenvoll und fromm sind, die recht eigentlich die Geheimnisse des Grals genannt werden. Sobald Du dieses gut und schön ausgeführt hast, sollst Du ihm das Gefäß anvertrauen, damit er es von nun an hüte. Er darf sich hierin nicht im geringsten vergehen; denn jedes Vergehen würde über ihn kommen und teuer würde er es bezahlen. Diejenigen aber, die ihn nennen wollen, sollen ihn von nun an bei seinem rechten Namen den Reichen Fischer nennen. Alle Tage wird seine Ehre zunehmen um des Fisches willen, den er fing, als diese Gnade begann. So wird die Sache sein müssen: Du sollst ihn zum Herrn und Meister über den Gral einsetzen. So wie die Welt weitergeht und alle Tage abnimmt, ziemt es sich, daß diese ganze Schar immer weiter gegen Westen wandere. Sobald Bron Dein Gefäß in die Hand bekommen und es tragen wird, muß er geradewegs nach dem Abendlande hinauswandern, bis zu dem Orte, den sein Wille bestimmt und wohin das Herz ihn am stärksten zieht. Und sobald er dort, wo er wohnen will, Halt gemacht hat, soll er den Sohn seines Sohnes in Zuversicht und ohne Gefahr erwarten. Und wenn dieser Sohn gekommen ist, soll ihm das Gefäß übergeben werden und auch die Gnade, und Du sollst Bron in meinem Namen sagen und anbefehlen, er solle es seinem Enkel ans Herz legen, auf daß er es von da an hüte. Dann wird das Zeichen und die Offenbarung der gesegneten Dreifaltigkeit erfüllt sein, die wir in drei Teilen dargestellt haben.

Mit dem dritten Träger des Grals, das sage ich Dir in aller Wahrheit, wird Jesus Christus seinen Willen erfüllen, Jesus Christus, der der Herr dieses Geschehens ist; das kann ihm niemand rauben noch wagt es einer. Wenn Du Bron das Gefäß überreichst und ihm die Gnade und alles andere überträgst und Du seiner ledig bist und alle diese Taten wohl ausgeführt sind, dann soll Petrus hinausziehen und ich will nicht, daß er länger hier verweile. Denn wahrlich, dann wird er sagen können, daß er gesehen hat, wie Hebron, der Reiche Fischer, sowohl mit dem Gefäß als auch mit der Ehre begabt worden ist. War doch deshalb Petrus bis zum heutigen Morgen geblieben und wird dann erst hinausziehen. Wenn Du dieses verrichtet hast, wird er sich in Bewegung setzen, er wird über Land und Meer fahren, und Er, der alle Dinge in seiner Obhut hat, wird ihn ebenfalls in allem in Seine Hut nehmen. Du aber wirst aus dieser Welt scheiden, wenn Du alles dies vollzogen hast, und wirst in die vollkommene Freude eingehen, die den Guten gebührt und die mein Reich ist, das heißt im ewigen Leben der Dauer. Du und Deine Erben und Dein Geschlecht, alles was aus Deiner Schwester geboren ist und noch geboren wird, werden im Heile bleiben; und diejenigen, die sich zu Eurem Geschlecht zählen können, werden von allen Menschen mehr geliebt und gehegt und geehrt und von den Edelleuten mehr geachtet werden.«

So vollzog denn Joseph alles, was die Stimme ihm befahl. Am nächsten Morgen versammelten sich alle und nahmen am Dienste teil. Joseph berichtete ihnen alles, was die Stimme ihm verkündet hatte, außer dem Wort, das Jesus Christus ihm im Kerker gesagt hatte. Dieses Wort jedoch lehrte Joseph ohne Fehl den Reichen Fischer. Und als er diese Dinge ihm berichtet hatte, übergab er sie ihm in einer Schrift. Alle Geheimnisse jedoch enthüllte er ihm ganz allein und vertraulich. Als die Gemeinde Joseph vernommen und jeder von ihnen wohl verstanden hatte, daß er von ihnen scheiden müsse und nicht länger bei ihnen sei, da gerieten sie in große Trauer. Und da sie sahen, daß Joseph des heiligen Amtes ledig war, empfanden sie überaus großes Mitleid; wußten sie doch, daß er seine Gnade und seine Befehlsgewalt abgegeben hatte, nicht aber wußten sie genau, weshalb.

Der Reiche Fischer war nun mit dem Gral und allen Gewalten betraut. Als sie sich vom Dienste erhoben hatten, nahm er Abschied. Bei seinem Scheiden weinten sie gar sehr, seufzten und wehklagten: alles geschah jedoch in demütiger Gesinnung. Sie sprachen Bitten und Gebete: das sind Dinge, die Gott wohlgefällig sind. Joseph blieb bei dem Reichen Fischer, um ihm Ehre zu erweisen. Drei Tage war er noch in seiner Gesellschaft und Joseph zog sich keineswegs von ihm zurück. Am dritten Tage aber sprach Bron zu Joseph: »Joseph, nun höre mich eine kleine Weile, ich will Dir ohne Fehl die Wahrheit sagen: es ist mein Wille, daß ich hinwegziehe. Wenn es nach Deinem Belieben ist, will ich nun von Dir Urlaub und Abschied nehmen.« — »Es gefällt mir wohl«, antwortete Joseph, »denn diese Dinge sind von Gott. Du weißt wohl, was Du mit Dir hinausträgst und in welches Land Du ziehen mußt. Du wirst gehen, ich werde bleiben und zu Gottes Befehl stehen.«

Also blieb Joseph zurück, und der Gute Fischer zog hinaus und darüber wurden später in dem Lande, wo Joseph geboren wurde und zurückblieb, manche keineswegs törichten Worte erzählt.

Herr Robert von Boron sagt: so wir dies wissen wollen, wird er zweifellos erzählen müssen, wohin Alain, der Sohn Hebrons, wanderte, und was aus ihm wurde, in welches Land er ziehen mußte, und welcher Erbe aus ihm entstehen soll und welche Frau diesen Erben aufziehen wird; ferner welches Leben Petrus führte, was aus ihm wurde, an welchen Ort er zog, an welchem Ort er wiedergefunden wird; unter großen Mühsalen wird er wieder entdeckt werden. Des weiteren muß er erzählen, was aus Moses geworden ist, der so lange verloren war. Das alles muß sich nach Vernunft und Recht finden, und es wird im Wort erzählt werden; auch wohin der Reiche Fischer geht, an welchem Ort er Halt machen wird — und möge er denjenigen zurückführen können, der nun eben hinausziehen muß.

Jedes dieser vier Dinge ziemt es sich zusammenzufügen und jeden Teil für sich wiederzugeben, wie er eben ist. Ich glaube aber wohl, daß kein Mensch diese Teile zusammenbringen kann, wenn er nicht vorher ohne Zweifel die größte Geschichte des Grals erzählen hörte, die ganz wahr ist. Zu jener Zeit, da ich sie bei meinem Herrn Gautier, der von Mont-Belyal war, in Frieden erzählte, war die große Geschichte des Grals noch von keinem sterblichen Menschen erzählt worden. Ich aber tue allen kund und zu wissen, die dieses Buch haben wollen, daß ich, so Gott mir Gesundheit und Leben schenkt, den festen Willen habe, diese Teile zusammenzufügen, wenn ich sie in einem Buche finden kann. Wenn ich auch einen Teil auslasse, den ich nicht berichte, so muß ich doch den fünften Teil erzählen und die vier anderen vergessen, bis ich wieder zu meiner Erzählung und zu diesem meinem eigenen Werk in voller Muße zurückkehren und jeden Teil für sich aufstellen kann. Wenn ich sie nun aber einstweilen verlasse, kenne ich keinen so wissenden Menschen, der nicht glaubt, sie seien verloren, und er weiß doch nicht, was aus ihnen geworden ist und in welchem Sinn ich davon Abstand genommen habe.

Übersetzt von Konrad Sandkühler

FELIX FRANZ HOFSTAETER

Der frone Gral
oder
Die Gralskönige

Der erste Held, von welchem die Pfleger und Könige des
fronen Grals abstammen, ward Senebor genannt, berühmt
von seinen Tugenden, aber noch ein Heide. Er soll den
Rhein, Brabant, und England bereist haben, und stammte
wahrscheinlich von Anjou her. Sein Sohn Perille, berühmt
durch Ritterschaft, legte den Grund zur Pflege des heiligen
Grals.

PERILLE

Der Helden mächtigste
Vernahmen ferne seinen Ruhm.
Heiß wallt ihr Busen auf, zu sehn
Den jungen ehrenvollen Mann.
Er stämte sich gen jede Lanz', ein Fels,
Und tapfre Ritter deckten schnell,
Gefällt von seinem Speer, den Wall.

Auf allen Heldenlippen saß,
Umlaubt von Jugendgrün, sein Ruhm.
Wer einmal ihn im Sturm des Kampfes sah,
Dem stieg es rasch vom Busen auf:
Die Vorzeit rühme sich umsonst;
Sie weise keinen tapfrern auf,
Und schwänd' er hin, es käme keiner nach.

Und preis' ich Tat auf Tat,
Wie er durch stolze Ritterskraft
Nach höchstem Preise rang,
Wie er im Drang des Speergewühls
Die Helme hieb, die Schilde stach,
Wann schwiege meiner Harfe Laut?
Und ferne schöbe sich das Ziel.

Denn als nach Ruhme heißer Durst*)
Auf ritterliche Losung oft
Den Hochgepriesnen, ohne Falsch,
In Drangsal und Gefahren riß,
Da eilt' er nach Prumbane hin,
Und hört', umweht von süßem Duft,
Der Stimmen reizendes Getön.

Drauf ritt er Berg und Felsen ab,
Es rasseln Donner unter ihm,
Bezwang der Städt' und Vesten Kraft,
Und kam mit wilden Löwen oft,
Mit Drachen schauerlicher Brut,
Mit wierschen Bären ins Gemeng,
Auf die er unerschrocken stürmete.

Dieser Perille wanderte durch Schwaben, Bayern und Franken; kam nach Kerlingen in Britannien, besuchte die Provenzale, erwarb sich überall den Ruhm der Tapferkeit, und hatte vor seinem Vater den Vorzug, daß er ein Christ war. Nach langem Umherschweifen ward ihm ein Sohn geboren, der den Vater übertraf; ein Schrecken seiner Feinde, dessen Obdach mehrenteils nur Helm und Schild war.

TITURISON

Er drang: und Helden oft
Entglitt des Jammers Wehgetön.
In Feindes Blute färbte sich
Des Ruhmbekränzten Speer und Schwert:
Wo er zu Kampfe trat, errasselten
Durchstochne Schilde bald umher,
Und gegen Wunden barg der Panzer nicht.

---

* Der Sinn dieser Verbindung ist: Ich singe von seinen einzelnen Taten nicht, weil ich zu dem wunderbaren Getön' eile, das dem hehren Grale näher angeht. Denn wenn gleich noch Perillen nicht, so war es doch seinem Enkel Titurell vorbehalten, dort, wo der himmlische Gesang erscholl, den Tempel des fronen Grals zu baun.

Wer rühmt uns eine Mutter an,
Der reiner je die Frucht entsproß?
Titurison, so nannte man
Das edle Kind im hehren Tauf,
Eh noch der Jugend Knospe sprang,
Da fröhnt' er schon der strengen Zucht,
Und träufelt' milden Tau ins rasche Herz.

Ein edler Stamm bringt edle Frucht. Titurison erhielt einen
Sohn, und nannte ihn Titurell. Von dessen männlichen Taten und ritterlichen Kämpfen erklang es bald in allen Ländern, und überall errang er den Preis der Ehre. Er wars, der
den Tempel baute, und die herrliche Burg zu Montsalvatsch,
auf derselben Stätte, wo Perille, sein Ahnherr, die entzük-
kendsten Gesänge vernahm. Er war der erste Pfleger oder
Verweser eines Reiches, so er wunderbar gestiftet hat, und
Fumontells Vater, des ersten Königs zum fronen Grale.

TITURELL

Noch in der Lebensblüte hört
Er oft aus seines Ahnherrn Mund,
Wie ihm in salva terra einst
Ein himmlischer Gesang das Ohr
Bezaubert hielt, den Busen hob:
Wie nie ein Aug die Schönheit sah,
Die ihm sich nah aus dünnen Wolken wies.

Nun floh die Ruhe Geist und Herz
Zu wandern über Wog und Fels.
Selbst auszuspähn der Sage Wert
Begann er oft zu Gott
Nach Schutz und Leitung aufzuflehn;
Und riß sich kühn empor,
Zu forschen nach dem seligen Gefild.

Schon flog des Mutes Sohn,
Obs an des Steiges Kunde fehlt,
Durch Flut und Wald und Flur,

Rein war und voll Vertrauns sein Herz,
Gewiß des Preises selbst durch Manneskraft
So traf er hin, wo Gott ihn würdigte,
Zu hören Wunder und zu sehn.

   Denn als er in Prumbane schon
Der Augen süße Wonne fand,
Erkannt' er sich auf rechter Bahn
Der Wunderfluren überzeugt.
Wie freute deß sich Herz und Sinn!
Er dankte Gottes erster Huld,
Und hob den Busen brennender empor.

   Indes beschied ihm Gott
Der Freude volles Maß,
Und schloß ihm wunderbar die Augen auf.
Der hellen Sonne gleich
Erglänzte gegen ihn ein Licht;
Erscholl ein reizendes Getön: ein Ort
Nur war von einer Wolke hell umsäumt.

   Der Held voll Hochgefühls,
Entladen alles Kummers, rief,
Die Seele tief gebeugt vor Gott,
Mit Inbrunst zu ihm auf, und bat,
Er wolle kund ihm seine Wunder tun:
Dann warf er rasch, von Zähren überströmt
Und tief erseufzend, sich zur Erde hin.

   Nun blickt er wieder auf;
Und sah und staunte, da ers sah,
Wie sich der edle Gral herniedersenkt.
Der Wonne Fülle faßt ihn mächtig an;
Er sah, er sah das Heiligtum!
Daran die Flammenschrift gebot,
Er soll ihm Burg und Tempel baun.

   Und tiefer las der Held,
Von welchem Land und wer
Des Baues Werkmann sey;

Nur dem, sonst keinem seys gegönnt,
Zu leiten diesen Wunderbau.
Von Sorge schlag ihm frey sein Herz
Für jede Art Bedürfnisse.

Man fänd' in Fülle dort
Gestein und Holz, und ander Baugerät:
Und um des Grales Würdigkeit,
Was er nur wünschet, stellt sich dar.
Man rief sogleich die Edlen auf,
Sie alle rein an Herz und Sinn,
Geladen durch die Wunderschrift.

Entzückt von ihren Sitzen drang
Der Hocherwählten Schar herbey,
Zu würdigen den hohen Bau,
Erflehten sie vorerst des Himmels Schutz,
Dann forschten sie der Wunderstätte nach,
Und wo es Gottes Huld beschied,
Erstand des Grundes hehrer Riß.

Des Baues Arbeit hob sich bald
Mit solchem Aufwand an,
Daß keines Fürsten reichster Schatz
Je an die Pracht des Baues langt.
Der güldne Kaukasus, Tribabilot
Und Alexander selbst!
Ihr Reichtum schwände vor dem Wunderbau.

Wär' ich durch Träumerey
Gesinnt, zu täuschen Ohr und Herz;
So führt' ich nicht bewährte Zeugen vor.
Merlin, Wolfram von Eschenbach,
Und Kyoth tun uns laut die Wunder kund:
Wer mir nicht glaubt, der les' in Titurell,
Der les' es in Merlinen selbst.

Schon stieg, dem Tempel gleich, das Schloß
Mit großem Aufwand hoch empor;
Da sandte man in alle Welt

Nach Rittern, und nach Schönen aus,
Die Namen gab des Grales Flammenschrift:
Von Salva Terra hat sodann
Die Wunderburg sich Montsalvatsch genannt.

    Und als der frone Gral
Besetzt mit Weisen war,
Mit Freyen, Edlen jeder Art,
Die man die tapfern Templer nennt;
So ward dem Herrn des Grals
Geboren auch ein werter Sohn
Den Auserkornen hieß man Firmontell.

    Der edle junge Templer drang
Mit seinem Ruhme mächtig vor.
Die Weisen und das Volk,
Sie sprachen nur aus einem Mund:
Es käm' ihm nirgendwo ein Ritter gleich:
Daher die Wunderschrift erklärt,
Er soll des Grales König sein.

FIRMONTELL

Der erste König des Grals, obschon Titurell, sein Vater, desselben Pfleger und Verweser war. Von diesem Firmontell
geht ein in der Rittergeschichte berühmtes Geschlecht aus.
Er hatte zwey Söhne, Anfortas und Trefrezent, die durch
Rittertaten allenthalben in hohen Ehren standen. Drey Töchter, ebenso gepriesen, Sposiane, Herzloyde und Vripanse.

Die erste, Mutter der Sigune, ward vermählt an Kyoth
(Gujot) von Tamputiere. Herzloyde, oder wie unser Dichter
sie nennt, Herzenlaut, vermählt an Gamureth von Anjou,
gebar den Lanzenmächtigen Parcival. Vripanse, Gemahlin
des Feravis, nachdem er dem Heidentum entsagt hatte, und
das Christentum angenommen, ward Mutter eines Helden,
der in Indien nach Parzival herrschte und gleichfalls als
Priester Johann bekannt ist.

Zuerst also von Anfortas und Trefrezent, Firmontells
Söhnen. Trefrezent durchstreifte Europa, Asia, Afrika und

erfüllte alles mit dem Rufe seiner ritterlichen Taten. Allein er entsagte, aus Liebe zu seinem Bruder, um ihm die Gesundheit wieder zu geben, der Ritterschaft, und wählte die strenge Lebensart eines Eremiten. Anfortas, König des Grals führt näher zu unserm Zwecke. Wir holen daher seine Geschichte weiter aus.

ANFORTAS

Ihn schlug die Liebe wund:
Aus ihr entquoll ihm langes Weh,
Und ohne Rettung gor ihr Gift.
Nun höret, wies erging,
Wie hoch sein Herz nach Ehre schwoll,
Wie frey sein Mut nach Minne rang,
Und ob ihms auch zu Heile kam.

Sein Busen wallte stets
Nach edler Ritterschaft.
Nun wollt' er nimmer ruhn,
Denn enge ward ihms um die Brust,
Da er zu lange sich verlegen dünkt,
Wenn ihm der Speer von Schilden wiederscholl,
So klangs ihm lieblicher, denn Vogelsang.

Von seines Armes Kraft
Erscholl die Sage laut durch Hain und Trift:
Man zollte bald dem hohen Mut
Das ungeteilte Lob.
Von vielen tapfern schwieg der Ruf:
Anfortas nur drang bis Tribabilot
Zur Secundill, der Mächtigen.

Er sey der tapferste,
Den man um Rittertugend je
Des höchsten Preises würdig hielt;
Der Templer König, reich und schön
Und rein sein Herz, von Unlust fern.
So wurde Fryent und Thasmee
Vom Schimmer seines Ruhms erfüllt.

Schon schwoll das Herz der Königin
Der schönen Secundill
Empor, den seltnen Helden selbst
Zu schaun. Mit jedem Tage wuchs
Sein Ruhm. Man preist sein klares Fell,
Der Schönheit Blume, die kein Mann,
Woher er sey, so reizend trug.

Auch zählte man der Staunenden
Des Reichtums Wunder auf,
Als käm' ihm auf dem Erdenrund
Kein andrer Held, kein König gleich:
Und wär' ihr kund des Taufes Kraft,
Ich gönnt' ihrs wohl, er huldigte
Der schönen Fürstin süßem Trieb.

Sie schickte von Thasmee,
Die Honigwund' in holder Brust,
Dem Helden Gaben, schön und reich,
Und waren unermeßnen Werts,
Daß nie sie, selbst die güldne Römerwelt,
Noch Artus, der Britannen Fürst vergilt:
Ihr Reichtum schwände weit dahin.

Allein, wir schreiten vor,
Von Blumen auf den Dornenstrauch,
Zu hören, wie Anfortas freventlich
Des Grales Würdigkeit entweiht.
Ihn riß ein Strom, die Minne fort:
Es war die Orgolus von Logroys,
Durch die er tief in Jammer sank.

Auf Floritschanze schrieb
Man einen Hof voll Prunkes aus.
Hier stach auf einer Blumenflur
Der Speer so Schild als Panzer durch.
Was je von Ritterschaft man sah,
Das fand sich hier, aus Ländern fern
Und fremden Zungen wonniglich vereint.

Von seiner Schönen aufgereizt
Zog mancher stolze Ritter her
Von unbescholtnem Ruf,
Durch Ruhm zu mehren seinen Preis.
Selbst Artus kam mit britischem Gefolg
Und sieh, Anfortas traf, der Blühende,
Von Montsalvatsch mit Templern ein.

Da ward auf Floritschanz
Mit Zelten überdeckt die Flur:
Sie glänzte, muntrer Farben reich,
Und bunte Schnüre dehnten sich umher.
Mit Feuer malt sie Wolframs Hand,
Und gleiches Schimmers sah kein Aug
Vereint die hohe Ritterschaft.

Mit Pracht und Lermen ging
Des großen Abends Feyer an.
Da scholl das Feldgeschrey,
Da strebte jeder Arm nach kühner Tat,
Da stürzten Roß und Reiter hin,
Und auf der Schilde Wölbung barst
Zu Trümmern mancher Eschenspeer.

Anfortas, der Gepriesene,
Unwiderstehlich kühn,
Streckt manchen Ritter, der noch nie
Des Helden Arm erfuhr, ins Gras.
Und blickt er nach der holden Orgolus,
So trieb er munterer sein Roß,
So brach in Stücke Speer und Horn.

Er warb nach hohem Preis.
Vor seines Speeres Blitz
Verschwand, des Kampfes satt,
Der Helden müde Schar,
Auf bunter Flur zerstreut. So zwang
Er manchen Mann, zu geben Sicherheit,
Der vor des Ruhms genoß durch Lanzenkraft.

Nach süßer Minne rang
Der rasche, junge Held:
Von Logroys, die schöne Herzogin,
Nickt warmen Dank ihm zu.
Allein die Holde war verlobt
An einen Fürsten, Zydegast,
Dem Preis und Ruhm vor andern stieg.

Ihr dient' auch um der Minne Kranz
Ein rascher, stolzer Fürst,
Der edle König Gramoflanz.
Die Minne schoß nach ihm, und traf:
Mit Todesschlaf' entgalt ihms Zydegast;
Er senkte seinen Speer ihm tief ins Herz,
Und Nacht umwölkt des Helden Blick.

Nun entschuldigt sich der Dichter, daß er die Taten dieses
Turniergefechts, und die seltenen Ereignisse nicht näher be-
schreibt: nämlich die Ankunft des Zauberers Morog, die
wunderbare Brücke, den Raub der vierhundert Frauen und
Jungfrauen. Ulrich tat es anderswo, und umständlicher
Eschenbach in seinem Parcival. Jetzt eilt unser Dichter, des
Anfortas Unfall ans Ende zu bringen. Der unglückliche
Raub hob die Feyerlichkeit auf.

Schon kehrten Knapp' und Ritter heim;
Worunter viele Freuden leer,
Im Busen Grim dem Zauberer.
Allein verstrickt in Liebesbanden schwebt
Anfortas nach der schönen Orgolus.
Ihn schreckt des Grales Sitte nicht zurück,
Und Harm und Drangsal harret sein.

Der Fürst, des Ruhmes satt,
Und gierig nach verbotner Lust,
Schickt auf der Minne süßes Los,
Die Harfe samt dem reichen Kram:
Er bot ihr Gruß und minniglichen Dienst,
Zu denken an der Freuden Macht,
Zu leichtern ihm durch Huld des Herzens Last.

Dichter Ulrich macht hierauf der Minne bittere Vorwürfe, daß sie einen Helden solches Ruhms ins Unglück stürzt. Sie kehrt sich aber wenig daran, und Anfortas entschließt sich, zur Herzogin, ohne alle Begleitung zu reisen.

Mit Tränen, mit Liebkosungen,
Nur eine Stimme, baten sie,
Der Jüngling, Mann und Greis,
Zu lassen von der bangen Fahrt!
Umsonst, es rührt ihn nicht.
Und so allein? Er nehme doch
Nur einen Teil der Massenie.

Vergebens scholl der Treuen Rat:
In güldner Rüstung strahlt er schon,
Schon winkt der Roßschweif fürchterlich
Von blankem Helm herab.
Schon schwingt er rasch sich auf den Hengst,
Schon neigt er sich den Werten zu,
Und sprengt schon, daß es Funken stob.

Ein Fürst der Heidenschaft,
Der von des Grales Wundern hört,
Riß sich mit Kraft empor,
Entschlossen, zu erringen einst
Der Weihe Heiligtum; wo nicht,
In langem Kampf, mit Speer und Schwert,
Zu sterben unter Schild und Helm.

Es war der Wunder seltenstes,
Wodurch sich manch Geheimnis klärt,
Daß Montsalvatsch, die hehre Burg,
Es käme denn von Oben Heil,
Nie, was man tat, zu finden war.
Man suchte sie vergebens auf:
Mit Irre ging die Suchung hin.

Dem Heiden auch, wie heiß er warb,
Gelang nicht das bey seiner Fahrt.

Doch fester Mut entschwand ihm nicht,
Zu forschen ohne Rast.
Wie oft der Steig ihn auch getäuscht,
So ritt er Felder doch und Haine durch:
Die Irre ließ ihn nie ans Ziel.

An einem Morgen wälzt
Das Unheil näher sich heran.
Es kam, daß beyde sich von Ohngefähr
Anfortas und der Heid ersahn.
Sie wogen sich an Mut und Kraft.
In allen Wendungen des Kampfs:
Und keine Schale sank.

Erst senkten sie nach Augenmaß
Den langen Eschenspeer;
Dann sprengten sie sich schnaubend an,
Und wankten nicht im schnellsten Lauf.
Hell rasselte der Rüstung Erz,
Und jeder Faust entwirbelten
Sich Trümmer in die Luft verweht.

Der Heide führte so gewandt
den Stoß mit voller Kraft,
Daß unserm Helden, ach!
Der giftbesalbte Speer im Leibe blieb.
Allein, auch stürzt der tapfre Held
Vom Rosse hin ins Gras gestreckt,
Und beyde faßt des Todes Wut.

Zwar sprangen sie noch rasch empor,
Das Schwert in kraftgewohnte Hand;
Noch klang von Hieben Helm und Schild,
Noch schwoll nach Preise gieriger
Ihr Heldenherz; noch klirrte hell,
Der Rüstung Erz, und Funken stob es hoch
Von blanken Helmen in die Luft.

Anfortas loderte
Im Grimm empor, und sieh, wie blitzt
Sein Schwert auf, senkt sich tief herab
Durch Busch und Helm! gespalten sinkt
Des Heiden Haupt, Er lag:
Von schwarzem Blute troff sein Waffenrock
Und Todesnacht verschlang sein Aug.

Anfortas auf! erfreue dich
Des Siegs! Doch ihm erschlaffte Geist
Und Kraft, gelähmt von Lanzengift.
Tief in der Wunde stak der Speer,
Tief wühlt in Adern Gift und Schmerz.
Ihm schwanden Mut und Sinn,
Und Wehgefühl grub tief im Busen ein.

So schwieg der Freude Ruf,
Erlosch die Lohe selbst nach Orgolus,
Soll anders noch des Grales Heiligtum
Zu Frommen seyn dem Leidenden,
Nun ritt er, abgehärmt, gen Montsalvatsch,
An Farb' und Zügen kaum erkannt,
Ob noch der Lebenspuls in ihm sich regt.

Die Seinen nahmen kaum
Des Jammers Blick an ihrem Füsten wahr;
Da strebten alle drangvoll um ihn her,
Zu regen die gesunkne Kraft.
Ihn peinigte des Speeres Stück,
So tief noch in der Wunde stak,
Vor Eil' und Drange nicht bemerkt.

Schon losch sein Leben weg,
Und finstre Nacht umfloß sein Aug;
Da eilte man zu bändigen
Der Lüppe Kraft. Erst zog ein weiser Arzt
Mit kluger Hand das Eisen aus;
Dann brachte man Arzneyen aller Art,
Zu wenden bald die todesschwangre Sucht.

Man zündete Aspind
Und Aloe und Zeder an:
Umsonst, der Rauch, wie mächtig auch,
Er lindert nicht des Giftes Wut.
Die Salbe Teriak von hoher Kraft,
Und was man wider Lüppe sonst
An Würze braucht, dies alles frommte nicht.

Mit Andacht stürzte man
Sich weinend in den Staub,
Und bat zur Heiligkeit des Grals
Nach Hülfe für den teuren Vogt.
So wie vom Herzen auf ihr Flehen stieg,
So nahms dem Tode Ziel und Kraft,
Doch blieb des Jammers Dorn zurück.

Was man zur Heilung je
Für Wunden ausgedacht,
Das alles schuf die Kunst herbey,
Zu mildern seiner Seuche Qual.
Es blieb nichts unversucht
Von Schlangen, Würmern, Wurzen aller Art,
Was Kunst ersann und Übung fand.

Allein von allen half auch nichts:
Die Lähmung blieb, und Qualen wüteten,
Man sahs mit Wehmut an, und Trefrezent,
Des Königs Bruder, sagte sich
Des edlen Ritterstandes frey,
Um Gott und seines Bruders Heil
Sich eine Klaus' im Walde fern zu baun.

Der tapfre Fürst gelobte da,
Nach strenger Eremiten Art
Ganz zu verleben seine Zeit;
Entsagte Weinen, Fischen, Fleisch
Und allem, so des Bluts sich freut:
Nur Wasser, Wurzeln, Kraut und Frucht
Soll zum Getränk ihm und zur Nahrung seyn

So trieben sie zu Montsalvatsch
Die lange Zeit im Jammer um,
Als eines feyerlichen Tags
Geschrieben an dem Grale stand:
Es würde sich sein Kummer endigen;
Von einem Ritter wink' ihm Heil,
Der alle Trauer wenden wird.

Einst käm' er, wie verirrt,
Unkundig, was da sey,
Und fragt er nach der Trauer Grund
Noch in der ersten Nacht,
Doch soll die Frag er ungewarnet tun,
So wird man alsogleich gesund,
Erfüllt mit Wonne sehn den Traurenden.

Vernommen habt ihr jetzt,
Der edlen Templer Anbeginn,
Und wie es ihnen ferner kam.
Nun schreit' ich auf die Briten fort:
Doch sag' ich von der Würdigkeit des Grals
Ein ander Mal, da sichs ergibt,
In Parcivalens Abenteuern mehr.

Um nun auf die Briten zu kommen, auf Artus den König und auf die Tafelrunde, holt unser Dichter weit aus. Er erzählt Trojens zweymalige Zerstörung, die Flucht der Ilier nach dem letzten Sturze der unglücklichen Stadt; des Aeneas Schicksale, zumal in Italien, Roms Erbauung, den Zwist des Brutus und Silvius, des Brutus Irrungen, und Brutaniens oder Britaniens Benennung. So viel brauchte es, um auf die Briten zu kommen.

Darauf folgt Mörlin, den wir bereits kennen. Ich eile daher auf Parcivalen, und hebe vorzüglich nur diejenigen Stellen aus, welche zur ferneren Geschichte des fronen Grals führen.

Parcival ist der Held, auf den uns der Dichter verweist, den Verlauf mit dem heiligen Grale zu erfahren. Er war bestimmt, die Qual des Anfortas zu endigen, selbst König des

Grals zu werden, und das Heiligtum von Montsalvatsch, wo
es vielfach entweiht wurde, nach Indien zu verpflanzen. Es
ist daher billig, daß wir seine Abkunft kennen.

Gaudin, Herr zu Valois, hatte zwey Söhne, den älteren
Galves und Gamureth den jüngern, Parcivals Vater. Gamureth, ein Held seiner Zeit, suchte Abenteuer und fand sie,
fand aber auch einen frühen Tod. Diese Ereignisse hangen
zu enge mit Parcivaln zusammen, als daß wir sie übergehen
könnten.

GAMURETH

Als er zur Lebensreife kam,
Daß ihm des Schwertes Segen ward,
Da spornt' ihn untilgbarer Mut,
In ferne Länder hinzuziehn.
Und ritt durch Tage fünf,
Als ihm Held Parcival
Im dichten Hain entgegen kam.

Wie mächtig schwoll ihr Herz,
Als sie sich sah'n, von Freud' empor!
Sie schweben in die Arme hin,
Und drücken Brust an Brust.
Von Abenteuern sprach man nur,
Und von der hehren Suchung Bahn,
Und wie es, seit sie schieden, ging.

So ritten sie vereint
Durch Tage sieben fort!
Als sie im Walde fern
Gerüstet einen Ritter sah'n.
Sie nahten mehr und mehr,
Und kannten schon den Mutigen:
Der kühne Jüngling Bohort war's.

Da hob sich Sternenan
Der Helden wonniglich Gefühl,
Als Bohort Kunde gab,
Wie ihm es auf der Fahrt gelang.

So ritten sie durch einen dunkeln Hain,
Und kamen bald durch Gottes Huld
Nach Corbiner, der schönen Burg.

Hier ward so herzlich der Empfang,
Daß Greis und Jüngling noch
Des schönen Tages sich erfreu'n.
Schon brachte man das Schwert,
Was einst den reichen König Mahagin
durch beyde Knie stach,
Wovon es in zwey Trümmer barst.

Und siehe, Galat nahm's,
Da sprangen, wunderbar!
Die Stücke so in eins,
Daß weder Scharte blieb, noch Mal.
Er gabs dem kühnen Bohort hin,
Und jeder freute sich des Schwerts,
Das ihm durch Abenteuer kam.

Nun sanken Ritter hin,
Mit ihnen edle Frauen auf ihr Knie;
Des Suchens müde baten sie,
Gott wolle senden sein Gebot,
Und kund den frommen Willen tun,
Zu endigen durch seinen Schutz
Des Grales hehre Abenteu'r.

Noch wimmert ihr Gebet:
Da war's, als weht' ein rascher Wind,
Gleich einer Flamme heiß,
Durch off'ne Türen in den Saal:
Und eine Stimm' erklang:
Wer nie Genoß der Tafelrunde war,
Der räume schnell den Saal.

Der Warnung Stimme fügt
Die aufgeschreckte Menge sich:
Und niemand harrte noch,

Als König Beles, und sein Sohn
Und seine keusche schöne Maid.
Da traten kühne Ritter ein,
Vom Haupte tief in Stahl gehüllt.

Mit Anstand neigten sie
Vor unserm tapfern Helden sich,
Und vor dem Könige der Burg.
Auch wir, so riefen sie,
Ihr Ritter, Galat, Bohort, Parcival,
Wir duldeten der Arbeit viel,
Zu sitzen heut am Grale hier.

Und eine Stimme scholl
Zum zweyten Mal die Halle durch:
Wer in der hehren Suchung nicht
Mit angestrengter Kraft
Nach dem erhab'nen Grale warb,
Der meide diese Heldenschar,
Und sitze beym geweihten Mahle nicht.

Nun weilt der König nimmermehr,
Und tritt mit Sohn und Tochter ab:
Es bleiben nur die Helden zwölf,
In einen Ring umhergestellt.
Da trat durch die geschloss'ne Tür
In köstlichem Gewand ein Bischof ein,
Und neigte grüßend sich den Helden zu

Und sieh, ein Knall; da schloß
Sich schnell der Türen eine auf:
Zwey Engel, gleich dem Sonnenstrahl,
Mit Fackeln traten vor,
Zwey and're traten nach,
Und stellten eine Tafel auf,
Mit Lachen von Zendal gedeckt.

Man staunt: da kamen zwey,
Gleich Sternen glänzend ihr Gewand;

Sie trugen hoch empor den hehren Gral.
Und als er auf der Tafel schimmerte,
Da traten zwey mit Lichtern ein,
Und stellten sie, von Ehrfurcht tief erfüllt,
An jedem Rand des Tisches auf.

Der Bischof winkte nun
Den Helden zwölf, und führte sie
Zur hehren Tafel hin;
Vom Kleide strahlte Gold und Stein.
Jetzt deckt er sich den Rittern auf:
Er heiße Joseph von Arimathie,
Und hab' auf Erde stets gelebt.

Einst, sprach er, lezte Gott
Mit seinen Freunden sich:
Da zog er sie an seinen Tisch,
Und weihte Brot und Wein.
So nährt' er sie mit seinem Leib,
Und tränkt' er sie mit seinem Blut:
Er tat, was Vatersliebe kann.

Nun horchet: dieser Napf,
Ihr seht ihn hier, sinkt auf das Knie,
Er ist's, woraus den Jüngern einst
Das Osterlamm Herr Jesus gab.
Und dieser Kelch! Gott nennt ihn selbst
Den fronen Gral: da war sein Blut,
Das für der Menschen Sünden floß.

Dann kam ein Engel, hell wie Gold,
Zwölf Opferbrod' in einer Hand,
Und legte sie voll Ehrfurcht auf den Tisch.
Sie nahm der fromme Bischof auf:
Er segnete und bot sie dar.
Da sprach er: nehmt der Engel Brot,
Es tilgt der Sünden tötend Gift.

Jetzt sah es Galat, hoch erstaunt
Sah's Bohort auch und Parcival,
Wie in der Schal' ein holdes Kind
Von Glanz umflossen lag.
Schon starrten sie dem Wunder froh entgen,
Schon bot es dar der edle Greis:
Und sieh, in Stücke brach der zarte Leib.

Genossen hat die reine Schar,
Des Himmels hehres Brot:
Da eilt' ein Engel glänzend weiß
Auf Windes Flügeln durch die Burg.
Hoch in der Rechten einen Wunderspeer:
Denn von des Stahles Spitze troff
Noch frisches Blut bis an das Heft.

Der fromme Bischof sprach:
Nun höre, Galat, kühner Mann!
Mit diesem Blute heilst du bald,
Dir war es aufbewahrt, der Seuchen viel.
Schon brachte man den wunden Mahagin:
Kaum strich das Blut ihm Galat auf,
Als Seuch' und Weh und Gram entfloh.

Der König Beles selbst
Und Helyes sein Sohn,
Und eine minnigliche Maid,
Sie standen dicht an Mahagin:
Wohl hörten sie der Stimme Silberton;
Den Dienst der Engel sah'n sie nicht,
Noch ihre schimmernde Gestalt.

Als Gott, so rief der edle Greis,
Die Jünger in die Welt gesandt,
Da sprach er: kündet mein Gesetz
Den Völkern aller Länder an:
So scheidet ihr auch, Helden, heut.
Was wider Recht und Tugend strebt,
Das mach' in euch gerechten Abscheu reg.

Und tief erseufzend fuhr er fort:
Wie aus den Jüngern zwölf
Der eine tief entsank:
So werdet ihr auch leider seh'n,
Daß durch die Üppigkeit der Welt
Der eine sich vom Tugendwege trennt.
Fleht auf zu Gott, daß bald er wiederkehrt.

Nun, kühne Helden, hört,
Ihr Galat, Bohort, Parcival!
Ergreift den fronen Gral,
Den Napf, die Tafel und den Kelch,
Und bringt sie heute noch ans Meer.
Dort findet ihr ein Schiff bereit:
Vertraut ihm froh das heilige Gerät;

Und fahrt auf leichten Wellen ab,
Wohin das Abenteuer winkt:
Seyd Kummers frey; euch schirmet Gottes Huld.
Mit diesem Troste schwand der Greis.
Da rissen sich erstaunt die Ritter auf,
Und priesen Gott, und drückten brüderlich,
Die Scheidung ruft, sich an die Brust.

So dankten auch die Helden drey
Dem edlen König Belyes,
Und eilten mit der hehren Last,
Dem Becher, Napf und Tisch', an's Meer.
Hier fanden sie die Barke Salomons,
Worin die holde Maid einst lag,
Zu harren izt auf heiliges Gerät.

Da säumten sich die Helden nicht,
Des Landes satt, der Flut geweiht;
Sie stießen bald vom Ufer ab
Schon wälzte sie ein rascher Wind
Drey Sommermonden ohne Rast
Auf sichern Wellen wiegend fort,
Und Saras nahm die Schmachtenden an's Land.

Sie standen am Gestade noch,
Da klang es säuselnd durch die Luft:
Nehmt Tisch und Napf und Kelch,
Und tragt sie nach der hehren Burg
Auf einen Saal, wo niemand harrt.
Auch schlumm're dort, sie schneidet schon
Der Wogen Schaum, die Schwester Parcivals

Izt faßten sie die Tafel an:
An einem Ende trug,
Mit Bohort, Parzival;
Am andern Galat nur.
Bald drang der Ruf sich durch die Stadt:
Gelaufen kam das Volk,
Und wälzte staunend sich heran.

Das neue Wunder goß
Der Hoffnung Balsam Siechen ein:
Wem keine Missetat im Herzen wühlt,
Ward von der Sucht sogleich geheilt.
Auch kam geschleppt, ein lahmer Mann:
Seit Jahren starrt' er Glied an Glied;
Und jede Lebensregung hemmt die Gicht.

In Galats Busen wallt
Des sanften Mitleids Regung auf.
Er rief: erhebe dich!
Sey frey von Qual und Weh,
Und hilf mir tragen nach der Burg!
Da sprang der lahme Mann empor,
Als hätte nie sein Fuß gestarrt.

Heil dir! und allem Volke Heil!
Es staunt das Wunder an:
Den lahmen Siecher kannt' es wohl,
Und sah, mit welcher Kraft er trug,
Nun stand die Tafel auf dem Saal;
Da eilten sie der Barke zu,
Zu bringen auch das heilige Gerät.

Mit Ehrfurcht hoben sie's
Vom Wunderschiff an's Land.
Da braust ein Sturmwind durch die Flut,
Da türmt die Woge sich: da flog
Das Schiff; kein Auge flog ihm nach.
Und siehe, schmeichelnd weht der Wind!
Am Ufer steht ein ander Schiff.

Man schaut, man staunt; und Parcival
Erkennt sogleich das Trauerschiff,
Wo einst die holde Schwester lag.
Er trat hinein, den Busen bang;
Sie ist's, sie ist's, er riefs,
Und trug sie auf die hehre Burg
Mit allem Volke vor den Gral.

Hier setzt sie Parcival
Mit lautem Prunke bey;
Man naht dem Grale sich mit Hochgefühl,
Und manche Seuche ward verscheucht.
Zwar herrscht das Christentum im Lande nicht;
Allein der Wunder Macht erschütterte,
Zur Christenweisheit neigt sich Herz und Ohr.

Die Helden strebten um so mehr,
Durch süße Worte, wie durch Tat,
Den hehren Glauben kund zu tun,
Dem Laster Herzen zu entzieh'n.
Dies reizt des Königs Zorn; er rast:
Und wer in Not zu Christus rief,
Den trieb er stracks vom Lande weg.

Noch währt der Christen Kampf;
Noch sieget fester Mut:
Als eine Stimm' im Saale schwirrt:
Nein; länger bleib er noch
Auf Erde nicht der hohe Gral,
Da unter fernen Zonen auch
Sich Weh auf Weh und Greu'l auf Greuel häuft.

Schon schwebten Engel hoch herab;
Schon senkten sie sich in den Saal;
Schon hoben sie empor das Heiligtum:
In Silberwolken schwand es hin.
Durch Harras fliegt der schnelle Ruf:
Der König zürnt; er kömmt, und tobt,
Und Ketten rasseln, Helden, Weh!

Zwölf Monden sind herum;
Die Ritter schmachten noch.
Und dulden noch der Fesseln Qual.
Doch Gott ging rächend ins Gericht:
Vergebens fleh'n sie nicht zu ihm.
Der Tod! er droht, er faßt ihn stracks,
Ihn, der umsonst noch hoffen ließ.

Man trauert zwar; allein
Das Herz weiß von der Trauer nichts.
Froh sammelt sich vielmehr das Volk,
Die Ritter, die Gewaltigen
Zur neuen Fürstenwahl.
Man sann, man wählte, man verwarf;
Zuletzt, und alle stimmten bey,

Nur Galat sey, der seltne Held,
In Saras reichen Ländern Herr:
Durch seine Tugend nur,
Durch seinen Mut sind wir des Heils gewiß,
Zwar sträubte sich der rasche Held,
Allein sein reiner Wandel siegt,
Mit Jubel setzte man die Kron' ihm auf.

Paniere wallten schon,
Schon sind die Mächtigsten des Reiches da,
Zu huldigen dem Könige,
Aus seiner Hand die Lehen zu empfah'n.
Er gab dem Volke Frieden und Gericht,
Und breitete durch Mund und Tat
Der Christen hehren Glauben aus:

Und Wunder aller Art
Gewannen ihm der Menschen Herz;
Wie Gottes Allgewalt
Zu seiner Liebe sie entzündete.
Ein Jahr nur freute Saras sich des Glücks:
Dem König winkt ein steter Lohn;
Gott krönte Galats Mut und Tugenden.

Rein wie sein Geist je war,
So stärkt er ihn zur weiten Fahrt,
Und gab, von Gottes Minn' entzückt,
Ihn freudig in des Schöpfers Hand.
Man setzt zur Schwester Parcivals
Den tugendholden König bey,
Und Wehgeheul erklang durch's Land.

Nun hielt es Parcival
Nicht länger im Gewühl von Saras aus.
Hoch schwoll der Wunsch in seiner Brust empor.
Den Tatensturm, die Flut der Welt zu flieh'n:
Er baut an einer Felsenkluft sich an,
Mit einem Priester brüderlich
Zu harren da in Gottes Lob.

Hier ließ er frey der Flamme Luft,
Die lange schon im Busen glomm.
Der reinsten Liebe holder Stern
Sah von des Abendhimmels reiner Bahn,
Und winkt zur heitern Zukunft auf.
Da ward er auf die hehre Burg
Zur sanften Schwester beygesetzt.

Nun war Bohort allein, aller seiner Gefährten beraubt. Da
behagte es ihm nicht mehr im Lande zu bleiben. Zwar wollte man ihn zum König krönen, und drang mit Bitten und
Klagen an ihn. Aber er blieb bei seinem Entschlusse, und
kehrte zurück zu König Artus. Seine Reise währte lange
und er bestand manches Abenteuer, bis er nach Britannien
kam.

Artus, den König, fand er zu Gamaheloth. Die Freude über Bohorts Wiederkehre war allgemein am königlichen Hofe. Man eilte ihm entgegen, und führte ihn im Triumphe nach der Burg. Er mußte die Abenteuer des fronen Grals erzählen, und Artus befahl, daß sie in seine Gesta geschrieben werden, wodurch sie auf uns gekommen sind.

WILHELM WÄGNER

Titurel

1. *Berufung zum Gral*

In der Zeit, da der kühne Held Vespasian, der die trotzigen
Juden in Jerusalem belagerte, nach Rom auf den Thron der
Welt berufen wurde, war in seinem Gefolge ein reicher und
angesehener Mann aus Kappadokien, mit Namen Parille,
bei den Römern Berillus genannt. Er erwies sich im Kriege
tapfer, im Frieden weise durch heilsamen Rat und erhielt
deswegen vom Kaiser ansehnliche Güter in Gallien zuge-
teilt. Seine Tugenden erbten auf Söhne, Enkel und späte
Nachkommen. Einer derselben, Titurisone, vermählte sich
mit Elizabel, einer gleichfalls edlen Jungfrau; aber er erzielte
mit ihr keine Kinder und war harmvoll, daß er als der Letzte
seines Stammes ins Grab sinken sollte. Als er schon betagt
war, trat einstmals ein prophetischer Mann zu ihm ein,
den er nach seiner Gewohnheit gastlich aufnahm. Er klagte
ihm seinen Kummer, und der Fremdling gab ihm den Rat,
nach dem Heiligen Grabe zu pilgern und auf dem Altar der
Grabkirche ein Kruzifix von lauterm Golde niederzulegen.
Es werde, fügte der Mann hinzu, wenn er den rechten Glauben habe, sein Wunsch ihm gewährt werden. Titurisone be-
folgte den Rat des weisen Mannes, und er und seine Ehe-
gattin hatten die Freude, daß ihnen ein Knäblein geschenkt
wurde, das gar wohlgestaltet war und, wie es heranwuchs,
durch Gehorsam, frommen Sinn und ungewöhnliche Kraft
in kriegerischen Übungen ihre Freude noch erhöhte. Das
Kind hatte in der Taufe den Namen Titurel erhalten, ein Name, der bald im ganzen Lande berühmt wurde.

Als nämlich der Knabe zum Jüngling und zum Manne
heranreifte, zog er mit dem Vater hinaus in die Kämpfe gegen die Ungläubigen und verrichtete wundervolle Taten.
Einst hatte er die nahezu verlorene Schlacht fast allein wie-
derhergestellt, die Flucht gehemmt, die Feinde mit blinken-
dem Schwerte gefällt, sie verfolgt und gänzlich zerstreut.

Als er am Abend zurückkehrte, sagte der Vater zu ihm, er werde sich noch ein Reich und eine Krone erstreiten; der königliche Heerführer aber berief den jungen Recken zu sich und sprach, er sei wert, daß er das Ritterschwert empfange. Titurel lehnte bescheiden die große Ehre ab, indem er anführte, er habe nur getan, was seine Pflicht sei, und verdiene vor anderen Streitern für Gottes Sache keinen Vorzug.

Als das siegreiche Heer in die Hauptstadt einzog, waren alle Blicke auf den jungen Helden gerichtet, und manche edle Maid lächelte ihm freundlich zu, aber er hatte keinen Sinn für irdische Liebe; Gottes Minne wollte er durch Taten gewinnen, danach trachtete er, danach sehnte sich sein Herz. Er kehrte daher mit dem Vater nach der heimischen Burg zurück, ohne auf die Verlockungen am königlichen Hof zu achten. Daselbst war sein erster Gang nicht zu der harrenden Mutter, sondern in das Gotteshaus; barfuß im härenen Büßergewand, trat er an den Altar, legte die Beute des Sieges darauf nieder und betete zu Gott, daß er ihn ferner stärken wolle, in Demut zu beharren und für Christum im heiligen Kampfe zu streiten. Nach dem frommen Dienst eilte er zu der Mutter, umarmte sie und saß dann wie sonst als Kind zu ihren Füßen nieder.

Titurel zog noch manchmal in den heiligen Krieg, und der Ruf von seinen Taten und von seiner Frömmigkeit verbreitete sich im fränkischen Reiche, und selbst die Sarazenen, die er bekämpfte, ehrten ihn; denn er schützte die Besiegten gegen Mißhandlungen, und die Gefangenen behandelte er gütig. Nach manchem Jahre starben Vater und Mutter; er erbte große Güter, doch blieb er demütig vor Gott und Menschen. Dabei verwendete er seine Schätze zur Unterstützung notleidender Leute: kein Bittender blieb ohne Hilfe, und es geschah, daß er einstmals, da er im grünen Walde lustwandelte, Gürtel, Ringe und selbst den Mantel hilfsbedürftigen Bettlern schenkte.

Es war an einem schönen Frühlingsmorgen, da er wieder durch den Wald schritt. Eine Moosbank lud ihn zur Ruhe ein, die Blumen dufteten, die Vögel sangen, sanfte Lüfte säuselten im jungen Laube. Es war ihm so wohl zumute; es war ihm, als rede der Herr zu ihm im Vogelgesang, im Flüstern der Blätter, im Plätschern der Quelle, die aus dem Gestein hervorrieselte. Der Himmel war tiefblau, nur eine lichte Wolke schwamm durch das weite Himmelsmeer. Er wunderte sich, daß sie mit reißender Geschwindigkeit näher kam, da doch kein Sturm brauste. Jetzt senkte sie sich herab und stand nahe vor ihm, und aus ihrem lichten Schoß trat ein strahlender Bote Gottes. Er sprach zu dem Helden, und seine Stimme klang wie Orgelton im Gotteshause: »Heil dir, erwählter Held des Allerhöchsten! Der Herr hat dich berufen, daß du Hüter seiest des Heiligen Grals auf seinem Berge Montsalvatsch. Bestelle dein Haus und folge der Stimme Gottes!«

Der Engel trat zurück, und wie seidene Schleier schlang sich das lichte Gewölk um ihn und erhob sich gen Himmel. In selige Träume versenkt, kehrte Titurel in seine Behausung zurück. Er verteilte darauf seine reiche Habe unter seine Diener und alle, die bedürftig waren; dann wanderte er in ritterlichem Gewande nach der Stätte, wo ihm der Bote Gottes erschienen war. Da sah er wieder die lichte Wolke hoch am Himmel, umsäumt vom Sonnengold. Sie ging vor ihm her, den Weg ihm zeigend, der zum Heiligtum führte. Er pilgerte, dem Lichtglanz folgend, durch Einöden, die ohne Ende schienen. Er kam endlich in einen tiefen, finstern Wald und weiter an einen steilen Berg, der unersteiglich schien; aber dorthin, nach der Höhe, leuchtete das Himmelslicht, und er klomm mühsam empor über starrende Felsen, an schauerlichen Abgründen vorbei, durch Dorngebüsche, die ihn verwundeten. Oft erlahmten seine Füße, oft sank er erschöpft zu Boden, verzagend, den Gipfel zu erreichen. Aber da war es, als ob ihm eine Stimme zurufe: »Kleingläubiger, warum bist du so furchtsam? Weißt du nicht, daß dich der Herr zu seinem Heiligtum berufen hat?« Er gewann neue Kraft und setzte die Wanderung fort. Endlich trat er aus dem Dickicht, aus der Finsternis heraus und — er hatte den Gipfel erreicht. Ein blendendes Licht strahlte ihm entgegen; es war der Gral, von unsichtbaren Händen getragen, über der Höhe schwebend. Unter ihm lagerte eine Schar von Kriegern in glänzenden Rüstungen. Sie erhoben sich und riefen ihm entgegen: »Heil dir, erwählter Held, berufener

Hüter des Grals!« Er antwortete nicht, seine Augen hingen an dem Heiligtum. Es war eine Schale von smaragdgrünem Jaspis, umgeben von einem aus Goldfäden geflochteten Gestell. Ins Anschauen vertieft, sprach er betend: »Herr, du hast Großes an mir getan, rüste mich nun mit Kraft, daß ich des Hüteramts treulich walte!«

In der Tat erwies sich Titurel seines hohen Berufes würdig. Er vertrieb die Ungläubigen, die es gewagt, am Saum des Waldes eine Niederlassung zu gründen, durch eine blutige Niederlage. An der Spitze der Tempelwächter oder Templeisen schlug er ein zweites und drittes Aufgebot derselben aufs Haupt und verfolgte sie bis in ihr eignes Land. Er würde sie völlig ausgerottet haben, wenn sie nicht um Frieden gebeten hätten. Was die Verteidiger des Heiligtums zur Stärkung des Leibes bedurften, das wurde ihnen von unsichtbaren Händen aus der Fülle des Grals gereicht, dessen Inhalt dadurch nicht gemindert wurde. So vergingen manche Jahre, aber die Schale senkte sich nicht zur Erde nieder.

2. Tempelbau

Da beschloß Titurel, auf der Höhe eine Burg und einen Tempel zu bauen, würdig, den Heiligen Gral aufzunehmen. Zunächst wurden Gras, Kraut und Erdgeröll weggeräumt; da zeigte sich nun, daß der Fels oder Kern des Berges ein einziger ungeheurer Onyx war. Als man denselben mit unsäglicher Mühe ebnete, entstand eine Fläche, so glatt und glänzend wie polierter Stahl. Nun ward der Burgbau in Angriff genommen, und der Held selbst wie die andern Wächter legten Hand an das Werk und ermüdeten nicht, wie schwer und ungewohnt auch die Arbeit war.

Riesige, eisenfeste Mauern stiegen empor, Zinnen und Türme erhoben sich, Säle und Gemächer entstanden im Innern, alle schön und mit königlichem Schmucke verziert. Nun blieb noch das wichtigste Werk, der Tempel, übrig; aber man war im Zweifel über Form und Plan dieses Gotteshauses, das die Schale aufnehmen sollte.

Eines Morgens erhob sich Titurel, sinnend, wie die Aufgabe würdig zu lösen sei. Er betete, daß ihn der erleuchten möge, der ihn an die geweihte Stätte geführt hatte. In diesen Gedanken beschritt er die für den Bau bestimmte Ebene, und siehe, da fand er den ganzen Grundriß in den Steinboden eingeritzt und so deutlich gezeichnet, daß man nicht fehlen konnte. Desgleichen sah er das wunderbare Material, welches dazu erforderlich war, in mächtigen Schichten aufgehäuft. Jetzt galt es nur noch, mit unverdrossenem Fleiß das Werk zu fördern, und daran ließen es die Templeisen und ihr Oberhaupt nicht fehlen. Sie schafften bei Tage und ihre unsichtbaren Helfer bei Nacht: so ward der Wunderbau in kürzester Frist vollendet. Er war von kreisrunder Form mit zweiundsiebzig achteckigen Chören, von denen je zwei ein Glockenhaus trugen. In der Mitte erhob sich ein von vielen Fenstern und spitzbogigen Öffnungen durchbrochener Turm, dessen Knauf ein glühroter Rubin bildete, darüber ein Kreuz von hellem Kristall und auf demselben ein Adler von lauterem Golde mit ausgebreiteten Flügeln. Wo im Innern die Bogen sich kreuzten, waren Karfunkel angebracht, die bei Nacht Tageshelle verbreiteten. Goldleisten liefen an den Wänden her, schön geordnet und gereiht und da, wo die Chöre einbogen, mit glänzenden Edelsteinen verziert. Künstlich gebildete Reben, Rosen, Lilien schlangen sich um die Pfeiler und bildeten Lauben, in deren Zweigen Vögel, wie lebend, zu flattern schienen. Die hochgewölbte Decke bestand aus blauem Saphir, wie das Firmament anzusehen; daran bewegten sich, ein Wunder der Kunst, Sonne, Mond und Sterne in derselben Ordnung, wie die himmlischen Lichter um die Erde sich bewegten. Sie verbreiteten auch einen so hellen Schein, daß es niemals in dem Heiligtum Nacht ward. Die äußere Umfassungsmauer, spiegelglatt wie die innere Wand, war durch breite Goldreife in Stockwerke geteilt und mit glänzendem Bildwerk verziert. Da sah man Ritter des Grals, siegreich die Ungläubigen bekämpfend, dort Heilige, die Ungeheuer der Hölle in den Abgrund bannend, und über dem Hauptportale gen Mittag den König der Könige selbst, auf strahlendem Siegeswagen den Satan und seinen Geist niederwerfend und unter den Rädern zermalmend. Engelsgestalten, von Silber, Gold und edlen Steinen strahlend, schmückten die drei ehernen Pforten und blickten freundlich die Eintretenden an, als wollten sie die Gläubigen in ihre himmlische Wohnung einladen.

In dem weiten innern Raume des mächtigen Baues errichtete man einen zweiten, kleineren Tempel, ganz ähnlich dem großen, nur noch strahlender von Gold und edlem Gestein. Er war bestimmt, den Gral aufzunehmen, wenn er sich, wie man hoffte, von der Höhe zur Erde senken werde. Nun endlich war das Werk vollendet, würdig, weit schauend vom Berge herab über die Ebene. Die Stunde der Einweihung war gekommen.

Als die Glocken klangen, das Psalmlied der Priester durch die Hallen schallte, Engelchöre einstimmten: »Ehre sei Gott in der Höhe, Friede auf Erden und den Menschen ein Wohlgefallen«, da verbreitete sich ein süßer Duft, und die heilige Schale sank nieder und schwebte über dem Altar des innern Tempels; tiefe, feierliche Stille herrschte ringsum; dann sangen die Unsichtbaren: »Die Herrlichkeit des Herrn ist aufgegangen über Zion! Lobet ihn, ihr Gläubigen, und verkündigt seinen heiligen Namen!« Der Priester sprach den Segen, und die fromme Weihe war vollbracht. Noch kniete Titurel, versunken in selige Gefühle, vor der wunderbaren Schale, aber berühren durfte er sie nicht; denn er hatte dazu nicht Befehl von oben erhalten.

Dreißig Jahre hatte der Bau gedauert, bis er vollendet war. Hinfort schwebte an jedem Karfreitag mit einer Hostie im Schnabel eine Taube nieder zu der heiligen Schale und ließ das Opfer hineinfallen, was die Wunderkraft des Grals stets erhielt, daß er die Wächter reichlich nährte und ihre Wunden heilte, wenn sie solche im Kampf gegen die Ungläubigen erhielten. Außerdem empfingen die Templeisen ihre Berufung zu Taten der Liebe, des Duldens oder Kämpfens durch die heilige Schale, indem alle ihre Namen und Verrichtungen in Flammenschrift auf dem äußern Rande erschienen.

3. Vermählung und Nachkommen

Titurel war vierhundert Jahre alt geworden, glich aber noch dem Ansehen und der Kraft nach einem Manne von vierzig Jahren; da ward ihm, wie er einstmals um Mitternacht die heilige Halle betrat, durch Flammenschrift kundgetan, er solle sich vermählen, damit sein zum Amt erkorenes Geschlecht nicht erlösche. Er berief die Wächter: sie sahen, was geschrieben stand, und erklärten alle, ihr Oberhaupt müsse dem göttlichen Gebote gehorchen. Auch ward nach einmütigem Beschluß die edle Richoude, Tochter eines spanischen Häuptlings, für die hohe Bestimmung auserlesen. Die Werbung geschah durch feierliche Botschaft, und Vater und Tochter weigerten sich nicht, dem Rufe Gehör zu geben. Die Vermählung ward mit großen Ehren gefeiert. Zugleich nahm an diesem Tage Titurel das Schwert (Ritterschlag), was er bisher in Demut abgelehnt hatte. Zwei Kinder, ein Sohn Frimutel und eine Tochter, nach der Mutter Richoude genannt, entsproßten dem Ehebund und waren der Eltern Freude. Indessen starb nach zwanzig Jahren die Gattin des treuen Hüters, und er stand wieder vereinsamt in seinem heiligen Amte. Doch hing sein Herz an den beiden Kindern, die mit ihm am Grabe der Mutter weinten.

Frimutel erwuchs zum kühnen Recken, Richoude zur blühenden Jungfrau. Letztere reichte einem Könige aus fernen Landen ihre Hand, ersterer vermählte sich nach des Vaters Wunsch mit Klarissa, der lieblichen Tochter des Beherrschers von Granada, mit welcher er fünf Kinder gewann, nämlich zwei Söhne: Amfortas und Trevrezent, und drei Töchter: Herzeleide, Joisiane und Repanse. Diese Schar von Enkeln umgab den alternden Ahnherrn, dessen Kraft allmählich abnahm. Nicht mehr krachte sein gewaltiger Speer durch die Schilde der Ungläubigen, noch spaltete sein Schwert Helme und Ringe; die Zeit der Taten war für ihn vorüber. Da las er eines Tages an der heiligen Schale die Schrift: »Frimutel soll König sein.« Es war ihm eine Herzenswonne, daß sein Sohn im Heiligtum die Krone empfangen sollte, nach der er in seiner Demut niemals die Hand ausgereckt hatte. Er versammelte Sohn und Enkel und manchen jungen Helden in dem Tempel und legte ihnen die Bedeutung des ganzen Baues aus.

»Die Burg Montsalvatsch«, sprach er, »ist die Burg der Errettung; denn daselbst sind die Seelen derjenigen, die der Gral zu Hütern erwählt, wohl errettet und bewahrt vor der Hölle und der Schlange der Versuchung. Zehn duftende Balsamlichter leuchten in jedem Chor des Tempels: es sind die zehn Gebote, die gleich also das menschliche Leben erhellen. In ihrem klaren Schein erkennt man den rechten Glauben. Zwei Türen führen zum Chor so wie zwei Straßen zu Gott, die eine, durch blumenreiche Fluren und schön geschmückt, ist das reine, schuldlose Leben, die andre, dornen- und mühevoll, ist der Weg der Reue und Buße für Fehl und Missetat. Der Tempel selbst hat drei Pforten, und dieselben heißen: Glaube, Liebe und Liebestat; ist damit Beharrlichkeit vereinigt, so führen sie zum Himmel; ohne diese sind sie nichtig. An der Decke der Wölbung wandeln die Gestirne wie über dem Erdenrund und mahnen, daß die Seele zu Gott aufschaue und sich rein und unsträflich erhalte, wie er selbst, der sie gegeben hat, rein und heilig ist.«

Nachdem der ehrwürdige Greis diese Worte gesprochen und dem Sohne die Ordnungsregeln erklärt hatte, befahl er seiner Enkelin Joisiane, den immer noch schwebenden Gral herabzunehmen und auf den Altar niederzulassen, da sie, eine reine Jungfrau, dazu berufen sei. Als dies geschehen war, setzte er dem Sohne die Krone aufs Haupt und sprach den Segen über ihn und die versammelte Brüderschaft.

Noch manche Freude erlebte Titurel. Seine geliebte Enkelin Joisiane führte König Kiot von Katalonien heim; deren Schwester Herzeleide vermählte sich, nachdem ihr erster Gemahl in einem Treffen gefallen war, mit Gamuret, einem königlichen Helden.

Indessen, wie es im menschlichen Leben gewöhnlich der Fall ist, daß auf große Wonne auch großes Leid folgt, so geschah es auch hier. Joisiane starb bei der Geburt ihres Kindes Sigune, das schöner war als die lieblichsten Blumen im wonnigen Maien, wenn sie morgens, glänzend vom Tau, ihre Kelche erschließen. Das Kindlein nahm Herzeleide zu sich und erzog es mit Tschionatulander, dem Sohne einer teuren Freundin, der früh Waise geworden war. Als aber der edle Gamuret gleichfalls in einem Treffen erschlagen wurde, als grimmige Feinde in ihr Land Anjou und Walais einfielen, da mußte sie die Kinder andern Pflegern übergeben und mit ihrem eignen, noch ganz unmündigen Söhnchen Parzival in eine Einöde fliehen. Titurel sah so manches teure Glied seines Hauses ins Grab sinken, aber er ertrug allen Kummer mit geduldiger Ergebung in den Willen dessen, der das Leben gibt und den Tod sendet. Allein es sollte noch größeres Leid über ihn kommen.

Frimutel, der auserwählte König im Heiligtum, fühlte sich aber durch die Regeln der Gralsgenossenschaft beengt; er war ein kühner Held und zog, die heilsamen Bande nicht achtend, hinaus in die Freiheit zu Festen, Turnieren und Kämpfen. In einem mörderischen Gefecht traf ihn ein Lanzenstoß zu Tode. Der greise Vater konnte sein Grab nicht besuchen; denn es war fern von Montsalvatsch im Lande der Ungläubigen. Gemäß der am Gral erscheinenden Flammenschrift wurde des Erschlagenen Sohn, der junge Amfortas, zum König gekrönt. Auch er, der Enkel, war dem alten Hüter lieb, und doch täuschte auch er seine Hoffnungen. In seinen Adern wallte das feurige Blut seines Vaters; er sehnte sich hinaus in die Freiheit, er beneidete seinen jüngern Bruder Trevrezent, der nicht, wie er, an die engen Grenzen auf und um den heiligen Berg gebannt war. Trevrezent hieß der Schnelle, weil er im Lauf und Sprung das flüchtige Wild erjagte. Er wußte aber auch weidlich Schwert und Lanze zu führen; daher fuhr er in ferne Länder und gewann manchen Preis in Schlachten und Turnieren. Der König Amfortas tat das gleiche, da er an der Minne schöner Frauen mehr Gefallen fand als an dem Hüteramt.

Die Strafe für den Frevel blieb nicht aus. Er hatte fast das Schicksal seines Vaters; denn in einem Treffen stieß ihm ein Sarazene den Speer in die Brust, daß die abgebrochene Spitze in der Wunde zurückblieb. Man versuchte vergebens, das Eisen herauszuziehen; man brachte den wunden Helden auf sein Verlangen auf den Montsalvatsch zu seinem Ahnherrn. Titurel, obgleich gebeugt durch die Schläge des Schicksals, klagte und weinte nicht; er zog mit kunstfertiger

Hand die Spitze heraus, untersuchte die Wunde und fand, daß kein edler Teil verletzt war. Er legte heilenden Balsam auf die Stelle und darüber einen festen Verband. Er hoffte baldige Genesung, allein die Wunde eiterte fort und fort, und der Greis erkannte, daß der Speer in Gift getaucht und dieses Gift zurückgeblieben war. Der Held duldete unsägliche Schmerzen, er wünschte zu sterben, allein der Anblick des Grals, der ihm an jedem siebenten Tage gewährt wurde, erhielt sein qualvolles Leben. Einmal lag Titurel im Heiligtum auf den Knien und betete für den geliebten Enkel; da erschien ihm am Gral in Gluten folgende Weisung:

»Murre nicht, frommer Greis, dulde, was andrer Frevel verschuldete! Einst ersteigt ein auserwählter Herr den heiligen Berg. Fragt er, bevor die Nacht anbricht, ungemahnt nach dem Beginn und dem Ende des Wehegeschickes, das er harmvoll hier erblickt, so ist der Bann gelöst und Amfortas genesen; er jedoch wird König an der heiligen Stätte.«

Wieder und wieder las Titurel die rätselhaften Worte und forschte, wann der erlösende Held kommen werde, aber ihm ward keine Antwort; nur flammten die Worte: »Murre nicht, dulde!« in hellerer Glut, und er unterwarf sich dem Ratschluß jener Macht, die im Verborgenen wacht und waltet.

JOHANN JACOB BODMER

Treverisentis erzählt

Bei dem Grale wohnen zu Montsalvatz viel rittermäßige
   Helden,
diese gehen auf Abenteuer in alle Provinzen.
Was sie für Not befällt, die leiden sie gerne; bußfertig
ihre Sünden zu büßen. Ein Stein erhält sie beim Leben
von ätherischer Kraft: ein Mensch ist nimmer so todkrank,
welches Tags er ihn sieht, er kann die Woche nicht sterben,
die hernachfolgt; dem Menschen vergeht auch nimmer die
   Farbe,
die er gehabt, als er den Stein ins Auge gefasset,
durch ihn empfangen Gebein und Fleisch erneuerte
   Jugend;
der ist der Gral und ihm wird die Kraft vom Himmel
   gegeben.
Am Karfreitag, und heut ist dieser erwartete Tag da,
schwinget sich eine Taube vom Himmel hernieder; die
   bringet
eine weiße Oblat und läßt die Oblat auf dem Steine;
glänzend weiß ist die Taube; dann gehet sie wieder zum
   Himmel.
Von der Oblat empfänget der Stein, was gutes die Erde
in sich enthält, und was sie gebiert an Speis' und an
   Tranke.
Was für Wild sich unter der Luft ernähret, es fliege,
laufe, schwimme, das gibt die Tugend des Grales den
   werten,
die ihm angehören und die er selber ernannt hat;
denn am Rande des Steines ist eine Umschrift, die meldet
beides den Stamm und Namen des Knaben und seligen
   Mädchens,
welchen zu ihm der Weg soll gelingen. Die Umschrift
   zerfließet
vor den Augen, sobald sie gelesen worden. Als Kinder
kamen sie alle dahin, die itzt erwachsen da leben.

Amphortas ward, als Frimutel starb, zum Vogte des Grales
und des Ordens des Grals erwählt, in der Blüte der Jahre.
Amor war längst sein Wahlspruch, der steht nicht wohl bei
der Keuschheit.
Einsmals ritt er auf Abenteuer, der Freundin zur Ehre,
die ihn in ihren Dienst gezogen, da ward er im Kampfe
mit bezaubertem Speer verwundet; das Eisen des Speeres
bracht' er in seinem Leibe mit sich nach Haus.
Was er für Mittel brauchte, vermocht' ihm keines zu
helfen.
Allemal wann ein Planet zu einem andern zurückkömmt,
oder der Mond sein silbernes Licht erneuert, so kommen
seine Schmerzen mit neuer Wut zurück. Wir sahen
einmal, als wir anbetend uns vor dem Grale gebücket,
an dem Rande geschrieben, ein Ritter würde bald
kommen;
würde der fragen, so sollte der Schmerz ein Ende
bekommen;
aber nur heftiger werden, wenn jemand ihn lehrete fragen.
Fragt' er die erste Nacht nicht, so würde die Tugend
zergehen,
welche die Frage sonst hatte. Nun kam er vor einigen
Monden,
ohne daß er sich nennt', ein törichter, witzloser Ritter;
leider! er kam mit Ehren und ging mit Schande von
dannen,
weil er den Wirt um die Schmerzen, die er ihm ansah,
nicht fragte.

RICHARD WAGNER

Im Gebiete des Grales

Freie, anmutige Frühlingsgegend mit nach dem Hintergrunde zu sanft
ansteigender Blumenaue. Den Vordergrund nimmt der Saum des Waldes ein, der sich nach rechts zu ausdehnt. Im Vordergrunde, an der
Waldseite, ein Quell; ihm gegenüber, etwas tiefer, eine schlichte Ein-
siedlerhütte, an einen Felsen gelehnt. Frühester Morgen. —
Gurnemanz, zum hohen Greise gealtert, als Einsiedler, nur in das
Hemd des Gralsritters dürftig gekleidet, tritt aus der Hütte und
lauscht.

GURNEMANZ:

> Von dorther kam das Stöhnen. —
> So jammervoll klagt kein Wild,
> und gewiß gar nicht am heiligsten Morgen heut. —
> Mich dünkt, ich kenne diesen Klageruf?

Ein dumpfes Stöhnen, wie von einer im tiefen Schlafe durch Träume
Geängstigten, wird vernommen. — *Gurnemanz* schreitet entschlossen
einer Dornenhecke auf der Seite zu: diese ist gänzlich überwachsen; er
reißt mit Gewalt das Gestrüpp auseinander: dann hält er plötzlich an.

> Ha! Sie — wieder da?
> Das winterlich rauhe Gedörn'
> hielt sie verdeckt: wie lang' schon? —
> Auf! — Kundry! — Auf!
> Der Winter floh, und Lenz ist da!
> Erwach', erwache dem Lenz!
> kalt — und starr! —
> Diesmal hielt' ich sie wohl für tot: —
> doch war's ihr Stöhnen, was ich vernahm!

Er zieht Kundry, ganz erstarrt und leblos, aus dem Gebüsche hervor,
trägt sie auf einen nahen Rasenhügel, reibt ihr stark die Hände und
Schläfe, haucht sie an, und bemüht sich in allem, um die Erstarrung
weichen zu machen. Endlich erwacht sie. Sie ist, gänzlich wie im ersten Aufzuge, im wilden Gewande der Gralsbotin; nur ist ihre Gesichtsfarbe bleicher, aus Miene und Haltung ist die Wildheit gewichen.
— Sie starrt lange *Gurnemanz* an. Dann erhebt sie sich, ordnet sich die
Kleidung und Haar, und geht sofort wie eine Magd an die Bedienung.

GURNEMANZ:

> Du tolles Weib!
> Hast du kein Wort für mich?
> Ist dies der Dank,
> daß dem Todesschlafe
> noch einmal ich dich entweckt?

KUNDRY (neigt langsam das Haupt; dann bringt sie, rauh und abgebrochen, hervor):

> Dienen ... dienen! —

GURNEMANZ (schüttelt den Kopf):

> Das wird dich wenig müh'n
> Auf Botschaft sendet sich's nicht mehr:
> Kräuter und Wurzeln
> findet ein jeder sich selbst,
> wir lernen's im Walde vom Tier.

Kundry hat sich währenddem umgesehen, gewahrt die Hütte und geht hinein.

GURNEMANZ (verwundert ihr nachblickend):

> Wie anders schreitet sie als sonst!
> Wirkte das der heilige Tag?
> Oh! Tag der Gnade ohne Gleichen!
> Gewiß zu ihrem Heile
> durft' ich der Armen heut
> den Todesschlaf verscheuchen.

Kundry kommt wieder aus der Hütte; trägt einen Wasserkrug und geht damit zum Quelle. Während sie auf die Füllung wartet, blickt sie in den Wald, und bemerkt dort in der Ferne einen Kommenden; sie wendet sich zu *Gurnemanz*, um ihn darauf hinzudeuten.

GURNEMANZ (in den Wald spähend):

> Wer nahet dort dem heiligen Quell?
> Im düstren Waffenschmucke,
> das ist der Brüder keiner.

Kundry entfernt sich mit dem gefüllten Kruge langsam nach der Hütte, in welcher sie sich zu schaffen macht. — *Gurnemanz* tritt staunend etwas beiseite, um den Ankommenden zu beobachten. — *Parsifal* tritt aus dem Walde auf. Er ist ganz in schwarzer Waffenrüstung: mit geschlossenem Helme und gesenktem Speer, schreitet er, gebeugten Hauptes, träumerisch zögernd, langsam daher, und setzt sich auf dem kleinen Rasenhügel am Quelle nieder.

252

GURNEMANZ (betrachtet ihn lange, und tritt dann etwas näher):

Heil dir, mein Gast!

Bist du verirrt, und soll ich dich weisen?

(*Parsifal* schüttelt sanft das Haupt.)

GURNEMANZ:

Entbietest du mir keinen Gruß?

(*Parsifal* neigt das Haupt.)

GURNEMANZ:

Hei! — Was? —

Wenn dein Gelübde

dich bindet, mir zu schweigen,

so mahnt das meine mich,

daß ich dir sage, was sich ziemt. —

Hier bist du an geweihtem Ort:

da zieht man nicht mit Waffen her,

geschloss'nen Helmes, Schild und Speer.

Und heute gar! Weißt du denn nicht,

welch' heil'ger Tag heut ist?

(*Parsifal* schüttelt mit dem Kopfe.)

Ja! woher kommst du denn?

Bei welchen Heiden weiltest du,

zu wissen nicht, daß heute

der allerheiligste Karfreitag sei?

(*Parsifal* senkt das Haupt noch tiefer.)

Schnell ab die Waffen!

Kränke nicht den Herrn, der heute,

bar jeder Wehr, sein heilig Blut

der sündigen Welt zur Sühne bot!

Parsifal erhebt sich, nach einem abermaligen Schweigen, stößt den Speer vor sich in den Boden, legt Schild und Schwert davor nieder, öffnet den Helm, nimmt ihn vom Haupte und legt ihn zu den anderen Waffen, worauf er dann zu stummem Gebete vor dem Speer niederkniet. *Gurnemanz* betrachtet ihn mit Erstaunen und Rührung. Er winkt *Kundry* herbei, welche soeben aus der Hütte getreten ist. — *Parsifal* erhebt jetzt in brünstigem Gebete seinen Blick andachtsvoll zu der Lanzenspitze auf.

GURNEMANZ (leise zu *Kundry*):

Erkennst du ihn? ...

Der ist's, der einst den Schwan erlegt.

(*Kundry* bestätigt mit einem leisen Kopfnicken.)
Gewiß 's ist er!
Der Tor, den ich zürnend von uns wies?
Ha! Welche Pfade fand er?
Der Speer, — ich kenne ihn.
(in großer Ergriffenheit.)
Oh! — Heiligster Tag,
zu dem ich heut erwachen sollt'!
(*Kundry* hat ihr Gesicht abgewendet.)

PARSIFAL (erhebt sich langsam vom Gebete, blickt ruhig um sich, er
kennt *Gurnemanz* und reicht diesem sanft die Hand zum Gruß):
Heil mir, daß ich dich wieder finde!

GURNEMANZ:
So kennst auch du mich noch?
Erkennst mich wieder,
den Gram und Not so tief gebeugt?
Wie kamst du heut? Woher?

PARSIFAL:
Der Irrnis und der Leiden Pfade kam ich;
soll ich mich denen jetzt entwunden wähnen,
da dieses Waldes Rauschen
wieder ich vernehme,
dich guten Alten neu begrüße?
Oder — irr' ich wieder?
Verwandelt dünkt mich alles.

GURNEMANZ:
So sag', zu wem den Weg du suchtest?

PARSIFAL:
Zu ihm, des tiefe Klagen
ich törig staunend einst vernahm,
dem nun ich Heil zu bringen
mich auserlesen wähnen darf.
Doch — ach! —
den Weg des Heiles nie zu finden,
in pfadlosen Irren
jagt' ein wilder Fluch mich umher:
zahllose Nöten,
Kämpfe und Streite

zwangen mich ab vom Pfade,
wähnt' ich ihn recht schon erkannt.
Da mußte Verzweiflung mich fassen,
das Heiltum heil mir zu bergen,
um das zu hüten, das zu wahren,
ich Wunden jeder Wehr' mir gewann.
Denn nicht ihn selber
durft' ich führen im Streite;
unentweiht
führt' ich ihn mir zur Seite,
den ich nun heim geleite,
der dort dir schimmert heil und hehr, —
des Grales heil'gen Speer.

GURNEMANZ:
O Gnade! Höchstes Heil!
O Wunder! Heilig hehrstes Wunder! —
(Nachdem er sich etwas gefaßt.)
O Herr! War es ein Fluch,
der dich vom rechten Pfad vertrieb,
so glaub', er ist gewichen.
Hier bist du; dies des Grals Gebiet,
dein harret seine Ritterschaft.
Ach, sie bedarf des Heiles,
des Heiles, das du bringst! —
Seit jenem Tage, den du hier geweilt,
die Trauer, so da kund dir ward,
das Bangen — wuchs zur höchsten Not.
Amfortas, gegen seiner Wunde,
seiner Seele Qual sich wehrend,
begehrt' in wildem Trotze nun der Tod:
kein Fleh'n, kein Elend seiner Ritter
bewog ihn mehr, des heil'gen Amt's zu walten,
im Schrein verschlossen bleibt seit lang' der Gral:
so hofft sein sündenreu'ger Hüter,
da er nicht sterben kann
wann je er ihn erschaut,
sein Ende zu erzwingen,
und mit dem Leben seine Qual zu enden.

Die heil'ge Speisung bleibt uns nun versagt,
gemeine Atzung muß uns nähren;
darob versiechte unsrer Helden Kraft:
nie kommt uns Botschaft mehr,
noch Ruf zu heil'gen Kämpfen aus der Ferne:
bleich und elend wankt umher
die mut- und führerlose Ritterschaft.
Hier in der Waldeck' barg ich einsam mich,
des Todes still gewärtig,
dem schon mein alter Waffenherr verfiel,
denn Titurel, mein heil'ger Held,
den nun des Grales Anblick nicht mehr labte,
er starb, — ein Mensch wie alle!

PARSIFAL (vor großem Schmerz sich aufbäumend):

Und ich — ich bin's,
der all' dies Elend schuf!
Ha! Welcher Sünden,
welcher Frevel Schuld
muß dieses Torenhaupt
seit Ewigkeit belasten,
da keine Buße, keine Sühne
der Blindheit mich entwindet,
mir, selbst zur Rettung auserkoren,
in Irrnis wild verloren
der Rettung letzter Pfad verschwindet!

Er droht ohnmächtig umzusinken. *Gurnemanz* hält ihn aufrecht, und
senkt ihn zum Sitze auf den Rasenhügel nieder. — *Kundry* hat ein Bek-
ken mit Wasser herbeigeholt, um *Parsifal* zu besprengen.

GURNEMANZ (*Kundry* abweisend):

Nicht doch! —
Die heil'ge Quelle selbst
erquicke unsres Pilgers Bad.
Mir ahnt, ein hohes Werk
hat er noch heut zu wirken,
zu walten eines heil'gen Amtes:
so sei er fleckenrein,
und langer Irrfahrt Staub
soll jetzt von ihm gewaschen sein.

Parsifal wird von den beiden sanft zum Rande des Quelles gewendet. Während *Kundry* ihm die Beinschienen löset und dann die Füße badet, *Gurnemanz* ihm aber den Brustharnisch entnimmt, frägt

PARSIFAL (sanft und matt):
> Werd' heut ich zu Amfortas noch geleitet?

GURNEMANZ (während der Beschäftigung):
> Gewißlich, unsrer harrt die hehre Burg;
> die Totenfeier meines lieben Herrn,
> sie ruft mich selbst dahin.
> Den Gral noch einmal uns da zu enthüllen,
> des lang' versäumten Amtes
> noch einmal heut zu walten —
> zur Heiligung des hehren Vaters,
> der seines Sohnes Schuld erlag,
> die der nun also büßen will, —
> gelobt' Amfortas uns.

PARSIFAL (mit Verwunderung *Kundry* zusehend):
> Du wuschest mir die Füße: —
> nun netze mir das Haupt der Freund.

GURNEMANZ (mit der Hand aus dem Quell schöpfend und *Parsifals* Haupt besprengend):
> Gesegnet sei, du Reiner, durch das Reine!
> So weiche jeder Schuld
> Bekümmernis von dir!

Währenddem hat *Kundry* ein goldenes Fläschchen aus dem Busen gezogen, und von seinem Inhalte auf *Parsifals* Füße ausgegossen, jetzt trocknet sie diese mit ihren schnell aufgelösten Haaren.

PARSIFAL (nimmt ihr das Fläschchen ab):
> Salbest du mir auch die Füße,
> das Haupt nun salbe Titurels Genoss',
> daß heute noch als König er mich grüße.

GURNEMANZ (schüttet das Fläschchen vollends auf *Parsifals* Haupt aus, reibt dieses sanft, und faltet dann die Hände darüber):
> So ward es uns verhießen,
> so segne ich dein Haupt,
> als König dich zu grüßen.

Du — Reiner, —
mitleidvoll Duldender,
heiltatvoll Wissender!
Wie des Erlösten Leiden du gelitten,
die letzte Last entnimm nun seinem Haupt.

PARSIFAL (schöpft unvermerkt Wasser aus der Quelle, neigt sich zu
der vor ihm noch knienden *Kundry*, und netzt ihr das Haupt).

Mein erstes Amt verricht' ich so: —
die Taufe nimm,
und glaub' an den Erlöser!

(*Kundry* senkt das Haupt tief zur Erde und scheint heftig zu weinen.)

PARSIFAL (wendet sich um, und blickt mit sanfter Entzückung auf
Wald und Wiese):

Wie dünkt mich doch die Aue heut so schön! —
Wohl traf ich Wunderblumen an,
die bis zum Haupte süchtig mich umrankten;
doch sah ich nie so mild und zart
die Halmen, Blüten und Blumen,
noch duftete all' so kindisch hold
und sprach so lieblich traut zu mir?

GURNEMANZ:

Das ist Karfreitagszauber, Herr!

PARSIFAL:

O weh, des höchsten Schmerzentags!
Da sollte, wähn' ich, was da blüht,
was atmet, lebt und wieder lebt,
nur trauern, ach! und weinen?

GURNEMANZ:

Du siehst, das ist nicht so.
Des Sünders Reuetränen sind es,
die heut mit heil'gem Tau
beträufet Flur und Au':
der ließ sie so gedeihen.
Nun freut sich alle Kreatur
auf des Erlösers holder Spur,
will ihr Gebet ihm weihen.
Ihn selbst am Kreuze kann sie nicht erschauen:
da blickt sie zum erlösten Menschen auf;

der fühlt sich frei von Sündenangst und Grauen,
durch Gottes Liebesopfer rein und heil:
das merkt nun Halm und Blume auf den Auen,
daß heut des Menschen Fuß sie nicht zertritt,
doch wohl, wie Gott mit himmlischer Geduld
sich sein erbarmt und für ihn litt,
der Mensch auch heut in frommer Huld
sie schont mit sanftem Schritt.
Das dankt dann alle Kreatur,
was all' da blüht und bald erstirbt,
da die entsündigte Natur
heut ihren Unschuldstag erwirbt.

(*Kundry* hat langsam wieder das Haupt erhoben, und blickt, feuchten Auges, ernst und ruhig bittend zu *Parsifal* auf.)

PARSIFAL:

Ich sah sie welken, die mir lachten:
ob heut sie nach Erlösung schmachten? —
Auch deine Träne wird zum Segenstaue:
du weinest — sieh! es lacht die Aue.

(Er küßt sie sanft auf die Stirne.)

(Fernes Glockengeläute, sehr allmählich anschwellend.)

GURNEMANZ:

Mittag. —
Die Stund' ist da: —
gestatte, Herr, daß dich dein Knecht geleite! —

Gurnemanz hat Waffenrock und Mantel des Gralsritters herbeigeholt; er und *Kundry* bekleiden *Parsifal* damit. Die Gegend verwandelt sich sehr allmählich ähnlicherweise wie im ersten Aufzuge, nur von rechts nach links. *Parsifal* ergreift feierlich den Speer, und folgt mit *Kundry* langsam den geleitenden *Gurnemanz*. — Nachdem der Wald gänzlich verschwunden ist, und Felsentore sich aufgetan haben, in welchen die drei unsichtbar geworden sind, gewahrt man, bei fortdauernd anwachsendem Geläute, in gewölbten Gängen Züge von *Rittern* in Trauergewändern. — Endlich stellt sich der ganze große Saal, wie im ersten Aufzuge (nur ohne die Speisetafeln) wieder dar. Düstere Beleuchtung. Die Türen öffnen sich wieder. Von einer Seite ziehen die *Ritter*, *Titurels* Leiche im Sarge geleitend, herein. Auf der andern Seite wird *Amfortas* im Siechbette, vor ihm der verhüllte Schrein mit dem »Grale«, getragen. In der Mitte ist der Katafalk errichtet, dahinter der Hochsitz mit dem Baldachin, auf welchen *Amfortas* wieder niedergelassen wird.
(*Gesang der Ritter während des Einzuges.*)

ERSTER ZUG (mit dem »Gral« und *Amfortas*):

Geleiten wir im bergenden Schrein
den Gral zum heiligen Amte,
wen berget ihr im düstren Schrein
und führt ihn trauernd daher?

ZWEITER ZUG (mit *Titurels* Sarg):

Es birgt den Helden der Trauerschrein,
er birgt die heilige Kraft;
der Gott selbst einst zur Pflege sich gab:
Titurel führen wir her.

ERSTER ZUG:

Wer hat ihn gefällt, der in Gottes Hut
Gott selbst einst beschirmte?

ZWEITER ZUG:

Ihn fällte des Alters tötende Last,
da den Gral er nicht mehr erschaute.

ERSTER ZUG:

Wer wehrt' ihm des Grales Huld zu erschauen?

ZWEITER ZUG:

Den dort ihr geleitet, der sündige Hüter.

ERSTER ZUG:

Wir geleiten ihn heut', denn heut' noch einmal
— zum letzten Male! —
will des Amtes er walten.

ZWEITER ZUG:

Wehe! Wehe! Du Hüter des Heils!
Zum letzten Male
sei deines Amts gemahnt!

(Der Sarg ist auf dem Katafalk niedergesetzt, *Amfortas* auf das Ruhebett gelegt.)

AMFORTAS:

Ja, Wehe! Wehe! Weh über mich! —
So ruf' ich willig mit euch:
williger nähm' ich von euch den Tod,
der Sünde mildeste Sühne!

Der Sarg ist geöffnet worden. Beim Anblick der Leiche *Titurels* bricht alles in einen jähen Wehruf aus.

AMFORTAS (von seinem Lager sich hoch aufrichtend, zu der Leiche gewandt):

    Mein Vater!
    Hochgesegneter der Helden!
    Du Reinster, dem einst die Engel sich neigten:
    Der einzig ich sterben wollte,
    dir — gab ich den Tod!
    Oh! der du jetzt in göttlichem Glanz
    den Erlöser selbst erschaust,
    erflehe von ihm, daß sein heiliges Blut,
    wenn noch einmal jetzt sein Segen
    die Brüder soll erquicken,
    wie ihnen neues Leben,
    mir endlich spende — den Tod!
    Tod! Sterben!
    Einzige Gnade!
    Die schreckliche Wunde, das Gift ersterbe,
    das es zernagt, erstarre das Herz!
    Mein Vater! Dich — ruf' ich,
    rufe du ihm es zu:
    Erlöser, gib meinem Sohne Ruh'!

DIE RITTER (sich näher an Amfortas drängend, durcheinander):

    Enthüllet den Schrein! —
    Walte des Amtes!
    Dich mahnet der Vater: —
    du mußt, du mußt!

AMFORTAS (in wütender Verzweiflung aufspringend, und unter die zurückweichenden *Ritter* sich stürzend):

    Nein — nicht mehr! Ha!
    Schon fühl' ich den Tod mich umnachten, —
    und noch einmal sollt' ich ins Leben zurück?
    Wahnsinnige!
    Wer will mich zwingen zu leben?
    Könnt ihr doch Tod nur mir geben!
    (Er reißt sich das Gewand auf.)
    Hier bin ich — die offne Wunde hier!
    Das mich vergiftet, hier fließt mein Blut.
    Heraus die Waffe! Tauscht eure Schwerte
    tief — tief hinein, bis ans Heft!

Ihr Helden, auf!
Tötet den Sünder mit seiner Qual,
von selbst dann leuchtet euch wohl der Gral!

Alle sind scheu vor ihm gewichen. *Amfortas* steht, in furchtbarer Extase, einsam. — *Parsifal* ist, von *Gurnemanz* und *Kundry* begleitet, unvermerkt unter den *Rittern* erschienen, tritt jetzt hervor, und streckt den Speer aus, mit dessen Spitze er *Amfortas'* Seite berührt.

PARSIFAL:

Nur eine Waffe taugt: —
die Wunde schließt
der Speer nur, der sie schlug.

Amfortas' Miene leuchtet in heiliger Entzückung auf; er scheint vor großer Ergriffenheit zu schwanken; *Gurnemanz* stützt ihn.

PARSIFAL:

Sei heil, entsündigt und gesühnt!
Denn ich verwalte nur dein Amt.
Gesegnet sei dein Leiden,
das Mitleid's höchste Kraft
und reinstes Wissens Macht
dem zagen Toren gab.
Den heil'gen Speer —
ich bring' ihn euch zurück. —

(Alles blickt in höchster Entzückung auf den emporgehaltenen Speer, zu dessen Spitze aufschauend *Parsifal* in Begeisterung fortfährt:)

Oh! Welchen Wunders höchstes Glück! —
Die deine Wunde durfte schließen,
ihr seh' ich heil'ges Blut entfließen
in Sehnsucht dem verwandten Quelle,
der dort fließt in des Grales Welle!
Nicht soll er mehr verschlossen sein:
enthüllt den Gral! Öffnet den Schrein!

Die *Knappen* öffnen den Schrein: *Parsifal* entnimmt diesem den »Gral«, und versenkt sich, unter stummem Gebete, in seinen Anblick. Der »Gral« erglüht: eine Glorienbeleuchtung ergießt sich über alle. *Titurel*, für diesen Augenblick wieder belebt, erhebt sich segnend im Sarge. — Aus der Kuppel schwebt eine weiße Taube herab und verweilt über *Parsifals* Haupte. Dieser schwenkt den »Gral« sanft vor der aufblickenden Ritterschaft. — *Kundry* sinkt, mit dem Blicke zu ihm auf, langsam vor Parsifal entseelt zu Boden. *Amfortas* und *Gurnemanz* huldigen kniend *Parsifal*.

262

ALLE (mit Stimmen aus der mittleren, sowie der obersten Höhe, kaum hörbar leise):

Höchsten Heiles Wunder:
Erlösung dem Erlöser!

(Der Vorhang schließt sich.)

FELIX DAHN

Parcival

Der Erde bin ich nun enthoben
Auf immerdar und ihrer Qual,
Zu Gottes Himmelreich nach oben
Trug mich der reinsten Jungfrau Wahl,
Die mir den Siegeskranz gewoben
Aus Sternenglanz und Mondenstrahl:
So laß mit ew'gem Lob dich loben,
Du weiße Königin vom Gral!

Was ich gesehnt, gekämpft, gelitten,
Nun ist's vergolten wunderbar:
Den höchsten Preis hab' ich erstritten,
Der Manneswert beschieden war:
»Weil ich der reinsten Rittersitten
Auf Erden ward an dir gewahr,
So herrsche denn in unsrer Mitten,
Geliebter, sprach sie, immerdar.«

Und sieh, mit wonnigen Gebärden
Schloß mich die Himmlische ans Herz.
O Seligkeit, mich kann gefährden
Fortan nicht Menschen-Lust noch Schmerz
Rings fühlt' ich heil'ge Stille werden
Und leis nur klang's wie Gold und Erz:
»Auf, Parcival, vergiß der Erden,
Gralkönig, schwebe sternenwärts.«

Heil sei euch Geweihten

Monostatos. Die Königin und die drei Damen kommen von beiden Versenkungen; sie tragen schwarze Fackeln in der Hand.

MONOSTATOS: Nur stille, stille, stille, stille!
  Bald dringen wir im Tempel ein.
KÖNIGIN und DIE DREI DAMEN:
  Nur stille, stille, stille, stille!
  Bald dringen wir im Tempel ein.
MONOSTATOS: Doch, Fürstin, halte Wort! Erfülle —
  Dein Kind muß meine Gattin sein.
KÖNIGIN: Ich halte Wort; es ist mein Wille:
  Mein Kind soll deine Gattin sein.
DIE DREI DAMEN: Ihr Kind soll deine Gattin sein.
  (Man hört dumpfen Donner, Geräusch von Wasser.)
MONOSTATOS: Doch still, ich höre schrecklich Rauschen
  Wie Donnerton und Wasserfall.
KÖNIGIN und DAMEN:
  Ja, fürchterlich ist dieses Rauschen
  Wie fernen Donners Widerhall!
MONOSTATOS: Nun sind sie in des Tempels Hallen.
ALLE: Dort wollen wir sie überfallen —
  Die Frömmler tilgen von der Erd'
  Mit Feuersglut und mächt'gem Schwert.
DIE DREI DAMEN und MONOSTATOS:
  Dir, große Königin der Nacht,
  Sei unsrer Rache Opfer gebracht.

VERWANDLUNG

(Man hört den stärksten Akkord, Donner, Blitz, Sturm. Sogleich verwandelt sich das ganze Theater in eine Sonne. Sarastro steht erhöht; Tamino, Pamina, beide in priesterlicher Kleidung. Neben ihnen die ägyptischen Priester auf beiden Seiten. Die drei Knaben halten Blumen.)

MONOSTATOS, KÖNIGIN und DIE DAMEN:
    Zerschmettert, zernichtet ist unsere Macht,
    Wir alle gestürzet in ewige Nacht. *(Sie versinken.)*
SARASTRO: Die Strahlen der Sonne vertreiben die Nacht,
    Zernichten der Heuchler erschlichene Macht.
CHOR von PRIESTERN:
                Heil sei euch Geweihten!
                Ihr dranget durch Nacht.
                Dank sei dir, Osiris,
                Dank dir, Isis, gebracht!
                Es siegte die Stärke
                Und krönet zum Lohn
                Die Schönheit und Weisheit
                Mit ewiger Kron'!

FRIEDRICH WERNER VAN OESTEREN

Der König im Grale

Die kahle Steppe starrt und ruht
Begraben tief im Schnee und Eise.
Der König Arthur und die Greise
Sind schauernd um die Lagerglut
Geschart und drängen sich im Kreise.
Die rote Flamme zuckt, entfacht
Aus dürrem Holz gefällter Bäume.
Es schweben durch die Erdenräume
In dieser bangen Winternacht
Des Wanderjahres Todesträume.
Von allem, das einst blühend war,
Von allen, die mit Jubelsingen
Im Lenz den Weg zum Grale gingen,
Blieb nur die müde, welke Schar,
Krank, todesmatt vom Lebensringen.
Des Königs stolze Ritterschaft
War vom Geschicke überwunden
Und hatte nicht den Gral gefunden,
Sie war zerstört, dahingerafft,
Und jede Hoffnung war entschwunden.
Der Rest der Scharen, alt und schwach, —
Der suchte, was ihm noch hienieden
An Lebensglücke war beschieden:
Den Schlaf. Der König nur war wach;
Ihn floh der Schlaf, ihn floh der Frieden.
Nun war er jedes Hoffens bar.
Was blieb ihm noch?! Er sah mit Beben
Von siechen Greisen sich umgeben;
Ihm raubte dieses eine Jahr
Mehr als sein ganzes frühres Leben.
Zu großes Leid, zu große Qual
Trug er im Herzen und im Haupte.
Es war zu viel, was man ihm raubte! —
Sein Sinnen wandte sich zum Gral,

Zu dem er sich erwählt einst glaubte.
Und wie er stand und wie er sann,
Schien ihm das Eis jäh zu zerrinnen,
Als trüg' ein Frühling es von hinnen,
Schien ihm das Traumbild, das er spann,
Gestalt und Leben zu gewinnen.
Die Flammen teilten sich im Kreis;
Gleich eines Traumes Wunderspenden,
Erteilt von unsichtbaren Händen,
Erstand ein Felsblock, schwarz und weiß,
Mit hohen, glatten, steilen Wänden.
Auf Gipfelhöhe stand das Schloß,
Das Arthur träumend oft erschaute,
Das einst die Schar der Engel baute;
Ein sonnenwarmes Licht erfloß,
Es klangen zaubersüße Laute.
Der König mit der ganzen Schar,
Die frühlingsjung im Siegvertrauen
Geschieden war von Heimatsauen,
Stand vor dem Schlosse still und war
Gefesselt von dem Wunderschauen.
Nach langem Zögern trat er vor
Mit bangem, hoffendem Erblassen,
Um zag des Tores Schloß zu fassen;
Weit auf sprang da das goldne Tor,
Um einen Herrscher einzulassen.
Nun lag die Burg, nun lag der Gral,
Lag Arthurs Sehnen, Ziel und Hoffen
Vor den entzückten Blicken offen;
Da gleißte prächtig Saal an Saal
Von Gold, Gestein und reichen Stoffen.
Ins Heiligtum trat Arthur ein,
Von Glanz und Licht und Wärme trunken,
Geblendet von den Feuerfunken
Aus tausendfarbigem Gestein,
In stummes Staunen tief versunken.
Und Saal um Saal durchschritt sein Fuß;
Sein Sinn stand nach dem höchsten Gute,
Dem Kelch, gefüllt mit Christi Blute,

In dessen Wunderflammengruß
Sein ganzes Weltenschicksal ruhte.
Wie hell sich jäh ein Licht ergoß,
So hell, wie es die Sonne spendet!
Ein Flammenmeer, das nimmer endet,
Schien da zu branden. Arthur schloß
Das Aug', vom jähen Glanz geblendet.
Nur mählich wurde ihm die Kraft,
Die heil'ge Helle zu ertragen
Und seine Augen aufzuschlagen.
Der König und die Ritterschaft
Ersahn das Bild der Wundersagen
Die Stätte höchster Gotteswahl
In ihrem ganzen hehren Prangen,
Den Dom, von dem die Engel sangen,
Von Gottes Wort erwählt, den Gral,
Die heil'ge Schale, zu umfangen.
Und sieh! Von hoher Kuppel hing,
Durch Menschenwerk nicht festgehalten,
Der Kelch, von dem die Flammen wallten,
Von dem das lichte Leuchten ging,
Von dessen Ruhm die Welten schallten.
Ein frommer Schauer ließ die Schar
Bei diesem Anblick brünstig beben;
Sie alle dachten, daß ihr Leben
Nun ganz dem Gral erkoren war;
Ihm wollten sie es freudig geben.
Fromm kniete Arthur hin. Wie er
Tat auch die Ritterschar im Saale,
Sie alle blickten nach der Schale
Im heißen, sehnenden Begehr,
Zu sehn, wer König sei im Grale.
Rotglühend schrieb ein Feuerstift
Am Rand des Kelches rote Zeichen;
Held Arthur harrte mit Erbleichen,
Ob ihm der Spruch der Gottesschrift
Im Gral die Krone würde reichen.
Da aber scholl ein Jubelschrei'n,
Ein Dankesruf aus jedem Munde.

Die Schale trug die Flammenkunde:
»Arthur soll Herr im Grale sein
Und Tempeleisen seine Runde!«
Ein Sang erklang vom Himmel her,
Ein süßer Himmelssang vom Grale,
Und eine Tafel stand im Saale,
Von auserlesnen Speisen schwer,
Und lud die Ritterschaft zum Mahle.
Der König blickte wortberaubt.
Er sah erfüllt sein heißes Sehnen,
Sein Auge trübten Freudentränen,
Er ging, um glückbetäubt das Haupt
Sacht an den Thron im Gral zu lehnen.
Da schrie er auf. Der Thron versank,
Verstummt war jäh die Himmelsweise,
Verschwunden Lichterglanz und Speise,
Er sah sich arm und alt und krank
In Nacht und Fieberfrost im Eise.
Der Hungerwahn griff ihn mit Qual,
Von dem die Wahnsinnsträume stammen
Er blickte in die Lagerflammen,
Und dort — dort sah er es. Der Gral
Brach dort im Feuermeer zusammen.
Die Flammen schlugen hoch empor,
Um wild den Tempel zu verschlingen,
Sie tanzten in glühroten Ringen,
Bis sich die letzte Spur verlor,
Bis Berg und Burg in Rauch vergingen.
Und wieder schrie er wild und laut.
Ihm graute vor der Lebensreise,
Ihm graute vor dem Tod im Eise,
Ein Wahnbild hatte er erschaut,
Er war nur Fürst der Bettelgreise,
Nur Herrscher einer kleinen Zahl
von kranken, siechen Bettelleuten,
Der Führer armer Raubtierbeuten,
Er war der König nicht im Gral,
Den Glück und Schätze reich erfreuten!
Er sah um sich und sah ein Bild,

Das fremd war jedem Glückerwerben,
Ein Bild voll Elend und Verderben.
Da faßte ihn ein Bangen, wild,
Vor diesem hoffnungslosen Sterben.
Der Wahnsinn wühlte ihm im Haupt,
Verzweiflung schüttelte die Glieder.
Die Flammen stiegen auf und nieder,
Sie hatten ihm den Gral geraubt.
Wer gab ihm das Geraubte wieder?
Das Feuer? Ja, was es ihm stahl,
Das mußte es ihm wiedergeben!
Er wollte, koste es sein Leben,
Zurück sein Reich, zurück den Gral,
Sein erstes und sein letztes Streben.
Das Feuer summte leis und sang
Ein seltsam Lied von Christi Bluten,
Vom Kelch und seinen Flammenfluten:
Es sang: »Ist nach dem Heil dir bang,
Du findest es in meinen Gluten.« —
Das Feuer sang: »Ich will das Bild
Des Grals in mir dir wiederschenken,
Zum Heile deine Schritte lenken.«
Des Königs Herz schlug stürmend wild,
Das Lied nahm Fühlen ihm und Denken,
Es packte ihn mit Allgewalt,
Es zwang ihn, zu der Glut zu gehen;
Er konnte ihr nicht widerstehen,
Denn sie war heiß, und ihm war kalt,
In ihr nur war der Gral zu sehen.
Und jäh fand Arthur da den Mut,
Zu folgen heißer Feuerbitte,
Den Mut zum letzten Erdenschritte.
Ein Sprung; zum Himmel stieg die Glut,
Und Arthur stand in ihrer Mitte.
Die Flammen schlugen hoch empor,
Sie tanzten prasselnd rund im Kreise,
Sie sangen eine wüste Weise,
Wie einst ein König sie erkor,
Weil ihn so schaurig fror im Eise.

Die Flamme sprang und wuchs und schwoll,
Gestärkt, belebt vom Königsmahle;
Dann starb sie schwelend, und der fahle
Glutrest sang knisternd. Es erscholl
Ein Lied *vom Könige im Grale*.
Auch dies verklang. In mattem Rot
Verglommen noch versprengte Scheite
Und warfen sprühend sich zur Seite.
In Nacht und Eis griff nun der Tod
Die Schar, dem Kön'ge zum Geleite. — — —
Es dämmert rund am Himmelszelt
Ein trüber, grauer Wintermorgen.
Noch immer liegt die weite Welt
In Eis erstarrt, in Schnee verborgen;
Noch ist das Bahrtuch weiß gespannt,
So weit auch Menschenblicke reichen,
Ein schwarzer Fleck darin gebrannt,
Um ihn geschart todstarre Leichen.
Der schwarze Fleck ist Aschenstaub,
Die letzte Spur verbrannter Gluten,
Ist Menschenleib, ist Flammenraub,
Ist Todesweh, ist Herzverbluten.
Der Leichenhaufe ist die Schar,
Die stark einst zog zum Lebensstreite
Und nun vom Tod vernichtet war,
Ist eines Königs Grabgeleite.
Von ferne tönt das heisre Schrei'n
Der schwarzen, hungertollen Raben.
Sie werden nicht die einz'gen sein,
Die Leichenraub gewittert haben;
Denn schleichend geht durchs weiße Tal
Ein Zug von eklen Leichengästen;
Wolf naht, Hyäne und Schakal,
Um sich an Menschenblut zu mästen.
Sie werden wohl die Männer sehn,
Die hingestreckt im Eise liegen;
Sie werden an die Mahlzeit gehn
Und um die Bissen sich bekriegen;
Doch werden sie den Aschenrest,

Die Feuermale nicht berühren,
Und diese wird von Ost gen West
Vielleicht einmal der Wind entführen;
Vielleicht, — hat sie der Wind erfaßt,
Nimmt er sie mit auf weiten Reisen;
Er wird vielleicht der leichten Last
Ihr Ziel im fernen Westen weisen;
Vielleicht wird nah dem Meeresstrand
Dem müden Ostwind Ruhe winken;
Vielleicht in Arthurs Heimatsland
Läßt er die Last zu Boden sinken.
Dann ist der König, der das Heil
Nicht konnte fern im Gral erlangen,
Zurückgekehrt ins Schloß Kardweil,
Zum Volk, das ihn erharrt mit Bangen.
Und doch wird stets das Volk voll Gram
Den König suchen und ihn missen.
Daß er zurückgewandert kam,
Wird niemand ahnen, niemand wissen.

Aussendung Lohengrins

Salvaterre ist ein Zwischenreich. Es liegt gleichsam zwischen Himmel und Erde. Innerhalb seiner Grenzen ist es gelungen, zum Teil jenen Frieden zu verwirklichen, der sonst nur im Himmel zu Hause ist. Das beweisen die zahmen Raubtiere im Bereiche der Burg des Grals, die, ihrer wilden Natur vergessend, friedlich neben den von Natur friedlichen Tieren wohnen, das beweisen die Ritter, die innerhalb des heiligen Bezirks niemals von ihren Waffen Gebrauch machen.

Aber Salvaterre ist keineswegs die Stätte der ewigen Seligkeit, wenn auch die Wogen des Erlösungsglückes aus den Himmeln hineinschlagen. Auch die Wogen der irdischen Not und des irdischen Jammers schlagen über die Grenzen hinein; das beweist die Wunde, an der Amfortas, der Gralkönig, selber gelitten hatte, und die nicht heilen wollte, bevor Parsival seine irdische Schmerzenswallfahrt abgeschlossen hatte und bis Parsival im Gralkönigtum seines Vaters Amfortas' Nachfolger ward. Und die Ritter des Grals trugen zwar ihre Rüstung und ihre Waffen innerhalb des Gralsbezirkes nur als ein glanzvolles Symbol ihres Gottesstreitertums, aber sie waren gehalten, die Grenzen von Salvaterre gegen die bösen Mächte der Herrschgier der Welt zu verteidigen. Hier an den Grenzen blitzte fast ununterbrochen das Schwert, und man war auch darauf bedacht, Schritt um Schritt die Marke des Heiligen Landes weiter und weiter in die Gebiete des bösen Feindes hinauszuschieben.

Neben dem Dienste des Grals und dem Dienste des Friedens gab es in Salvaterre auch einen Dienst des heiligen Kriegs. Er war nicht leicht, war unter strenge Regeln gebracht, und die Kämpfer, die körperlich nicht unsterblich waren, mußten jederzeit, vom Gralskönig aufgefordert, wie Jesus Christus ihr Leben einsetzen. Neben der Glocke, die in der Riesenkuppel des Gralsdomes hing und die immer, sooft das Wunder des heiligen Speers und der Schüssel Josefs von Arimathia sich erneuerte, von selbst zu dröhnen begann, gab es eine Glocke, die niemand sah und niemand jemals gesehen hatte, weil sie ihre Tonwogen aus dem Inneren der Erde emporsandte. Diese Stimme der Not erscholl nicht nur, wenn unter den Menschen teure Zeit, Hungersnot, Pest oder Krieg im Anzuge war, oder wenn alle diese Schrecken Hunderttausende arme Opfer forderten, sondern die Seele eines gequälten Kindes, einer Waise, die ihren Peinigern gegenüber keine Hilfe besaß, genügte mitunter, um die Glocke im Innern der Erde gewaltig in Bewegung zu setzen.

Feierlich wiederholte sich Tag für Tag in der Gralsburg das Abendmahl, in dem der König mit den elf Herzögen vom Gral die Tafelrunde bildete. Gralskönig war jetzt Parsival, jener arme Lastträger, der seinem, ihn damals nicht erkennenden, Sohn Lohengrin die Wunder des Grals eröffnet und den Jüngling jetzt in die Gralsgemeinschaft gezogen hatte. Der Sitz des Königs war nicht erhöht, aber der Platz zu seiner Rechten, der dreizehnte in der Runde frei gelassen. Auf diesem Platz stand ein aus purem Golde getriebener, mit Edelsteinen besetzter Stuhl, über dem eine goldene Taube an einer goldenen, mit Edelsteinen ebenfalls reich verzierten Kette hing. Dieser Platz war dem Heiland der Welt, bei seiner endlichen Wiederkunft, die man stündlich erwarten konnte, vorbehalten. Zur Rechten des leeren, göttlichen Stuhles saß Amfortas der Vater Parsivals, den dieser gesund gemacht hatte und im Königtum abgelöst. Zur Linken Parsivals wiederum saß Gornemant. Lohengrin hatte seinen Sitz von seinem Vater und König drei Plätze und vier Plätze von Amfortas entfernt angewiesen erhalten. Alle Glieder der Tafelrunde liebten und verehrten einander mit Herzlichkeit, aber der Jüngste unter ihnen, der Schwanenritter, war zu ihrer aller Liebling erhoben worden.

Wie immer setzten sich eines Abends die Herren zum Mahl, nachdem sie feierlich aller derer gedacht hatten, denen sie zur Zeit ihres groben, irdischen Wandels wehe getan hatten und die, ohne das Zwischenreich zu berühren, ins Jenseits erlöst worden waren: so Herzeleide, so Blancheflour. Zu diesen Mahlzeiten wurde keineswegs der blutende

Speer oder der Gral ins Zimmer getragen; denn durch diese Symbole und ihre Wunderkraft wurde nur die Seele geheiligt und mit heiliger Speise genährt. Wenn die Runde tafelte, war jedesmal die Messe des heiligen Grals im Dom vorangegangen. Die Nahrung der Männer aber bestand aus Milch, Brot und Früchten, wie sie die Herde, das Feld und der Garten gab. Es fehlte der Wein. Man trank neben der Milch nur klares Quellwasser. Man hatte gegessen und getrunken und sich von der unendlichen Güte des Weltheilands unterhalten. Da plötzlich schien die Grundfeste der Burg Montsalvatsch wie durch unterirdischen Donner erschüttert, und das ganze Gebäude fing dermaßen zu beben an, daß man seinen Einsturz fürchtete. Parsival aber erhob sich nicht, wie die erbleichende Tafelrunde erwartet hatte, sondern legte nur seine gefalteten Hände und seine Stirn im Gebet auf den Tisch, was ihm die anderen schweigend nachmachten.

Von da ab dauerte das Erdbeben die ganze Nacht und am Morgen noch einige Stunden lang, so daß ganz Salvaterre davon erschüttert wurde. Gegen Mittag aber des folgenden Tages ließ König Parsival die gesamte Ritterschaft des Grals gegen alle Gewohnheit zusammenrufen und gab Befehl, die große Gralsmesse im Dome zu zelebrieren.

Unter der gewaltigen, inneren Musik der Domkuppel beim Brausen der Gralsglocke und beim Rollen und Donner der unterirdischen Glocke der fordernden Gerechtigkeit, ward die kristallene Schüssel des Grals und der blutende Speer in Prozession zum Altar getragen. Diese Reliquien waren bei der Kreuzigung Jesu Christi gebraucht und durch Josef von Arimathia mit in den Norden von Europa gebracht worden. Als die Zeremonie vorüber war und der Gralskönig durch Berührung der Gegenstände sich neu geheiligt hatte, winkte er von den Stufen des Altars mit der Hand und begann mit lauter Stimme zu reden:

»Gott hat mir eröffnet«, sagte Parsival, »daß ich meinen lieben Sohn, Lohengrin, aus den Grenzen von Salvaterre in die Welt senden muß, damit er dem Schwachen gegen den Starken beistehe und ein irdisches Schicksal auf sich nehme, bevor er aufs neue mit uns an der Tafelrunde von Montsalvatsch der Zukunft des Heilandes wartet.« Kaum aber, daß Parsival das gesagt hatte und auf die Frage an Lohengrin, ob er bereit sei, zu gehen, »Ja, wie, wann und wohin du willst!« zur Antwort erhalten hatte, ward es still und zugleich mit der Gralsglocke war der Lärm des unterirdischen Donners verstummt, so daß in den Schauern einer plötzlich vorhandenen Grabesruhe nur die laute Klage aller um Lohengrins nahes Scheiden gehört wurde.

KARL IMMERMANN

Montsalvatsch

Treppenstufen unter den Vorhallen
PARZIFAL. LOHENGRIN

PARZIFAL:

Die fürchterliche Wüste, uns umgürtend,
Liegt hinter deiner Füße mut'gen Ballen,
Und dieses Tempels, freundlich und bewirtend,
Die Heimlichkeiten dieser Jaspishallen
Entdeckte dir, o Wandrer, der geläutet
An unsrer Pforte, meiner Lippen Lallen.
Nun, wie die Schlang' im neuen Strahl sich häutet,
Streif du den Zweifel ab in unsrem Lenze,
Ergreif das Heil, das du so früh erbeutet,
Getrost geh ein zu Salvaterras Grenze!

LOHENGRIN:

Noch laß, gekrönter Sohn der Herzelaude,
Mich harren an den äußeren Propyläen,
Und furchtsam beben wie die Mistelstaude.
Noch laß mich fragen: Bin ich ausersehen?
Ich, der ich schritt, ein leichtgeschürzter Knabe,
Wohin die Sohlen sorglos mochten gehen.
    Was *ich* besitz', ist ja gemeine Gabe.

PARZIFAL:

So scheide! — Teilst du nur die Gaben aller,
Bringt dich der Zufall wohl an diese Plätze.
Nun, warum gehst du nicht, mein junger Waller?

LOHENGRIN:

O Frevler ich am göttlichen Gesetze,
Das mich in seinen Riesenkreis gerissen!
Vergib dem Reuevollen, Schatz der Schätze!

PARZIFAL:

Wahrscheinlich wirst du jetzt das Rechte wissen.

LOHENGRIN:

Was wär' das Heil'ge, ständ' es zu erringen?
Unendliches, was wär' es, wenn das Endliche
Zu ihm gelangte mit der Sehnsucht Schwingen?
Nein, mich umfängt das Unabwendliche!
Es fassen mich die Ketten, die gestählten!
Des Menschen Tat, die einzig kenntliche
Ist: Fühlen sich im Stande der Erwählten.

PARZIFAL:

So ist es, Lohengrin. Die Schelmenlist,
Das höchste Kleinod für den Pfennig; Tugend,
Sich zu erhandeln, hier verrufen ist.
Auf Montsalvatsch gibt's wilde, freche Jugend,
Auf Montsalvatsch geraten kühne Sünder:
Sigun', Amfortas, eitle Lüste suchend!
Das aber gilt uns Schelmenlist nicht minder,
So einer meint, wenn er entsag' und leide,
Da werd' er gleich des hehren Grales Finder.
Denn sieh! Ich prang' in Purpur, Samt und Seide,
Und bin nicht besser, als in Unbeglückung
Die Armen, die bei uns im groben Kleide.
    Der Gral ist ein Geheimnis, eine Schickung.

LOHENGRIN:

Doch wenn die Schrift erglüht am fronen Kelche ...

PARZIFAL:

Dann sind wir all' in froner Lust verglichen!

LOHENGRIN:

Und keiner weiß, wer wonniglicher schwelge!

PARZIFAL:

Und keiner weiß, ob in den Flammenstrichen ...

LOHENGRIN:

Er das Gebot, ob es der Gral gegeben!

PARZIFAL:

Und so, der Pflichten traur'ger Haft entwichen ...

LOHENGRIN:

Scherzt in der Seligkeit das freie Leben!
    Es füllet sich der Chor mit Visionen,

279

Die von der Decke Gurt herunterstreben!
Erzengel, Kräfte, Fürstentümer, Thronen
Fahren an Strahlen längs den Pfeilern nieder,
Das Haupt der Mutter zierend mit der Kronen.
Sie ruht auf goldnem Stuhl die keuschen Glieder,
Versenkt ins Kind, das einst in sie versenket,
Mit seinem Händchen quetscht des Todes Hyder.
Rings treten zu die Heiligen, verschränket,
Und zeigen freudiglich auf ihre Wunden,
Womit der Menschen Marter sie beschenket.
Im höchsten Schmerz ein lechzendes Gesunden,
Stirbt ewig süßen Tod Sebastian,
Der hat der Wollust tiefsten Grund gefunden.
Die kleinen Englein machen sich daran,
Und spielen mit dem Kreuz, dem Kelch, dem Dorne,
Der Säule, Geißel, die das Blut gewann.
Und wie der Westwind wühlt im reifen Korne,
So wühlet, stürmet, tost im Meer der Liebe
Die Orgel mit der Töne brünst'gem Zorne!

PARZIFAL:
Wo ist die Trau'r?

LOHENGRIN:
Sie starb am Glück der Liebe.

PARZIFAL:
Die Falte?

LOHENGRIN:
Glättete die Hand der Liebe.

PARZIFAL:
Der Schatten?

LOHENGRIN:
Weggezehrt vom Licht der Liebe!
In Heitre, Jugend, Farben jauchzt die Liebe!

PARZIFAL:
Die Inschrift lies nunmehr an unsrer Pforte.

LOHENGRIN:
»Ich habe mich nach eignem Recht gegründet,
Vergebens sucht ihr mich.

Der Wandrer, welcher meinen Tempel findet,
Den suchte ich.«

PARZIFAL:
Es sterben denn die dürftigrohen Worte,
Die sich aus unsrem Munde konnten schleichen,
Weil Erdenlüft' hier noch vergröbernd streichen,
Dem Frohsinn, dem gesuchten, aufgenommnen,
Im Angesicht des korporell Vollkommnen!
(Lohengrin schreitet die Stufen hinauf)

TITUREL *(kommt aus dem Innern)*:
Zurück! — Vernehmt des Gottes jüngsten Schluß!
Ich kehr', erschüttert bis zum tiefsten Marke,
Vom Heiligtume, des ich warten muß.
Wie auf der Sturmflut bebt die scheue Barke,
So zittert, springt, gekocht von Angst und Grimme,
In seinem Kelch das Blut, das weltenstarke.
Also befiehlt der Feuerzeichen Stimme:
»Auf! Gürtet eure Lenden, ihr Templeisen!
Den Unbezwungnen zwingt das völlig Schlimme.
Ich muß, muß mich vom Abendland verweisen,
Ich löse mein Gebäu von diesem Felde,
Nach Indien will ich luftgetragen reisen!
Dort aber wird geschehn, was ich vermelde:
Des neuen, reinen Priesterreiches Stiften
Im tiefsten, schauervollsten Urgewälde.
Denn mich vertreibt aus den erwählten Triften
Der Antichrist! — Er suchet das Geschlecht
In ungeheu'rster Sünde zu vergiften.
Des letzten Abkömmlinges Dienst und Recht
Sei dies: zu bleiben in dem Abendrote
Dem Leid zum Trost, dem Bösen zum Gefecht.
Titurel bleibt Pfleger bei des Lebens Brote,
König ist Parzifal, der große, freie,
Und in die Welt geht Lohengrin, der Bote.
  Die ird'sche Trias aber sind die dreie.«

(Titurel beugt sich anbetend gegen das Innre des Tempels. Parzifal steht auf den Stufen, in sich gekehrt, die Hand am Schwert. Lohengrin schreitet mit wehenden Locken die Stufen hinunter)

4.

Montsalvat oder Berichte und Geschichten von der Gralsburg

OTTO HENNE AM RHYN

Das Gewölbe der Gralsburg

»Das Gewölbe der Gralsburg ist nach dichterischer Darstellung der blaue, sternfunkelnde Himmel, durch welchen Sonne und Mond strahlend daherziehen. Der Kristallboden des Raums gleicht dem Meere, an den Wänden sieht man goldene Bäume und blühende Blumen.«

RICHARD WAGNER

Die Gralserzählung

Im fernen Land, unnahbar euren Schritten,
liegt eine Burg, die Monsalvat genannt;
ein lichter Tempel stehet dort inmitten,
so kostbar, wie auf Erden nichts bekannt:
drin ein Gefäß von wundertät'gem Segen
wird dort als höchstes Heiligtum bewacht,
es ward, daß sein der Menschen reinste pflegen,
herab von einer Engelschar gebracht;
alljährlich naht vom Himmel eine Taube,
um neu zu stärken seine Wunderkraft:
es heißt der Gral, und selig reinster Glaube
erteilt durch ihn sich seiner Ritterschaft.
Wer nun dem Gral zu dienen ist erkoren,
den rüstet er mit überird'scher Macht;
an dem ist jedes Bösen Trug verloren,
und wer ihn sieht, dem weicht des Todes Macht.
Selbst wer von ihm in ferne Land' entsendet,
zum Streiter für der Tugend Recht ernannt,
dem wird nicht seine heilige Kraft entwendet,
bleibt als sein Ritter dort er unerkannt:
so hehrer Art doch ist des Grales Segen,
enthüllt — muß er des Laien Auge fliehn.
Des Ritters drum sollt Zweifel ihr nicht hegen,
erkennt ihr ihn, dann muß er von euch ziehn.

Gral

Es ist ein Berg, hoch aufgetürmt,
 Von Nacht und Wettern viel umstürmt,
 Der Gipfel tief in Wolken steckt,
 Den Fuß hält Tann und Dorn umheckt,
 Daß man den Weg kaum finden kann.
 Und doch, den Berg muß ich hinan.

Da oben steht in weißer Pracht
 Ein Tempel, marmorüberdacht
 Darin aus einem ewigen Licht
 Der Glanz der höchsten Gnade bricht,
 Darin ich rein von Staub und Ruß
 Die nackte Seele baden muß.

Kein Tann so dicht, kein Dorn so scharf,
 Daß er den Fuß mir hemmen darf,
 Und keine Nacht so schwarz und schwer,
 Kein Wind und Wetter stürmt so sehr,
 Kein Tod und Teufel sperrt den Pfad,
 Die Seele schreit nach ihrem Bad.

Du arme, arme Seele du,
 Ohn' Rock und Hemd, ohn' Strumpf und Schuh,
 Nackt, blutend kämpfst du deinen Streit,
 Kennst nicht den Weg, weißt nicht wie weit;
 Dein einziger Stecken das Vertraun,
 Daß du das süße Licht wirst schaun.

Ach, wenn du auf den Stufen liegst,
 Die du mit letzter Kraft erstiegst,
 Und über dir die heilige Glut
 Mit einem stillen Leuchten ruht,
 Und alle Wunden haben sacht
 Die kranken Lippen zugemacht:

Dann hebst du deine Hände auf
    Und segnest deinen Weg und Lauf.
    All' Leid und Unruh fallen ab
    Und legen sich ins stille Grab,
    Und Glanz hüllt dich und Himmelsschein
    In einen weichen Mantel ein.

Titurels Gralstempel

Wie dem Wächter nach langer kalter Nacht der aufglänzende Morgenstern, wie allem Lebenden der wonnenreiche Mai, wie nach kaltem Reif die Sonne, wie in Mittagsglut ein Brunnen und einer duftigen Linde breiter Schatten, wie dem Bedrängten der milde Freund, wie dem Beraubten, der Gericht begehrt, des Königs Gruß, wie dem Blinden, wenn er es wiederfände, das Augenlicht, wie dem Durstigen der süße, klare Wein, dem müden Gast die Herberge, wie dem Liebenden das Geliebte, über all dieses herzerfreuend ist der Anblick des schönen Jünglings Titurel. Vielfach wird ihm der Frauen holder Gruß geboten, ein Klausner hätte sich daran entzündet. Doch Titurel ist eingedenk der Verkündigung des Engels bei seiner Geburt. Im Kampfe für das Christentum will er von Gott verdienen, daß ihm einst ein Kuß von rotem Munde werde. Mit dem Vater zieht er auf Heerfahrt gegen die Sarazenen von Auvergne und Navarra. Zween Falken gleich, schweifen die beiden in rauschendem Flug umher, bis in allen Abendlanden der Heiden wenig find.

So wirbt er, in unverblühter Jugend, bis zum fünfzigsten Jahre; da bringt der Engel die Botschaft, daß Titurel um seiner Tugend willen zum Gral erwählt sei. Er scheidet von den Eltern, die in Tränen Gott loben. Vom Gesang der Engel geleitet, kommt er zu einem pfadlosen Walde, der nach allen Seiten sechzig Meilen sich erstreckt. Zypresse, Zeder, Ebenbaum, Gehölz aller Art ist hier wild verwachsen, fremde Vögel singen in den Zweigen. Mitten im Walde ragt ein Berg, den niemand finden kann, als wen die Engel führen, der bewahrte, behaltene Berg, Montsalvatsch. Mit vielen Gezelten liegt auf diesem Berge Titurels künftige Schar. Über ihr schwebt, in reichem Gehäuse, der Gral, von unsichtbaren Engeln gehalten; denn noch lange soll nicht geboren sein, wer ihn berühren darf. Was sie bedürfen, gibt der Gral, welch Gefäß man darunterhält, es ist der besten

Labung voll. Reich an Gold und edlen Steinen ist das Land, Salvaterre, denen bekannt, die in Galizien fahren. Hier waltet Titurel, herrlich vor allen Königen. Er baut auf Montsalvatsch eine weite Burg, von ihr aus dient er Gott mit Speer und Schwert gegen die Heiden, die sich in der Wildnis ansiedeln wollen. Noch immer bleibt der Gral schwebend, da beschließt Titurel, ihm einen Tempel zu stiften, dessen Pracht niemand überbieten könne, ganz aus edlem Gestein, aus lautrem Gold und, wo man Holz zu dem Gestühle braucht, aus Aloe. Was man zum Werke bedarf, findet man vom Grale bereit.

Der Fels des Berges ist ein Onyx; eine Schichte desselben, mehr denn hundert Klafter im Umfang, säubert Titurel von Gras und Kräutern; er läßt sie schleifen, daß sie wie der Mond erglänzt. Auf ihr findet er eines Morgens den Grundriß des Werkes eingezeichnet. Rund, mit zweiundsiebzig Chören, jeder von acht Ecken, erhebt sich der Bau. Innerhalb und außen glänzt aus rotem Golde jeder Edelstein nach seiner Farbe. Je auf zwei Chören ruht ein hohes Glockenhaus, allum zu einem Kranze stehen die Türme, achteckig, mit vielen Fenstern; inmitten hebt sich einer, zweimal so groß als die anderen. Die Turmknöpfe brennende Rubine, darauf kristallne Kreuze, auf jedem Kreuz ein Aar, von Golde funkelnd; von fern scheint er im Fluge zu schweben; das Kreuz, darauf er ruht, verschwindet dem Auge. Des mitteln Turmes Knopf ein Karfunkel, der den Rittern des Grales, wenn sie im Walde sich verspätet, durch die Nacht zur Heimat leuchtet. Zwo Glocken mit goldenen Klöpfeln rufen zum Tempel und zum Konvent, zum Tisch und zum Streite. An den Außenwänden des Tempels ist ergraben und ergossen, wie seine Diener täglich gewappnet zum Schutze des Grales kämpfen. Drei sind der Pforten, von Mittag, Abend und Mitternacht, jede mit reichen Vorlauben geziert. Nach Morgen sind die meisten Chöre gerichtet; gen Mittag führt ein Kreuzgang zu der Wohnung der Brüderschaft. Im Innern des Tempels ist das Gewölb ein blauer Himmel von Saphiren, mit Karfunkeln gestirnt, die selbst in dunkler Nacht erglänzen. Dazwischen ziehen, durch verborgene Kunst, die goldene Sonne und der silberne Mond, die sieben Tageszeiten zum Gesang anzeigend. Der Estrich ein kristallnes Meer; wie unter dünnem Eise, sieht man Fische und Meerwunder sich bekämpfen. Die Mauern von Smaragd, darauf goldne Bäume, mit Vögeln besetzt. Die Bogen mit Reben durchflochten, die über das Gestühl herabhängen. Dichtbelaubt, aus Gold, sind diese Reben. Rosen und Lilien dazwischen. Erhebt sich ein Wind, so erklingen die Blätter, als ob tausend Falken mit goldnen Glöcklein sich aufschwängen. Engelsgestalten wiegen sich auf den Reben. An Wänden und Pfeilern Bilder der Evangelisten und Zwölfboten, der Propheten und der Heiligen. Nirgends spannenbreit im Tempel ungeschmückt. Die Fenster, statt Glases, Berylle; auf ihnen, daß nicht der Glanz das Auge verletze, Bilder aus farbigem Gestein, nach welchem die Sonnenstrahlen sich färben. Entbehrlich ist zwar der Fenster Helle, Überfluß an Licht geben die edlen Steine, deren Glanz das lichte Gold entzündet. Goldene Kronen mit leuchtenden Kerzen hängen herab, darob je speereshoch ein Engel, als wollt' er die Krone in die Lüfte führen. Auch auf Kanzeln und Mauern tragen viel Engel Kerzen. Engel, mittels verhohlener Bälge, geben zum Gesang der Priester süß Getöne. Welche Stimme im Tempel ertönt, durch die edle Art der Steine, die Weite und Höhe des Raums, wird der Widerhall in hellem Tone verlängert, wie wenn im Walde Orgelklang ertönte. Der größeren Chöre einer ist dem Heiligen Geiste geweiht, der Patron über all den Tempel ist; der nächste dabei der reinen Mutter Gottes, der dritte dem Johannes, die folgenden den übrigen Zwölfboten. Vor jedem Chore zwo goldne Gittertüren, innen herrlich gezierte Altäre, darauf Balsamfeuer brennt. In der Mitte des Tempels aber steht ein überreiches Werk, diesen im kleinen darstellend, jedoch nur mit einem Altar; hier soll der Gral bewahrt werden, wenn er sich niederlassen wird. In dreißig Jahren ist der Bau vollbracht. Ein Bischof weiht Tempel und Altäre; da führt der Engel den Gral in die köstliche Zelle, die ihm bereitet ist.

Der Gralstempel

Wohl aber finden wir in diesem Tempel das einzige damals bestehende große christliche Bauwerk, den Stolz der Griechen, ihre Sophienkirche in allen ihren Umrissen wieder. Dieser Tempel, vom ersten Gründer *Konstantin* bedeutungsvoll dem *Logos*, der Weisheit des verkörperten göttlichen Worts geweiht, verknüpfend im Würfel und der Kugelform, den Elementen seines Baues, Irdisches mit Himmlischem, daher den Griechen auch ein Himmel auf Erden genannt, Wohnhaus Gottes und seiner Heiligen, war in seiner ganzen Ausführung vollkommen in derselben reinchristlichen Idee gedacht, in der auch die ganze Dichtung vom Grale erboren war. Auf den Ruinen der alten Heidentempel, die alle ihre Zierden zu dem Baue hergegeben, hatte sie sich erhoben, eine Himmelsstadt hienieden, wie alle uralten Städte Sonnenstädte waren; im Schiffe, dem offenen Platz fürs Volk durchkreuzen sich die Straßen von den vier Himmelsgegenden; im Aufgange, von wannen alles intellektuelle Licht gekommen, steht das Heiligtum; im Niedergange aber sind die Stufen der Aufnahme bereitet, die erste Vorhalle für die Katechumenen, die zweite für die Täuflinge, im Schiffe dann die Gemeinde, im Chore die Priester, vor dem Altare der Patriarch, auf den Vorhöfen der Ruheplatz der Toten, außer den Ringmauern die Ungläubigen: so war die Kirche der Tempel des Sohnes im neuen Bunde, wie jener in *Jerusalem Jehovas*, und mit Recht rühmte *Justinian* nach der Vollendung, er habe Salomo übertroffen. Das Schiff ein vollkommener Würfel trägt auf vier gewaltigen mit Arkaden verbundenen Säulen die große, schöne, keckgewölbte Himmelskuppel, oben geschlossen mit der Rose, aus der das goldne Kreuz erblüht, in den vier Ecken die vier kolossalen Cherubim mit ihren Flügeln die Wände deckend, die das Schiff gleichsam zur Bundeslade weihen, so daß, was im alten Glauben Heiligtum war und das Gesetz in sich barg, jetzt die Gemeinde aufgenommen. Der Würfel muß daher nach Osten in ein anderes gleich großes Viereck für Chor und Heiligtum sich öffnen, nach Westen aber in ein drittes für die beiden Vorhallen, und das Eine wie das Andere erscheint von einer Halbkugel und zwei nebenliegenden kleineren Kuppeln bedeckt. Nach Mittag und nach Mitternacht gehen dann zwei andere gleich lange Arme vom Würfel des Schiffes aus, und bilden mit jenen beiden das griechische Kreuz, das Symbol des neuen Glaubens und Siegel des erneuten Bundes. In ein Viereck aber erscheint das Kreuz eingeschrieben, und darum entstehen zwischen den vier Armen eben so viele vierecke Räume oder Chöre, Filialkapellen der großen Kirche, jede von einer eigenen Kuppel bedeckt. Hundert Säulen mit vielfach wechselnden belaubten Kapitälern und zierlichen Fußgestellen sind im Innern des Tempels verteilt, und Arkaden mit reichverzierten Galerien wölben sich darüber her. Der Boden aber, das Elementenmeer, war im alten Heidentum Sanktuarium gewesen, ist mit buntem Marmor, Porphyr und Verdeantico belegt, alle Wände sind mit Mosaik, Arabesken, Blumengewinden, erhobenen Bildwerken alter Mythen und neuer Symbole köstlich und kunstreich verziert, die eisernen Pforten mit Bronze überlegt und mit Basreliefen geschmückt. Es konnte nicht fehlen, die große Idee des *Anthemius* mußte sich in der Poesie des Abendlandes fortbilden, und wirklich ist die Zeichnung des Tempels von *Montsalvaez* im *Titurel* der Aufriß der *Sophia* in *Byzanz*. Reich der Erze von Gold war *Salvaterre*, erzählt der dritte Gesang der Dichtung, ein Hort der edlen Steine das Land. Dort stiftete Titurel dem Grale einen Tempel aus rotem Gold und *lignum Aloe* und kostbarem Gesteine, das Kühle geben mag in Sommersglut und Wärme in Wintersfrost. In Waldes Mitte lag *Montsalvaez*, der Felsen ein Onix, und eines Klafter hoch darauf eine Steintafel, die mehr als hundert Klaftern Breite die volle hat allum. Sie ließ Titurel von Gras und Kräutern reinigen und schleifen, daß sie glänzte gleich dem Monde, und eines Morgens fand er die Grundveste des Werkes darauf gerissen. Der Gral selbst brachte hervor, was man zum Bau bedurfte, und er erhob sich bald auf jener Grundlage. Rund (sinewel) als eine Rotunda begunnte man des Tempels mit Werk darinne zwei und siebzig Chöre, außen her dann acht Ecken, jeglicher Chor besonder vorgeschossen. Auf ihre Mensur gewölbet war dann das Werk gar spehe, innerhalb und außen glänzte aus rotem Golde jeglicher Edelstein nach seiner Farbe besonder. Und wo sich die Gewölbe reiffen nach der Schwibbogen Krümme, da schweifen von den Pfeilern manch spähe Listen daran allum, viel erhaben Geschmelzwerk ist darauf gewirret. Die kleinen und die großen Gewölbe waren mit Pfeilern unterstoßen, und je von vier Ecken, wo die Schwibbogen nieder war gesetzet, standen der Evangelisten viere aufgeschlossen mit Reichheit ausgeziert. In der Richtung gegen Morgen waren die meisten Chöre gestellt, der Größeren einer war dem heiligen Geiste, des Tempels Patron, wie der Logos der des andern, geweiht; der nächste dabei der Magd, die Mutter war des Kindes, das mit Gewalt des Himmels und der Erde pflegt; Johannes hieß des dritten Chores Herr, selbst Zwölfter seiner Genossen die unfern von ihm gehauset waren. Der Chöre Ecken waren gedreht (gewölbt) rund nach oben (zu Berge), und wie sie so ausgeschossen waren mit den Ecken, da ließ der König auf je zween ein Glockenhaus legen, sechs Stockwerke hoch. Allum zu einem Kranze standen die Türme, ihrer Wände waren achte und eben so viele Ecken, je nach der Chöre Stellung, an jedem Stockwerk drei Fenster zu allen Seiten, die Spindel darin den Augen zur Lust gedreht. Ihr Dach gleich des Tempels Dache, ihre Knöpfe hellbrennende Rubinen, darauf Kreuze von schneefarbnem Crystal, und darüber flügelich schwebende Adler von lauterm Gold. In aller Mitte aber erhebt sich ein Turm, an dem zweier andern Höhe und Zierde allein liegt, oben statt des Knopfes ein Karfunkel, der nachts die Templeisen zur Burg geleitet. Zwei kostbare Türen gingen ein zu allen Chören, alle Goldes reich begittert, daß man allum freie Aussicht hatte; drei große goldene Tore aber in Mittag, Mitternacht und Occident (nicht Orient). Das ist der Grundriß des Gebäudes ganz in des Dichters Worten. In acht Ecken, also in Kreuzes Form, waren die Chöre geordnct, das aber läßt völlig regelmäßig und ineinandergreifend nur auf die Weise sich darstellen, wenn man den Tempel des Grales als die zweite Potenz jener griechischen Kirche annimmt. Alsdann tritt das Schiff der Kirche, bedeckt von jener Kuppel in die Mitte, die vier Arme des Kreuzes ins Quadrat eingeschrieben, bilden dann um jenen Würfel acht Tetragone, und jedes derselben ist wieder nach innen ein griechisches Kreuz dem Quadrate eingeschrieben. Legen wir daher die allgemeinen Verhältnisse der *Sophia* zugrunde, dann sehen wir die große Kuppel in aller Mitte von vier kleineren eiförmigen und vier noch engeren Rotunden umgeben, deren jede einen kleinen Würfel deckt; acht Halbkugeln werden an jene elliptischen dann sich anschließen, und diese von noch 56 andern teils kreisförmigen teils elliptischen kleineren Rotunden umrungen seyn, so daß in allem 72 Kuppeln die Große in regelmäßiger Anordnung in die Mitte fassen, und sich über eben so vielen Kapellen wölben. Auch die gegebene Anordnung der Türme läßt sich gleichfalls nicht anders ausführen, als wenn man sie grade wie bei der Sophia in die vier Winkel des großen Mittelschiffs und der acht kleinern Würfel stellt, wo alsdann, nach welcher Seite man blicken mag, immer ein Turm zwischen je zwei Kapellen steht, und 32 kleinere im Kranze vier größere, und diese den allergrößten in der Mitte umgeben. Wirklich stand auch in *Byzanz* an der Stelle, wo gegenwärtig der halbe Mond auf einer Pyramide oben auf der Kuppel glänzt, eine andere noch höhere, die aber schon unter Justinian eingestürzt.*) Eine neue Potenz oder wenn man will Wurzel des Gebäudes, war jenes überreiche Werk, das der Tempel in

---

*) Der Grundriß der großen Kuppel wird vom mittleren Kreise vorgestellt, und der Aufgang fällt nach oben hin, der Ort der Türme aber ist durch die Eckpunkte der Schiffe bezeichnet. Der dunkle Text könnte auch wohl dahin gedeutet werden, der Dichter habe das Kreuz nicht in ein Viereck, sondern in einen Kreis eingeschrieben gedacht, das konnte Umbildung seyn, aber da nicht ohne große Verschiebungen, Unregelmäßigkeiten oder leergelassene Winkel eine solche Anordnung sich ausführen lassen würde, so kann man wohl eher diese Auslegung für ein Mißverständnis halten, entweder des teutschen Textes durch den also Auslegenden, oder des französischen, arabischen oder griechischen, durch eines der drei Organe, durch welche er durchgegangen, bis er zu uns gelangt.

Mitten inne hielt, ihm selbst überall gleich erbaut im Verlauf von dreißig Jahren, nur daß ein Altar allein sich darin befand, der den Gral bewahrte, während man alle andern Chöre leer gelassen. Auch in den innern Verzierungen läßt das griechische Vorbild sich nicht verkennen. Man sah an den Pfeilern ergraben und ergossen Engel licht sonnenfarben, als stiegen sie vom Himmel nieder, viel andere Bilder gegossen und erhauen, der Gekreuzigte und unsere Frau, reiche Gemälde der zwölf Boten, Beichtiger, Mägde, Patriarchen, Märtyrer, Propheten. Vor allen vier Bilder geedelt starke aus Gold ergossen nach den vier Evangelisten, ihre Flügel hoch die Länge weit gebreitet. Spindeln standen in den Chören, darüber Bogen gingen, und um diese wanden sich goldne Reben und ließen ihr Laub über die Gestühle (die Galerien) niederhängen, und Engel flatterten im erklingenden Gezweige. Gefäße mit brennendem Balsam hingen herab in jedem Chore; goldene Kronen mit vielen Lichtern von schwebenden Engeln getragen schwebten im Schiffe, wie noch jetzt in der *Dschamie,* wo zahllose Lichter einen großen Kreis mit viel eingeschriebenen Kleinern zusammensetzen, ein Abbild des Himmels und des Sonnensystems. Nirgend war Spannenbreit im ganzen Tempel inne, es war ergossen und ergraben und verwirret mit kostreichen Dingen. Statt des Glases waren Beryllen in den Fenstern, eingesetzte herrliche Bilder waren darauf entworfen und mit edlem Gesteine ausgelegt, um den blendenden Glanz zu stillen. Mit Saphyren waren die Kuppeln innen bedeckt und geblauet und licht gestirnet mit Karfunkeln, und unter den Sternen glänzte goldfarben die Sonne und der silberweiße Mond; Uhrwerke trieben sie so kunstreich fort, daß kein Auge ihr Umschleichen gewahrte, und gingen doch durch alle Zeichen. Unten auf dem Onyx waren Fische und vieler Meerwunder Bilder abgeformt, und darüber waren klare Kristalle hingelegt, daß der Estrich einem wallenden See glich, bedeckt mit Eise, durchleuchtig, daß man alle Wundertiere darin gesehe.*) Außen auf den Wänden des

---

*) Die meisten Mosaiken der Sophia bestehen aus kristallnen Würfeln, hinten mit verschieden gefärbter Metallfolie belegt.

Tempels sind die Taten der Templeisen vorgestellt. In der ganzen Schilderung sehen wir nur den griechischen Kolossen in steigernder Fantasie über sich selbst erhoben, zum großen Labyrinth der neuern Zeit, das Werk in einer ähnlichen Idee gebildet, wie jene, die der Indier Hand geleitet, als sie in *Ellore Caylasa* das große Pantheon, die weite Götterstadt im Urfels ausgehöhlt. Es hat aber dieser neugriechische Geschmack zugleich mit dem Kirchenglauben unter *Wladimir* nach Rußland sich verbreitet, und dort bis in die neuern Zeiten sich behauptet. Die ältesten russischen Kirchen sind Würfel, vier starke viereckige Säulen im Schiffe tragen eine große Kuppel, die von vier kleinern umgeben wird, und Pfeiler, Wände, Gewölbe sind mit Bildern des Erlösers, der Jungfrau und von Heiligen ohne Zahl bedeckt. Auch die zahlreichen Türme findet man an diesen Bauwerken wieder, so hat die Himmelfahrtskirche, die schönste unter den 1600 Kirchen, die sich in Moskau finden, neun dieser mit vergoldetem Kupfer gedeckten Türme. Die merkwürdige Jerusalemskirche eben dort von Johann Basilides erbaut, verschließt in ihrem Innern zwanzig Kirchen oder Chöre, und ihr Name bestätigt, was der Titurel erwähnt, der Tempel des Grals sei nach dem Plane der (alten vor der gegenwärtig verbrannten) Kirche zum heiligen Grabe in *Jerusalem* gebaut, die also wie begreiflich in neugriechischem Style gewesen. Im Westen wurde diese Bauart gleichfalls in den frühesten Zeiten aufgenommen, und wie sie selbst in ihren Formen auf der altgriechischen ruht, so wurde auf sie wieder die Neugotische gegründet. Das griechische gleichseitige Kreuz dem Quadrate eingeschrieben, ist in vieldeutiger symbolischer Bezeichnung die Erde mit ihren vier Elementen und Weltgegenden in die Natur aufgenommen. Christus aber an das Kreuz geschlagen, bezeichnet in der gleichen Sprache das göttlich Prinzip, das herabgekommen und in die Fesseln des Natürlichen sich hingegeben, um durch seine Herabkunft das in seinen Banden befangene Geistige zu erlösen. Die christliche Gemeinde, versammelt im Tempel dieser Form, reproduziert dies mystische Symbol, sie ist der Leib ans Irdische gekreuzigt, der Geist aber in ihr durch das Erlösungswerk befreit, steigt in der Andacht des Gottesdienstes zum Himmel auf. Jener mystische Leib christlicher Genossenschaft erinnert an die uralte Idee brahmanischer Religion, und ist eben nur Vergeistigung dieser Idee, die aus dem Haupte des Urmenschen den Brahminen, aus den Armen den Krieger, aus den Füßen die unterste Caste hervorgehen läßt. Auch hier ist das Haupt der Gemeinde die im Chor versammelte Priesterschaft, es folgen die Edlen und die Staatsbürger im Schiffe und den Seitenflügeln, zuletzt in den Vorhallen Katechumenen und büßende Sudras. Bei den germanischen Völkern war der innere Freiheitssinn jenem orientalischen Castengeist zuwider, vor Gott mindestens waren im Tempel alle gleich. Das Clima erschwerte den Bau der Kuppeln, an ihre Stelle traten spitze Kegeldächer, dadurch aber wurde notwendig der Raum des Schiffes verengt, und damit es die Gemeinde fassen möge, verlängerte man die Vorhallen zu einem größern Arm, und so war das griechische Kreuz in ein Lateinisches verwandelt. Ein starker Turm steht vorn an der Sophia, mit sechs großen Strebepfeilern ihr Portal zusammensetzend; zwei dieser Türme setzte man zu beiden Seiten des Eingangs in jenen Hauptarm des Gebäudes, die Seitenchöre verwandelte man in eine zu beiden Seiten fortlaufende Galerie, und so entstand der Grundriß der meisten gotischen Münster. Unverkennbar zeigen den Übergang jene Kirchen, die zwischen der Zeit Karls des Großen und dem Mittelalter errichtet wurden; schneidet man jene Verlängerung des westlichen Armes bei der Apostel- und Martins-Kirche zu Köln, so wie bei St. Maria zum Kapitole ab, dann erhält man die reine griechische Grundform, den Würfel des Schiffes von vier Stütztürmen gehalten, und davon ausgehend die drei obern Arme und drei außen halbzirkelförmig gerundete Chöre bildend. Auch jenes Bauwerk im Innern des Tempels vom Grale wiederholt sich in den gotischen Münstern an dem sogenannten Tabernakel, einem reichverzierten Bauwerk, das neben dem eigentlichen Altare, einem einfachen Opfertische, stand, und die Monstranz, den gotischen Gral enthielt.

Die Wartburg als Gral

Ich kann mich der Vermutung nicht enthalten, daß Wolfram in der Gralburg der glänzendsten unter den damaligen Hofburgen, der Wartburg, ein Denkmal hat setzen wollen; eine ganze Reihe einzelner Züge treffen, so weit ich es, ohne die Wartburg anders als aus den zahlreichen Abbildungen und Beschreibungen zu kennen, zu beurteilen vermag, in Wolfram's Gedicht mit der Wirklichkeit, den noch vorhandenen Zeugen jener ersten Glanzzeit der Burg überein.

Montserrat, der Gralsberg

»Bis jetzt haben Sie Laute gespielt oder Klavier, Herr Spielmann«, sagte der Konsul. »Aber Sie kennen noch nicht die
Macht und Tiefe der Orgel. Wie die Orgel zur Laute, so verhält sich der Montserrat zur Wartburg. Was Sie mir soeben
aus Ihren Blättern über Lourdes vorgelesen haben, läßt
mich annehmen, daß Sie dort eine erste Weihe empfangen
durften: das heißt, eine Ahnung von den höheren Gesetzen,
die hinter dem Sichtbaren walten. Vielleicht gibt Ihnen dieser Berg eine zweite Weihe. Und das Leben selbst hernach
die dritte und beste.«

Sie saßen bereits in der Bahn, als diese Worte gesprochen
wurden. Das Reiseziel der Familie Bruck und des Spiel-
manns war nicht mehr fern.

Der Felsenberg Montserrat erhebt sich einsam und maje-
stätisch aus den Hügeln der katalonischen Landschaft.

Nähert man sich an duftigem Sonnentage von Barcelona
her dem Städtchen Monistrol im vielgewundenen Tal des
Llobregat, so scheint sich plötzlich am Horizont ein Wol-
kengebirge zu türmen. Man späht genauer — und man entdeckt mit erhabenem Staunen: es sind keine Wolken, es
sind Felsen!

In abenteuerlichen Steinformen zackt sich der gewaltige
Berg wie eine Walhalla aus den Dünsten des Flachlandes
empor. Sein Name ist Montserrat, das heißt Zackenberg,
weil wie die Zähne einer Säge diese Kammlinie zerrissen
und zerschnitten ist. Und um so wirksamer ist der langge-
streckte und hohe Felsenbau, weil er sich einsam mitten in
wenig hohen, zerwaschenen Lagerungen der katalonischen
Lehmhügel erhebt.

Die Fantasie gesellt sich hinzu und verbindet mit dieser
Stätte eine der tiefsinnigsten Legenden.

An diese hohe Felsenburg heftet sich eine Sage, die aus
keltischen Bezirken stammt. Der Montserrat ist der mittelal-
terliche Montsalvat oder Munsalvaesche der Gralsage.

Dem Gralsucher Ingo von Stein war der Gral, dieses geheimnisvolle Becher-Kleinod, das verjüngende Kraft gibt, lange schon anziehend und bedeutsam. Er fühlte den längst unbestimmten Drang, durch Klingsors Gärten und Blumenmädchen hindurch diesen schwer zu erreichenden Einsiedlerberg zu besuchen. Doch ohne Kenntnis des Spanischen ist die Fahrt zum Montserrat beschwerlich. Es ist oben, auf einer Felsenterrasse, eingenistet in eine Schlucht, nur ein großes Benediktinerkloster mit allerlei umfangreichen wirtschaftlichen Gebäuden und Logierhäusern. Ein Gasthaus nebst Kaufladen ist zwar auch vorhanden, aber kein eigentlicher Hotelbetrieb, nur einige Laienbrüder, die das Gepäck besorgen. Die Gäste, die familienweise kommen, erbitten sich je nach ihrer Kopfzahl in irgendeinem der Logierhäuser eine Wohnung und bereiten in der dazu gehörigen Küche ihr Essen selber. Durch ein schickliches Trinkgeld entschädigt man das Kloster für die Gastfreundschaft. So sind dem einzelnen Ausländer die Zugangsbedingungen erschwert; doch um so ungehemmter kann er sich dann der Einsamkeit des Berges überlassen.

»Ich glaube gelesen zu haben«, äußerte Stein, als er mit der Familie Bruck auf der gewundenen Zahnradbahn im Schatten der Felsenwände hinauffuhr, »daß schon Wilhelm von Humboldt begeistert von diesem Berge gesagt hat, er habe nie einen ähnlichen Anblick genossen, denn an dieser Stätte vereinige sich alles, was einer Landschaft Größe und Schönheit zu geben vermag.«

»Sie werden staunen«, sagte der Konsul. »Ich war schon vor Jahren oben.«

»Im übrigen muß ich Ihnen gestehen, daß ich Spanien nicht sehr liebe«, fuhr der Troubadour fort. »Es ist Grausamkeit in diesem Volk der Stierkämpfe; sie haben Peru und Mexiko vernichtet, waren mit Bluthunden hinter den Indianern her, haben Torquemada, Alba und die Inquisition erzeugt — ein fanatisches Land, kein Land der Liebe!«

»Immerhin, sie hatten auch den Vorkampf gegen die Mauren«, fügte Bruck ausgleichend hinzu und strich nachdrücklich seinen Druidenbart. »Sie haben in ihrer Art, unter dem Cid zum Beispiel, den Gral des Christentums gegen die Araber behütet.«

300

»Das ist wohl wahr«, räumte Ingo ein. »Aber es saßen damals Germanen in Spanien: Goten. Und erst im mittelalterlichen Deutschland hat sich der Gralsgedanke vertieft. Es ist vielleicht eine europäische Mission der Germanen, solche Gedanken zu pflegen und wachzuhalten. Wolfram von Eschenbach hat sie nach Deutschland getragen, Richard Wagner hat die alte Burg neu erbaut im Herzen moderner Kultur und Kunst.«

»Wer ist der Gral?« zitierte Brucks belesene Tochter aus Wagners Parsifal. »Das sagt sich nicht; doch bist du selbst zu ihm erkoren, bleibt dir die Kunde unverloren.«

»Waren Sie in Bayreuth?«

»O ja! Wir sahen den Gral und das Nibelungengold.«

»Wunderbare Gegenstücke! Der Edelstein des Heils — und das Gold des Unheils! Jener kommt aus der Höhe — dieses aus den Tiefen. Dort eine Taube — hier ein Drache. Wunderbar!«

»Ja, und dort Reinheit, hier Begierde. Man kann sagen, daß Parsifal ein geläuterter und erlöster Siegfried ist. Auch der Drachentöter hat einen Speer, tötet damit und wird getötet. Aber Parsifals Speer heilt.«

Ingo und Bruck verstanden sich erstaunlich in der Deutung dieser tiefen Symbole; sie nahmen einander förmlich das Wort von den Lippen und setzten sofort ein, wo der andre aufhörte. Im hochgebildeten Freiherrn von Stein wurde die einfach-große Madonnen-Stimmung von Lourdes wieder lebendig; es arbeitete etwas in seinem ganzen Organismus. Sein Zustand war kein Denken, sondern mehr als dies, auch das Denken umfassend: sein Zustand war einsaugendes Erleben. Und Bruck selber, einem alten Barden an Gestalt nicht unähnlich, schien gefüllt zu sein mit solchen Gedanken, deren plastische Kraft durch sich selber und ohne Beweis überzeugte.

»Da nach der Sage so viele Ritter das Kleinod des Grals gesucht haben«, sprach der Freiherr, »so muß es sehr schwer zu erringen, sehr kostbar und sehr geheim sein.«

»Das Einfachste ist meist das Schwerste«, warf Bruck ein.

»Ja, denn diese großzügige Einfachheit ist eine Summe

von tiefsinnigen und verwickelten Dingen, aber ins Klare gebracht«, fuhr Ingo fort. »In einem Tautropfen spiegelt sich eine ganze Umwelt. Und so ist wohl der Gral gesammelte Kraft.«

»Ganz gewiß, und zugleich Heiligkeit, Lebensheiligung, denn er hängt mit dem Karfreitag zusammen.«

»Sehr wahr, er ist eine Mischung aus keltischer Sage und christlicher Legende. Die Sage vom Wunschgefäß — vom Tischleindeckdich — vereinigte sich mit der Kunde von jener heiligen Schale, aus der das letzte Abendmahl gehalten worden und in die Joseph von Arimathia Christi Blut aufgefangen hat. Die Sage ist also ritterlich und religiös zugleich: Welt und Himmel, Abenteuer und Gebet, Fantasie und Ethik! Ja, bis ins alte Indien führt sie zurück: das Wunschgefäß, das so viel Segen gibt, soll die Sonne selber sein, aus den Drachenwolken herausgekämpft von Indras Speer.«

»Da dieses leuchtende Kleinod aus den geistigen Welten kommt, hat man es sogar für einen Meteorstein gehalten«, fügte Bruck hier lächelnd ein.

»Und Munsalvaesche mag man ja von *sauvage* ableiten und als Wildenberg deuten«, meinte Ingo. »Doch sinniger deucht mir die Ableitung von *salvus*: Heilsberg.«

»Ein materialistisches Geschlecht hat das Geheimnis des Grals verloren«, schloß der Konsul und schaute ernst an den Tempelmauern dieses gigantischen Berges empor. »Denn sie haben heute weder Ehrfurcht noch Heiligtum und müßten in einer neuen Mysterienschule erst wieder nachdenksame Einsamkeit lernen.«

Als sie hinaufkamen vor die großen, vielstöckigen und mehr massiven als schönen Häuserkasten aus rötlichem Stein, die sich unter überhangenen grauen Felsen neben Kloster und Kirche ausbreiten, verhandelte der Konsul mit den Angestellten und ließ sich eine Wohnung von zehn Zimmern öffnen, so daß jede Person zwei Zimmer zur Verfügung hatte. Ein Vorraum und ein Eßzimmer in der Mitte blieb dem gemeinsamen Gebrauch vorbehalten; die Betten wurden überzogen; ein Glasschrank enthielt die nötigen Gläser und Geschirre.

Und nun war man behaglich allein in dem fast noch unbewohnten, großen, hallenden Hause, das nur im Hochsommer mit Flüchtlingen aus der Bruthitze der Ebene überfüllt zu werden pflegt. Frau Bruck hatte ihr Dienstmädchen mit; es knisterte bald in der Küche; und Ingo aß, als Gast dieser ernstgestimmten Familie, mitten in Spanien an einem deutschen Tisch.

Die Frauen, von häuslichem und unauffälligem Wesen, beide mit warmen braunen Augen, deren Blick wohl tat, zogen sich früh zurück. Die Tochter, eine junge Witwe, barg irgendeinen Lebenskummer, auf den man aber nicht zu sprechen kam. Die beiden Männer packten ihre Lodenmäntel aus und schritten dann miteinander in den kühlen Abend, eingehüllt wie Mönche, um in der Kirche dem berühmten Vespergesang zu lauschen.

Denn die Mönche des Montserrat sind bekannt durch ihre Musikschule. Sie unterrichten dreiunddreißig Knaben als Schüler; nur begabte Jugend wird dieser Ehre teilhaftig. So kann man dort im Zauberdunkel der Kirche, besonders abends, eindrucksvolle Kirchenmusik vernehmen; biegsamen und hellen Knabenstimmen antworten männliche Gegenchöre der Mönche; beide Gruppen bleiben unsichtbar; und die Begleitung der Orgel wird verstärkt durch ein kleines Orchester. So ist der ganze Raum, in dem nur wenige Beter anwesend sind, erfüllt von gregorianischer Kirchenmusik.

Auch hier bildet die Statue einer Jungfrau den Herzpunkt der Kirche: eine Madonna, angestrahlt von vielen Kerzen. Sie steht über dem Altar unter einem goldverzierten Bogenwerk, inmitten eines maurisch-byzantinischen Chors, der von Gold funkelt. Die Jungfrau ist blütenweiß gekleidet, das Kleid bauscht sich nach unten, viele Kerzen vereinigen ihre Leuchtkraft: aber ihr Gesicht ist schwarz. Das Maurische des Chors und die Schwärze der Jungfrau wirken fremdartig und orientalisch.

Dieses höchste Heiligtum Kataloniens entstand vor einem Jahrtausend im Grenzkampf zwischen arabischer und christlicher Kultur, zwischen semitischen und christlichen Vorstellungen. War es das Erbe vielleicht schon eines phönizischen oder vorarischen Heiligtums? Der Berg ist ja ein riesenhafter Altar. Es saßen zur Zeit der Maurenkämpfe Goten in Spanien; Gundomar hieß der Bischof, unter dem vor tausend Jahren das Bild gefunden wurde. Die schwarze Holzfigur soll aus Palästina stammen und war in einer Höhle des Berges verborgen; noch heißt die Grotte *cueva de la virgen*; Hirten sahen dort jeden Sonnabend einen Glanz — man drang mühsam vor und fand diesen heiligen Gegenstand. Eine Grotte und eine Madonna auch hier — wie dort in Lourdes!

Von einem Gral weiß diese kirchliche Legende nichts. Man müßte denn dieses wohlbehütete, angeblich aus Palästina stammende Jungfrauenbild als einen heiligen Gral ansprechen; wobei die ehemaligen Einsiedler als Gralsritter zu betrachten wären.

Der Konsul erzählte dies alles.

»Es waren einst«, fuhr er fort, »da oben auf dem weitgedehnten Felsenberg, noch höher als das Kloster, zwölf Einsiedeleien über den Montserrat zerstreut, mit einer dreizehnten — Santa Anna — in der Mitte, worin der älteste und würdigste dieser Eremiten wohnte, während immer der jüngste die fernste und steilste Klause — San Jeronimo — zugewiesen bekam. Nun ging damals über den ganzen Berg ein sogenanntes ewiges Geläute. Um zwei Uhr morgens gab die Klosterglocke das Zeichen: die Mönche erhoben sich und zogen zu Gebet und Gesang in die Kirche; nach bestimmter Zeit nahm die nächste Einsiedelei Glockenzeichen und fromme Übung auf; und in genauer Reihe und Zeitfolge setzte sich das fort, bis um Mitternacht San Jeronimo den Beschluß machte. An bestimmten Tagen und Stunden vereinigten sich alle Eremiten bei Santa Anna, im Mittelpunkte des Hochtales; von dort wanderten sie nach einem Felsenvorsprung, von wo das Kloster sichtbar war, und sangen das *salve regina* herunter. Viele Äbte und andre hohe Geistliche haben sich nach arbeits- und studienreichem Leben hierher zurückgezogen und sind Einsiedler geworden, oft von Königen und Fürsten in ihrer Stille besucht und um Rat gefragt. So ist die Luft dieses Berges magnetisiert von heiligen Gedanken. Und Loyola folgte einer richtigen Ahnung, als er sich nach seiner Bekehrung hierher begab und in dieser geweihten Luft seine berühmten Exerzitien schrieb. Denn dieser Berg hat viel Magnetismus, ich spüre das.«

Stein saugte mit erstaunten Sinnen diese absonderlichen Dinge ein. Der Montserrat, dessen sich jetzt die Nacht bemächtigte, wurde immer sprechender und merkwürdiger. Diese Felsengebilde da oben waren Statuen; hatte ein Urvolk seine Götter in Stein gehauen?

Die beiden Wandrer fühlten sich erhaben gestimmt von der ungewöhnlichen Kirchenmusik und ergingen sich auf dem äußersten Vorsprung, wo ein Denkmal an jenen spanisch-französischen Kampf aus der napoleonischen Kriegszeit erinnert, dem die Einsiedeleien zum Opfer gefallen, nachdem ein französischer General von San Dismas herab das damalige Kloster in Grund und Boden geschossen hatte.

Unter dem Schein des wachsenden Mondes erhöhte sich noch das Fantastische der Felsformationen. Und fantastisch antwortete dem Berge das verschnörkelte Land mit dem Flußlauf des vielgekrümmten Llobregat. Überall ausgeschwemmte Tonerde, mit kahlgewaschenen Felsenzügen dazwischen, voll von Runzeln und Schrunden, einer Mondlandschaft nicht unähnlich.

»Abenteuerlich!« rief Stein. »Man ist in einer Märchenstimmung, ganz dem Gewöhnlichen entrückt!«

»Und eine abenteuerliche Situation!« fügte er für sich selber hinzu, als er sich nachher in der eisernen Bettstelle dehnte. Er schaute sich noch einen Augenblick in dem schmucklosen weißgetünchten Zimmer um und löschte dann die Kerze.

Grimmig zog er die Wolldecke um die Ohren und lachte grimmig über den Schabernack, den ihm das Schicksal da unten in Barcelona gespielt hatte. Bitterkeit lag nicht in seiner Natur; aber Wehmut wuchs im Laufe der lautlos ruhigen Nacht. Kein Geräusch der Ebene drang an sein Ohr; nur in ferner Schlucht vernahm er den Gesang einer Nachtigall. Die Steingiganten über ihm hielten ritterliche Wacht; der unvollkommen leuchtende Mond warf die langen Schatten dieser Ritter den mitternächtigen Berg entlang. Welche Wirkungen des Mondes!

So lag er lange wach und horchte in die große Nacht und glaubte der Erde und seinem bisherigen Leben entrückt zu sein — auf einen Felsen geschwemmt, wie ein Schiffbrüchiger der Titanic.

Nach und nach gestaltete sich diese erste Nacht auf dem Montserrat, hoch über den Eisenbahnpfiffen der unruhigen Erde, zu einer stillen Rückschau.

Er zog die Summe seines bisherigen Lebens.

Vor fünf Jahren hatte sich Ingo von Stein in den Gärten am Horn zu Weimar eine Wohnung eingerichtet, hatte Bibliothek, Klavier, Gemälde, Büsten, Fernrohr und andre Dinge geschmackvoll untergebracht und gedachte nun seinem Ideal einer persönlichen Universalbildung schaffend nachzuleben. Doch die Meister seines Schicksals waren damit noch nicht einverstanden. Sie stellten Friederike von Trotzendorff zwischen ihn und seine Braut. Und als Friedels geniale Natur alle Register ihrer Fantasie- und Gefühlsromantik zog, trat die herbe, gefühlskeusche, etwas menschenscheue Elisabeth still zurück; der Briefwechsel mit ihr entschlief; sie wurde Krankenschwester beim Roten Kreuz und begab sich später zu ihrer Schwester nach Pommern. Aber das Kleeblatt bereiste Italien und England, ging allsommerlich nach Bayreuth und Tirol oder an die See; und der Statistiker und Soldat Richard war glücklich, daß die gern fliegende Gattin einen Flugkameraden gefunden hatte. Ingo selber tat tiefe Einblicke in den Reichtum, die Zartheiten, die Wunderlichkeiten einer Frauenseele und wurde durch diesen Bund im Innersten gefördert, ja — wie sie oft scherzend sagte — mit Genialität angesteckt. Bis dann diese Kameradschaft, durch zwei harmlose Mädchen, in der Provence und am Fuße der Pyrenäen, in der bisherigen Form zerschellte. Und — seltsame Fügung! — gleichzeitig trat Elisabeth wieder in Sicht! Und zwar dort in Lourdes, inmitten der ernsten Krankenstimmung, die so viel stille Kraft entfaltet, dort bei Bernadette und ihrer wundersamen Madonna! Die heitre Schar des Troubadours — und dann die ernste Schar der Kranken von Lourdes: — welch ein Gegensatz!

»Seltsam das alles!« dachte der Gralsucher. »Elisabeth, die Krankenpflegerin, hat sich immer dem Lebensernst gestellt und war auf soziale Fürsorge gestimmt! — doch Friedel und ich? Wir sind immer davongeflogen in heitere Gefilde. Kann es da keinen Ausgleich geben? Damals wär' ich Spießbürger geworden, hätt' ich mich mit Elisabeth in jenes gemächliche Heim eingelullt — aber jetzt? Sind heimliche Führer über meinem Leben? Haben sie Friedel benutzt, wie sie sich jetzt der Mozart-Mädchen bedienten? Ach, ihr seid mächtiger als ich! Ihr führt mich im Zickzack durch die Welt, foppt mich mit hübschen Gesichtern — und werft mich zuletzt auf diesen einsamen spanischen Berg, nachdem ihr mir Elisabeth und Friedel und diese kleine Martha genommen habt! Ist das der Gral? Ist dies nun das unbekannte Land, das ich suche?«

Immer wieder blitzte in seine beginnende Schwermut der Gedanke hinein, es sei dennoch planmäßige Führung höherer Mächte, die hinter dem Sichtbaren stehen.

»Ist der Gral vielleicht gar keine fertige Sache — so wenig wie jener Tempel? Kristallisiert er sich vielleicht in uns nach und nach? Und leuchtet dann als ein Licht inmitten des Lebenstempels, den wir selber nach und nach aufbauen?!«

Er rollte sich qualvoll in seiner Wolldecke hin und her; Sinnenhunger, Lebenshunger, Gestaltungsdrang glühten in dem gesunden jungen Manne, der hier vereinsamt, von weiblicher Liebe verlassen auf dem weltfernen Montserrat lag. Denn nicht mit Bausteinen der Romantik allein baut man die Gralsburg, sondern nur aus der Fülle wirklichen Erlebens ...

In der gleichen Nacht schaute der wachsende Halbmond in das Fenster eines Sanatoriums in München, wo eine schöne Frau bei elektrischem Licht schlaflos lag und unter Schmerzen der Seele und des Körpers umsonst zu lesen versuchte.

In der gleichen Nacht kauerte ein halbwüchsiges Mädchen zu Barcelona im Nachtgewand auf dem Bettrand der älteren Cousine und unterhielt sich mit ihr darüber, daß der Baron eigentlich noch netter wäre als Onkel Schaller, und daß ihn Martha gewiß genommen hätte, wenn er ein wenig früher gekommen wäre. Und unten saß Madame Frank Dubois mit Marthas Bräutigam zusammen und rechnete ihm vor, daß sie ihrer einzigen Tochter vorläufig rund hunderttausend Mark mitgeben könne.

In der gleichen Nacht stand in Thüringen die hohe Gestalt des Fräulein Elisabeth von Stein-Birkheim am Bett ihres schwerkranken Vetters und gab der neuen Krankenschwester Anweisung, wie der Kranke zu pflegen und zu beköstigen sei, da sie selbst am andren Morgen mit der leidenden Mutter an den Genfer See reisen mußte. Dann fuhr sie spät in der Nacht im Wagen durch den Mondschein nach Hause und empfand es in stillem Hinträumen als ein großes Glück, Leidenden helfen zu dürfen. »Es ist auch eine Form von Liebe«, fügte sie leise hinzu, nistete sich in ihren Pelz ein und schloß seufzend die Augen.

»Wir zwei werden heut' allein den Gralsberg besteigen«, sprach Konsul Bruck am andren Morgen. »Meine Damen lassen sich entschuldigen, sie sind müde und möchten einstweilen ausruhen.«

Also nahmen die beiden Herren Lebensmittel in den Rucksack, Lodenmäntel auf den Arm, Stock in die Rechte und stiegen durch Morgennebel eine schmale Schlucht empor zu den Ruinen der Einsiedeleien.

OTTO RAHN

Der Montsegur, der Gralsberg der Katharer

Wenn die Sonne durch ein goldenes Wolkentor von den Menschen weggeht, dann erwacht in manchen die Sehnsucht, ihr nachzuziehen. Wohin nur? Der Mensch soll ein gefallener Gott sein, der sich nach dem Himmel zurücksehnt. Vielleicht ist des Dichters Sehnsucht wirklich nur Heimweh nach dem verlorenen Paradies, wo der Mensch der Gottheit Bild, nicht Zerrbild war!

Wenn die Sonne von Provence und Languedoc weggeht, dann wölbt sich das goldene Wolkentor über den Pyrenäen. Kühn und edel ragen sie in den Azur. Liegt die provençalische Ebene schon in Nacht, so werden sie noch lange von den Strahlen der scheidenden Sonne gesegnet und verklärt. Den »Berg der Verklärung«, den »Tabor« nennen heute noch die Provençalen den Pic du Saint-Barthelemy, der Pyrenäengipfel schönsten.

Der pyrenäische Tabor liegt zwischen dem »Olmès«, dem Tal der Ulmen und dem »Sabarthès«, dem Tal von Sabart, wo die Gottesmutter Karl dem Großen den Sieg über die Sarazenen versprochen haben soll.

Ein einsamer steiniger Weg führt von dem idyllischen Olmès hinüber zu den Schluchten und Höhlen des Sabarthès: die *Straße der Cathari*, die Straße der Reinen.

Inmitten der Einöde des Tabors erhebt sich ein unbeschreiblich wilder Felsen, so hoch, daß sein Gipfel bisweilen in das goldene Wolkentor ragt. Senkrecht recken sich seine Wände hinauf zu den Mauern einer Burg, die *Montségur* heißt. Als ich einmal auf der Straße der Cathari zum Gipfel des Tabor hinaufstieg, traf ich einen alten Schafhirten. Der erzählte mir folgende Legende:

»Als Montségurs Mauern noch standen, hüteten in ihnen die Cathari, die Reinen, den heiligen Gral. Montségur war in Gefahr. Luzifers Heerscharen lagen vor seinen Mauern. Den Gral wollten sie haben, um ihn wieder in das Diadem ihres Fürsten einzusetzen, woraus er bei dem Sturz der Engel auf die Erde gefallen war. Da kam in höchster Not vom Himmel eine weiße Taube und spaltete mit ihrem Schnabel den Tabor. Esclarmonde, die Gralshüterin, warf das kostbare Heiligtum in den Berg. Der schloß sich wieder. So wurde der Gral gerettet. Als die Teufel in die Burg eindrangen, kamen sie zu spät. Erbost verbrannten sie alle Reinen unweit des Burgfelsens auf dem *camp des crémats*, dem Scheiterhaufenacker ...«

> Ihn ließ auf Erden eine Schar,
> Die wieder zu den Sternen flog,
> Weil ihre Reinheit sie heimwärts zog.
>> Wolfram von Eschenbach

Die Straße der Reinen führt von dem Olmès, an Montségur vorbei, über den Gipfel des Tabor zu den Höhlen des Sabarthès. Hier waren die Cathari zu Hause. Weltfern und in sich gekehrt sannen sie dort über höchste Minne nach.

Im Heiligtum

Die Priesterin begrüßte Artus, und zwei der jüngsten Mädchen traten vor und hängten ihm Blumengirlanden um den Hals. Hohe Frauenstimmen sangen ein Lied. Der graue Himmel riß auf und ließ einen Sonnenstrahl durch. Es schien ein günstiges Vorzeichen zu sein; die Menschen sahen sich lächelnd an, und der Gesang klang auf einmal fröhlicher. Die Priesterin wandte sich um und schritt mit ihren Frauen die langen, flachen Stufen in das Heiligtum hinab. Die alte Königin folgte ihr, und danach Artus und wir übrigen. Zum Schluß kam Melwas mit seinem Gefolge. Das einfache Volk blieb draußen. Während der Zeremonie konnten wir von draußen das Geraune hören, als alle warteten, um noch einen Blick auf den legendären Artus der neun Schlachten zu erhaschen.

Das Heiligtum war nicht groß; wir füllten es fast aus. Es war schwach beleuchtet; kaum ein halbes Dutzend Räucherkerzen standen zu beiden Seiten des Bogenganges, der in das Innere des Heiligtums führte. In dem gedämpften Licht machten die weißen Gewänder der Frauen einen geisterhaften Eindruck. Schleier verhüllten ihre Gesichter, bedeckten ihre Haare und wallten bis zum Boden hinab. Nur die Priesterin selbst war deutlich zu sehen; sie stand voll im Lampenlicht, mit Silberschmuck angetan, und trug ein Diadem, in dem sich das wenige Licht widerspiegelte. Sie war eine königliche Gestalt; es konnte kein Zweifel bestehen, daß sie fürstlichen Geblütes war.

Auch das Allerheiligste im Inneren war verhängt; niemand außer den Eingeweihten — nicht einmal die alte Königin — darf einen Blick hinter diesen Vorhang werfen. Die Zeremonie, deren Zeugen wir wurden (obwohl es sich eigentlich nicht geziemt, hier darüber zu schreiben), war nicht die übliche, der Göttin geweihte Andacht. Sie zog sich in die Länge; wir mußten zwei Stunden über uns ergehen lassen und standen während der ganzen Zeit dicht gedrängt nebeneinander; aber ich vermute, daß die Priesterin die Gelegenheit zum Anlaß nahm, einen nachhaltigen Eindruck zu erzeugen, und wer konnte ihr zum Vorwurf machen, daß sie dabei an eine künftige Schirmherrschaft dachte? Aber schließlich endete auch die Feierstunde. Die Priesterin nahm Artus' Opfergabe entgegen, legte sie mit entsprechendem Gebet nieder, und wir traten wieder ins Tageslicht zurück, um die Zurufe des Volkes entgegenzunehmen.

Es war ein kleiner Vorfall, der sich mir vielleicht gar nicht eingeprägt hätte, wenn nicht die anderen Ereignisse gefolgt wären. Ich entsinne mich noch der anheimelnden Atmosphäre, der ersten Regentropfen, die uns begrüßten, als wir das Heiligtum verließen, und des Gesangs der Drossel, der aus dem Dornbusch klang, der im hohen Sommergras stand; er war von blassem Knabenkraut und mit dem Gold der kleinen Blüten umgeben, die man Frauenschuh nennt. Der Weg zu Melwas' Schloß führte durch Rasenflächen, wo unter den Apfelbäumen Blumen gediehen, die in dieser Gegend eigentlich nicht vorkommen; ihre Bedeutung lag, soweit ich wußte, auf dem Gebiet der Medizin oder Magie. Die *ancillae* übten die Heilkunst aus und hatten diese wohltätigen Kräuter gepflanzt. Mir schien, daß ich, wenn ich in dieser Gegend leben müßte, keinen besseren Garten für meine eigenen Heilpflanzen würde finden können.

Übersetzt von Karl-Otto und Friderike von Czernicki

Der Trifels —
die deutsche Gralsburg

Als eine selbständige Erfindung Wolframs gilt der sonst nirgends überlieferte Namen Munsalväsche für die Gralsburg. Während San Marte diesen Namen als mons salvationis = Berg des Heils erklärte, hat Ernst Martin dies bereits 1903 abgelehnt und den Namen als Mont sauvage = mons silvaticus, demnach als Wildenberg erklärt. Es handelt sich also um die gleiche Örtlichkeit, von der Wolfram schreibt »hier zu Wildenberg«. Vor allem Seefried hat die Ansicht verfochten, daß dieses Wildenberg identisch sei mit einem Orte Wehlenberg zwischen Gunzenhausen und Wolframs Heimat Eschenbach. Dagegen wurden von verschiedener Seite gewichtige Bedenken geltend gemacht, so besonders von Albert Schreiber in seiner 1922 erschienenen Arbeit: Neue Bausteine zu einer Lebensgeschichte Wolframs von Eschenbach. Das Wolframsche Wildenberg findet er in der Burg Wildenberg bei Amorbach. Seine Beweisführung stützt sich vor allem darauf, daß der Besitzer dieser Burg Rupert von Durne in enger Beziehung zu Wolframs Lehensherrn, dem Grafen Boppo von Wertheim, stand. Die überzeugenden Ausführungen Schreibers in dieser Frage haben wohl allgemeine Zustimmung gefunden.

In der Zusammenfassung der Ergebnisse seiner Untersuchung bezeichnet Schreiber darüber hinaus die Burg Wildenberg bei Amorbach als das Vorbild der Wolframschen Gralsburg Munsalväsche. Er stützt sich hierbei vor allem auf eine Stelle des Parsival, die wir nachfolgend im Wortlaut der Übertragung von Stapel wiedergeben: »Und noch eins hatte man nicht vergessen, das ihnen nicht zu kostbar gedeucht hatte: aus Marmor waren drei viereckige Feuerrahmen gebaut, darauf war des Feuers Name: Holz, das hieß lignum Aloe. Weder einst noch jetzt sah man je so große Feuer hier auf Wildenberg. Es waren köstliche Werke.«

Bei Schreiber lesen wir hierzu in dem Abschnitt über das

Wehlenberg-Märchen: »Für jeden unbefangenen Leser ist der Sinn dieser Stelle völlig klar. Dem Dichter kommt es darauf an, die Einrichtung der Gralsburg als möglichst prunkvoll zu schildern. Deshalb stellt er den großen Feuern, wie sie hier zu Wildenberg zu brennen pflegen, die noch größeren und kostspieligeren dort zu Munsalväsche gegenüber. Wildenberg war also, wie wir noch genauer sehen werden, die stattliche Burg eines vornehmen Gönners, an dessen Hofe Wolfram gastliche Aufnahme gefunden hatte.«

In dem Abschnitt über das Wolframsche Wildenberg frägt er: »Wo ist nun aber jene Herrenburg zu suchen, deren große Feuer mit den noch größeren der Gralsburg verglichen werden? Besonders stattlich muß sie auch in anderer Beziehung gewesen sein, sonst hätte Wolfram nicht ihren Namen in verwälschter Form auch der Gralsburg beigelegt.«

Mit der Frage der Gralsburg hat sich auch E. Güterbock im Ludwigshafener Generalanzeiger vom 6. August 1937 befaßt und für die Annahme, daß das Urbild von Wolframs Gralsburg die Wildenburg sei, angeführt:
1. den Namen Munsalväsche für die Gralsburg
2. die reiche architektonische Ausstattung der Wildenburg,
3. die Lage in unermeßlichen Wäldern und
4. die Klause der Sigune bei der Gralsburg.

Vor allem muß festgehalten werden, daß von keiner Seite behauptet wurde, daß Wildenberg die Gralsburg sei. Bei der Gralsburg handelt es sich vielmehr um eine Fantasieburg. Mit Unrecht bezeichnet man auch den Montserrat in Spanien als Gralsburg. Wie Dr. Heinermann nachgewiesen hat, ist diese Bezeichnung vielmehr ganz jungen Datums. Erstmalig erscheint sie in den achtziger Jahren des vorigen Jahrhunderts in einem Reiseführer, dessen Text von Passarge, der kurz zuvor eine Spanienreise gemacht hatte, stammt. Es kann sich vielmehr nur darum handeln, ob die Dichter der Parsivalsage und vor allem Wolfram bei der Beschreibung der Gralsburg persönliche Kenntnisse verwertet haben.

Daß es sich bei dem Namen Munsalväsche um eine Übersetzung von Wildenberg handelt, haben wir bereits vermerkt. Diesen Namen finden wir nur bei Wolfram von Eschenbach. Mit Recht schreibt Hans Kunis in seinem Buche über Wildenberg, das den Untertitel ›Die Gralsburg im Odenwald‹ trägt, daß Wolfram damit seinen Gönnern, d.i. den Herrn von Durne, eine großzügige Huldigung darbringen wollte. Daß Wildenberg damit das Urbild der Gralsburg sei, ist damit jedoch nicht gesagt. An der einzigen Stelle, wo bei Wolfram der Name Wildenberg erscheint, wird diese vielmehr in Gegensatz zur Gralsburg gestellt.

Als zweiter Grund für die Bezeichnung der Wildenburg als die Gralsburg Wolframs wird ihre reiche architektonische Ausstattung angeführt. Nun aber schreibt Wolfram abgesehen von den Marmorkaminen überhaupt nichts von einer reichen Architektur, weder von einer Innen- noch von einer Außenarchitektur.

Die Angaben über die Gralsburg bei Chrestien de Troyes sowohl bei Wolfram von Eschenbach sind sehr dürftig. Bei Chrestien de Troyes handelt es sich zweifellos um eine Tiefburg. Deutlich sagt der Fischerkönig zu Parsival, in einem Tal werde er ein Haus sehen, und kurz danach heißt es: »da sah er nahe bei sich in einem Tale die Spitze eines Turmes auftauchen«. Weniger deutlich spricht sich Wolfram aus. Die Auskunft des Fischerkönigs läßt uns nicht erkennen, ob die Burg auf einer Höhe oder in einem Tale liegt. Erst beim zweiten Besuch Parsivals auf der Gralsburg macht Wolfram eine knappe Andeutung in dem Satz: »ûf Munsalväsche wart geriten«, der in der Übertragung bei Stapel lautet: »dann ritt man nach Munsalväsche hinauf«. Demnach dachte sich Wolfram im Gegensatz zu seinem Vorbild die Gralsburg auf einer Höhe liegend. Weitere Schlüsse können wir aus den Angaben über die Lage nicht ziehen.

Über das Äußere der Gralsburg macht Chrestien de Troyes nur wenige Angaben: der Turm war viereckig, aus grauem Stein und hatte rundum zwei Türmchen, der Saal ragte vor dem Turme auf und die Hallen vor dem Saale. Parsival ritt auf das Tor zu, vor dem Tor fand er eine Zugbrücke, die herabgelassen war. Wolfram schreibt von der Gralsburg, daß sie sauber vor Parsival dastand, als ob sie gedrechselt wäre. Viele Türme und mancher Palas ragten dort mit wunderbaren Wehren. Die Burg besaß einen Burggraben und eine Zugbrücke. Über die Zugbrücke kam Parsival in einen Hof oder Anger und von da zu einem Palas. Bei dem zweiten Besuch Parsivals auf der Gralsburg erwähnt Wolfram noch einen Tempel, in welchem der Gral verwahrt war. Die Angaben bei beiden Dichtern sind so allgemeiner Natur, daß aus ihnen nicht auf die eine oder andere damals bestehende Burg geschlossen werden kann.

Über die Inneneinrichtung der Gralsburg finden wir bei Chrestien de Troyes nur dürftige Angaben. Er schreibt: »Er (der Fischerkönig) saß, auf seine Ellbogen gestützt: vor sich hatte er ein großes Feuer aus trockenen Scheitern, das hell leuchtete und zwischen vier Säulen brannte. Wohl vierhundert Menschen hätte man um das Feuer setzen können, und jeder hätte Bequemlichkeit und Platz gehabt. Die Säulen waren gar stark, die den Kamin trugen, aus dickem Erz waren sie, hoch und breit.« Wolfram gibt uns folgende Beschreibung aus dem Innern des Palas: »Hundert Kronleuchter hingen drinnen über den Hausgenossen, darauf waren viele Kerzen gestoßen, und ringsum an der Wand strahlten kleine Kerzen. Hundert Polster fand er liegen, von den Dienern ausgebreitet, hundert Decken lagen darauf. Je vier Gesellen hatten einen gemeinsamen Sitz für sich, dazwischen war freier Raum. Vor jedem Polstersitz lag ein runder Teppich. Der Fils du Roi Frimutel konnte das wohl leisten. Und noch eines hatte man nicht vergessen, das ihnen nicht zu kostbar gedeucht hatte: aus Marmor waren drei viereckige Feuerrahmen gemauert, darauf war des Feuers Name: Holz, das hieß lignum Aloe. Weder einst noch jetzt sah man je so große Feuer hier auf Wildenberg. Es waren köstliche Werke.«

Dazu bemerkt Schreiber: »Dem Dichter kommt es darauf an, die Einrichtung der Gralsburg als möglichst prunkvoll zu schildern. Deshalb stellt er den großen Feuern, wie sie hier zu Wildenberg zu brennen pflegen, die noch größeren und kostspieligeren dort zu Munsalväsche gegenüber. Demnach verlangt er für den Palas der Wildenburg Feuerstätten von außergewöhnlicher Größe. Ein solcher ist in seinen Überresten dort tatsächlich vorhanden, größer selbst als der reiche Kamin im Palas der Kaiserburg Gelnhausen.« In dieser Tatsache sieht man einen der wichtigsten Beweise für die Annahme, daß Wildenberg das Vorbild für Wolframs

Gralsburg sei. Kunis schreibt zu dieser Frage: »Gleichzeitig gibt er (Wolfram) zu, daß ihm der große Kamin auf Wildenberg mächtig imponiert hat, da er sonst einen andern Vergleich hätte wählen können. Die Stelle wird sich also auf den Kamin im Palas mit seinen uns heute noch groß erscheinenden Wangen beziehen, wenn nicht im oberen Geschoß ein weiterer großer Kamin vorhanden war.«

Wenn wir unvoreingenommen die angeführte Stelle betrachten, so kommen wir zu dem Ergebnis, daß er mit keinem Wort von großen Feuern auf Wildenberg spricht, sondern nur von solchen auf der Gralsburg. Er sagt nur, daß man so große Feuer wie auf der Gralsburg niemals auf Wildenberg sah. Es fehlt jeder Beweis, daß Wolfram zu dieser Bemerkung durch den großen Kamin der Wildenburg veranlaßt worden ist. Den Grund gibt er uns vielmehr deutlich an, wenn er schreibt: seiner Krankheit wegen ließ der Burgherr große Feuer schüren und hüllte sich in warme Kleider. Wenn er also von großen Feuern spricht, so will er damit nur die Schwere der Krankheit Anfortas betonen. Dieses Motiv finden wir aber bereits in dem Parceval des Chrestien de Troyes. In einem allerdings weichen beide Dichter voneinander ab, bei Chrestien besaß der Kamin vier Säulen aus Bronze, bei Wolfram hingegen bestanden die Kamine aus Marmor.

An keiner Stelle also spricht Wolfram von den Marmorkaminen, abgesehen von einer reichen Architektur der Gralsburg. Infolge dessen kann er bei der Schilderung der Gralsburg auch nicht durch die reiche Architektur der Wildenburg beeinflußt sein. Die reiche architektonische Ausstattung der Wildenburg, die wir allerdings nur am Obergeschoß des Palas bewundern können, stammt aus dem zweiten Viertel des 13. Jahrhunderts, einer Zeit also, in der nach allgemeiner Annahme Wolfram von Eschenbach nicht mehr am Leben war. Im Gegensatz hierzu hat allerdings Schreiber einen zweiten Aufenthalt Wolframs auf Wildenberg angenommen und den Nachweis zu führen gesucht, daß Wolfram in seinem Parsival noch Ereignisse verarbeitet habe, die um das Jahr 1237 liegen.

Es besteht somit kein Anlaß, in Wildenberg die Burg zu

sehen, die Wolfram bei der Schilderung der Gralsburg als Vorbild benützt hat. Es besteht jedoch die Möglichkeit, daß eine andere deutsche Burg hierfür in Frage kommt. Bereits 1937 habe ich erstmalig die Vermutung ausgesprochen, daß dies die Reichsburg Trifels sein könnte. Es liegt schon der Gedanke näher, daß Wolfram bei der Schilderung der Gralsburg eher die schönste Burg seines Kaisers als die eines seiner Ministerialen als Vorbild wählt. Aber auch noch weitere Gründe sprechen hierfür.

Wie bereits mehrfach erwähnt wurde, schreibt Wolfram von Marmorkaminen auf der Gralsburg. Es kann hier eine der vielen dichterischen Übertreibungen, wie wir sie bei Wolfram so häufig finden, vorliegen, ebenso gut ist es aber möglich, daß sich auf der von ihm als Vorbild benützten Burg tatsächlich Marmorkamine befunden haben. Nun ist eine Ausstattung mit Marmor in der Hohenstaufenzeit ein außerordentlicher Luxus. Aus Marmor bestehen z. B. die Säulen der oberen Burgkapelle der Kaiserburg zu Eger. Aber auch der Trifels war reich mit Marmor ausgestattet. Bereits Bernhart Hertzog schreibt in seiner 1592 erschienenen Elsässer Chronik, daß der Saal des Trifels mit Marmorstein geplattet war. 1660 ließ Herzog Friedrich von Zweibrücken 88 Marmorplatten aus der Trifelskapelle, 1670 weitere 64 Marmorplatten, 1 Marmorsäule und 40 Sandsteinsäulen aus dem Palas nach Annweiler schaffen. Ramsauer berichtet uns in seinem Buche »Die Burg Trifels«, daß 1882 bei der Ausräumung des Brunnenschachtes und Wegräumung des um die Burg liegenden Schuttes gewaltige Massen von Bruchstücken der Marmorplatten und der Säulen gefunden wurden, die nach Aussagen von Augenzeugen eine stattliche Reihe von Lastwagen angefüllt hätten. Auch bei den umfassenden Ausgrabungen 1937 wurden noch zahlreiche Bruchstücke von weißen Marmorplatten, von roten Sandsteinsäulen sowie zwei Bruchstücke von einer oder zwei weißen Marmorsäulen gefunden. Die aus rotem Marmor bestehende 1670 aus dem Palas des Trifels nach Annweiler verbrachte Säule befindet sich jetzt im Besitze des Historischen Museums der Pfalz. Aus diesen Funden ergibt sich, daß die Trifelskapelle und der Kaisersaal des Palas mit weißen Marmorplatten belegt waren. Die Säulen und Kapitäle der Palasarchitektur bestanden aus Sandstein. Die Marmorsäule und die beiden Säulenbruchstücke können demnach wohl nur von Kaminen stammen. Da rote und weiße Säulen wohl kaum an einem Kamin verwendet waren, müssen wir wohl annehmen, daß mehrere Marmorkamine vorhanden waren. Es liegt daher näher, bei den Marmorkaminen der Gralsburg an die Marmorkamine des Trifels wie an den Sandsteinkamin der Wildenburg zu denken.

Nun könnte eingewendet werden, daß Wildenberg in Wolframs Parsival genannt wird, nicht hingegen der Trifels. Wir haben aber bereits gesehen, daß Wolfram Örtlichkeiten seiner Heimat oder Persönlichkeiten seiner Umgebung nur in nebensächlichen Fragen erwähnt, die für den Gang der Erzählung ohne jede Bedeutung sind. Dagegen sucht er seine wirklichen Quellen dem Leser zu verbergen. Über seine Hauptquelle, Chrestien de Troyes, spricht er sich ablehnend aus, obwohl er diese reichlich benützt und an manchen Stellen wörtlich übersetzt hat. Dagegen gibt er als solche einen Kyot an, von dem sonst nicht das geringste bekannt ist. Die Angaben, die Wolfram über ihn macht, können unmöglich richtig sein. Vielfach nimmt man deshalb an, daß ein Kyot überhaupt nicht existiert hat, daß es sich vielmehr um ein Pseudonym für Wolfram selbst handelt.

Wichtige Feststellungen zu dieser Frage hat neuerdings F. Panzer in seiner 1940 in den Sitzungsberichten der Heidelberger Akademie der Wissenschaften erschienenen Arbeit: »Gahmuret, Quellenstudien zu Wolframs Parsival« gemacht. Nach Panzer hat Wolframs Parsival keine andere Vorlage als Chrestiens Perceval; was davon abweiche oder darüber hinausgehe, sei freie Erfindung Wolframs. Hierher gehört vor allem auch die von ihm als Einleitung gebrachte Lebensgeschichte Gahmurets. Überraschend ist die von ihm nachgewiesene Übereinstimmung dieser Lebensgeschichte mit der Lebensgeschichte des englischen Königs Richard Löwenherz. Panzers Beweisführung bringen wir nachfolgend in kurzen Auszügen. 1. Gahmuret und Richard sind beide Königssöhne, beide Herren von Anjou. Sie beherrschen zugleiche Waleis und Norgals, Süd- und Nordwales.

2. Gahmurets angestammtes Wappen zeigt einen schwarzen Panther und besitzt große Ähnlichkeit mit dem Wappen Richards. 3. Gahmuret ist der jüngere Sohn des Königs und kommt erst nach dem unerwartet frühen Tode seines älteren Bruders, der der geborene Erbe des Reiches war und schon seine Krone getragen hatte, auf den Thron. Ebenso Richard. 4. Gahmuret spricht von ritterlichen Minnefahrten, die er mit dem älteren Bruder zusammen noch bei des Vaters Lebzeiten unternommen habe. Auf einer solchen hat der Ältere später vor Muntori in einer Tjost den Tod gefunden. — Richards älterer Bruder Heinrich galt den Zeitgenossen als ein Muster und Vorbild echten Rittertums. Wie er jahrelang Flandern und den angivischen Besitz auf dem Festlande als fahrender Ritter, von Turnier zu Turnier eilend, durchzogen hat, ist in der Lebensgeschichte Wilhelms des Marschalls mit hundert lebendigen Einzelheiten zu lesen. 5. Gahmuret zeigt sich in einem auffallend engen Verhältnis zu seiner Mutter. So stand auch Richard in einem besonders nahen Verhältnis zu seiner Mutter Eleonore. 6. Gahmuret ist von früher Kindheit auf eng verbunden mit Amphlise, regin de France. Sie hat ihn erzogen, hat ihn reich beschenkt, bietet ihm mit ihrer Hand die Krone ihres Landes an, wehrt sich dagegen, daß er ihr die Königin von Waleis vorziehen wolle, und strengt durch ihre Abgesandten einen richtigen Prozeß um ihn an. Sie wird aber abgewiesen und ihre Gesandten entfernen sich im Zorne. — Richard war als elfjähriger Knabe vom Vater mit der achtjährigen Adelaide, Tochter des französischen Königs Ludwigs VII., verlobt worden; sie sollte ihm die Stadt Bourges mit der Grafschaft Berri als Mitgift zubringen. Aber Vater und Sohn zögerten trotz vielfachen Drängens Ludwigs und nach dessen Tode Philipps II. August von Frankreich die Vermählung immer wieder hinaus. Schließlich sagte sich Richard auf der Kreuzfahrt förmlich von der Französin los und verlobte sich an ihrer Stelle mit Berengaria, der Tochter König Sanchos I. von Navarra. 7. Gahmuret zieht ins Morgenland und vollbringt im Dienste Baruks, dem er gegen seine Feinde beisteht, heldenhafte Taten. Von seiner ersten Fahrt zu Schiffe heimkehrend, wird er vom Sturm an eine fremde Küste verschlagen

und erkämpft sich dort ein Reich und die Hand seiner Königin. — Richard zieht ins Morgenland. Von Sizilien aus dem heiligen Land sich nähernd, wurden seine Schiffe durch einen Sturm an die Küste von Cypern getrieben. Er eroberte in Kämpfen, an deren glücklichem Ausgang seine persönliche Tapferkeit stärksten Anteil hatte, dies Kaiserreich und vermählte sich dort mit Berengaria, der spanischen Königstochter. 8. Gahmuret hat in seinem Gefolge beim Einzug in Patelamunt wie vor Kanvoleis auch Sarazenen in seinem Gefolge. Richard Löwenherz hatte in Frankreich in seinen Kämpfen gegen Philipp August neben walischen und baskischen auch sarazenische Hilfstruppen. 9. Gahmuret stirbt an einer Wunde, die er im Kampfe vor Baldac erhalten hat. Richard starb 1199 an einer Wunde, die er im Kampfe um die Burg Châlus bei Limoges erhalten hatte.

Zusammenfassend schreibt Panzer: Die angeführten Übereinstimmungen sind zu zahlreich und genau, daß sie auf Zufall beruhen könnten. Sie verlangen nach einer Deutung. Die aber können sie nur in der Vorstellung finden, daß Wolfram bei der Zeichnung seines Gahmuret Richard Löwenherz vor Augen gestanden hat. Richard Löwenherz war aber durch seine Teilnahme am 3. Kreuzzug sowie seine Gefangenschaft auf der Burg Dürnstein an der Donau und dann auf der Reichsfeste Trifels in Deutschland bekannt wie kein anderer westeuropäischer Herrscher. Also auch Panzer nimmt hier eine Beziehung zum Trifels an, obwohl diese von Wolfram nirgends ausgesprochen ist.

Daß Wolfram den Trifels persönlich kannte, ist durchaus möglich. Eine Nachricht hierüber besitzen wir nicht. Es ist dies aber durchaus verständlich, da wir von seinem Leben nur ganz geringe Kenntnisse haben. Daß der Trifels Wolfram wohlbekannt war, darf bei der Bedeutung, welche die Burg gerade in seiner Zeit besaß, als eine Selbstverständlichkeit angenommen werden. Im Jahre 1193 wurde Englands König Richard Löwenherz als Staatsgefangener auf den Trifels gebracht und Anfang 1194 gegen Erlegung eines außerordentlich hohen Lösegeldes wieder freigelassen. 1194 weilte Kaiser Heinrich VI. mit seiner Gefolgschaft auf dem Trifels und trat von hier aus seinen Zug nach Unteritalien an. 1195 wurde nach siegreichem Kampfe der ungeheuere normannische Königsschatz von Sizilien auf den Trifels überführt, so daß hier die größten Reichtümer des Abendlandes, darunter vor allem die deutschen Krönungsinsignien vereinigt waren. Endlich erfolgte zwischen 1195 und 1219 der Umbau des Trifels, der diese Burg zur reichst ausgestatteten weit und breit machte.

Als wichtigsten Gewährsmann Wolframs bezeichnet Schreiber dessen Gönner Rupert von Durne, den Herrn der Wildenburg. Dieser stand in engster Beziehung zu den Kaisern seiner Zeit und gehörte zu ihrer ständigen Begleitung. Über 20 mal erscheint er nach Schreiber als Zeuge in Urkunden Friedrichs I. Barbarossa und über 130 mal in Urkunden Heinrichs VI. 1193 nahm er an dem Reichstag zu Speyer teil, auf dem auch Richard Löwenherz erschienen war und auf dem über ihn Gericht gehalten wurde. Für 1194 ist sein Aufenthalt auf dem Trifels bezeugt. Er nahm an dem Zuge nach Italien teil, der in diesem Jahre vom Trifels aus angetreten wurde. Somit erlebte er auch die Überführung des normannischen Königsschatzes, der nach der Überlieferung auf 150 Maultieren von Palermo über die Alpen auf den Trifels gebracht wurde.

Die Lage in unermeßlichen Wäldern kann nicht als Beweis geltend gemacht werden. Wolfram schreibt hierzu: Herr, soviel ich weiß, ist Wasser und Land dreißig Meilen in der Runde nichts als Wildnis. Nur ein einziges Haus liegt hier in der Nähe. Dieses Motiv ist nicht eine eigene Erfindung Wolframs, er hat es vielmehr dem Perceval des Chrestien de Troyes entnommen, der schreibt, daß der Held der Dichtung vom Gipfel des Berges aus nichts sah außer Himmel und Erde. Außerdem trifft die Lage in einer Wildnis keineswegs auf die Wildenburg zu. In der Nähe lag vielmehr das Kloster Amorbach, rings war sie schon damals von Ortschaften umgeben.

Ebenso wie in Sigunes Klause befindet sich in der Amorbrunnkapelle bei Amorbach eine Quelle. Es besteht wohl die Möglichkeit, daß Wolfram die Kenntnis dieser Quelle in seiner Dichtung verwertet hat.

Für die Frage, ob Wolfram eine ihm bekannte Burg bei der

Schilderung der Gralsburg als Vorbild benutzt hat, und welche Burg dies war, ist diese Feststellung ohne Bedeutung.

Es dürften aber noch weit tiefere Beziehungen zwischen der Parsivalsage und dem Trifels bestehen. Eine besondere Rolle spielen hier das Schwert, das Anfortas Parsival bei seinem ersten Besuch auf der Gralsburg überreichte, die blutende Lanze und der Gral.

Von dem Schwerte schreibt Chrestien de Troyes, daß darauf geschrieben stand, wo es gemacht war. Nach Wolfram besaß das Schwert eine Scheide, die tausend Mark wert war. Sein Griff war ein Rubin. Des weiteren heißt es, das Schwert bedarf der Segensworte. Der Einsiedler erwähnt den Segen der an des Königs Schwert zu lesen stand. Endlich schreibt Wolfram, daß der Schmied Trebuchet die Zeichen in Frimutels Schwert grub. Es liegt nahe, hier an das damals auf dem Trifels verwahrte Reichsschwert zu denken. Auf seiner Parierstange steht die Inschrift: Christus regnat, Christus vincit, Christus imperat. Seine Scheide ist mit Goldblech überzogen und zeigt 14 Könige in Relief.

Von der Lanze schreibt Chestien de Troyes, daß ein Blutstropfen aus ihrer Spitze quoll und daß dieser rote Tropfen bis auf die Hand des Knappen floß. Nach Wolfram entquoll das Blut der Schneide der Lanze und lief am Schafte hernieder. Der Einsiedler berichtet von dem Speer: Ein Heide kämpfte mit Anfortas. Er verwundete ihn mit einem vergifteten Speer so schwer, daß die Wunde nie mehr heilte. In den Speer war der Name des Heiden geritzt.

Weder Chrestien noch Wolfram geben weitere Auskunft über die Herkunft des Speeres. Diese finden wir jedoch bei Dichtern, die Chrestiens Perceval ergänzt haben. Nach Gautier de Dourdan, der nach Paul Piper zwischen 1190 und 1200 dichtete, sagte der König, die Lanze sei die, mit der der Heiland verwundet sei, und sie werde bluten bis zum jüngsten Gericht. Nach Manessier (um 1214—1220) erhielt Perceval die Auskunft, die Lanze sei die, mit der Longis dem Herrn die Seite durchstochen. Also bereits für die Zeit Wolframs wird uns die blutende Lanze der Gralssage als Passionslanze bezeichnet.

Als Passionslanze galt aber auch die auf dem Trifels verwahrte heilige Lanze oder richtiger gesagt Reichslanze. Als Lanze des Herrn ist sie auf der goldenen Hülle bezeichnet, die jedoch erst aus der Zeit des Kaisers Karl IV. stammt. In der Zeit Wolframs besaß die Lanze die unter Kaiser Heinrich IV. angebrachte silberne Hülle, auf der sie als die des hl. Mauritius bezeichnet wird. Bereits aus dem 10. Jahrhundert besitzen wir eine Beschreibung der Lanze, in der es heißt, daß sie einst im Besitze des römischen Kaisers Konstantin d. Gr. war. Daß alle diese Zuschreibungen nicht stimmen können, geht aus der Tatsache hervor, daß die Lanze nach ihrer Form zweifellos aus karolingischer Zeit stammt. Sie war ein altgermanisches Hoheitszeichen, vielleicht die Königslanze Karls d. Gr. Schon frühzeitig hatte man ein längliches Stück Eisen ausgestemmt und einen Eisenstift, der in den Inschriften als Nagel vom Kreuze Christi bezeichnet wird, in die Öffnung eingelegt. Wir dürfen wohl annehmen, daß man nachdem auf diese Weise eine Beziehung zu Christus hergestellt war, die ganze Lanze mit ihm in Verbindung brachte und sie als Longinus- oder Passionslanze bezeichnete. Dies dürfte aber bereits lange vor Karl IV. geschehen sein. In der Beschreibung des 10. Jahrhunderts wird sie bereits als Heilige Lanze bezeichnet. Diese Bezeichnung kann sie aber als Konstantinslanze nicht getragen haben, da Konstantin in der abendländischen Kirche nicht als heilig galt. Daß sie damals schon als Passionslanze angesehen wurde, ist um so wahrscheinlicher, als Konstantins Mutter, die hl. Helena, als die Finderin des Kreuzes und der Lanze galt. Bereits für das Jahr 1002 wird sie in der Vita Bernwardi Hildesheimensis als dominica hasta d. h. als Lanze des Herrn bezeichnet. Somit galt die Reichslanze schon lange vor Wolframs Zeit als Passionslanze und wurde nur vorübergehend dem hl. Mauritius zugeschrieben, als dessen Kult unter Otto I. in Deutschland zu höchstem Ansehen gelangte.

Nach Wolfram war in den Speer der Name des Heiden geritzt, der Anfortas verwundet hatte. Auch diese Angabe finden wir nicht bei Chrestien. Der Name, der zu Wolframs Zeit auf der silbernen Hülle der Reichslanze zu lesen war, weist sie allerdings nicht einem Heiden, sondern dem hl. Mauritius zu, der um 300 n. Chr. bei St. Maurice in der

Schweiz den Märtyrertod erlitten hatte. Daneben aber galt die Lanze, wie oben ausgeführt wurde, als Longinuslanze und Longinus war ein Heide.

Das größte Heiligtum aber auf der Gralsburg war der Gral selbst. Nach Chrestien de Troyes bestand er aus reinem Golde. Kostbare Steine der verschiedensten Arten waren an dem Grale, die reichsten und teuersten und kostbarsten, die es auf der Welt oder in der Erde gibt, und die Steine am Grale übertrafen ohne Zweifel alle anderen. Ferner schreibt Chrestien von der Hostie, die in dem Grale kommt. Auch über die Herkunft des Grales finden wir bei ihm keine näheren Angaben. Gautier de Dourdan schreibt von dem Grale, er sei im Auftrage des Joseph von Barimacie gemacht, in ihm habe er das von den Füßen niederträufelnde Blut des Heilandes gesammelt und darnach habe er das Gefäß wie ein Heiligtum aufbewahrt. Auch Manessier bezeichnet den Gral als das Gefäß, in dem man das heilige Blut aufgefangen habe. In dem um 1250 verfaßten Roman Perceval li Galois heißt es, Joseph d'Abarimacie, der auch die Geschichte aufgeschrieben habe, habe dem Pilatus sieben Jahre Kriegsdienste geleistet und habe als Sold die Leiche Christi erhalten, die er bestattet habe. Die heilige Lanze und das Gefäß, in welches des Herrn Blut geflossen sei, habe er behalten. Am ausführlichsten wird die Vorgeschichte des Grals in dem etwa gleichalterigen Grand St. Gral behandelt. Joseph von Arimathia, der sieben Jahre vor Christi Leiden als Ritter des Pilatus nach Jerusalem gekommen war, hatte einen Sohn Josephe. Nach dem Tode des Herrn erwarb er die Schale, aus der dieser mit seinen Jüngern zuletzt gespeist hatte, ebenso von Pilatus den Leichnam des Erlösers, den er in ein Felsgrab legte. In der Schale sammelte er das aus den Wunden fließende Blut und verwahrte sie. In »la petite Quête du St. Gral« des Robert de Baron heißt es, beim hl. Abendmahle im Hause Simons, wo Judas entlarvt wurde, habe der Herr ein Gefäß benutzt, das nach seiner Gefangennahme von einem Juden zu Pilatus gebracht ward. Nach Jesu Kreuzigung lehnte Joseph allen Sold ab und verlangte nur den Leichnam des Herrn. Den bewilligte ihm der Statthalter und schenkte ihm noch das Gefäß dazu. Das Blut fing

Joseph in seinem Gefäße auf; und den Leichnam legte er in ein neues Felsengrab.

Von dieser Darstellung, daß es sich bei dem Gral um ein Gefäß handle, weicht nun Wolfram vollständig ab. Er sagt von ihm: auf grüner Achmadiseide trug sie (die Königin) des Paradieses Vollkommenheit, Wurzel war es zugleich und Reis. Das war ein Ding, das hieß der Gral, alles Erdensegens Überschwang. Der Einsiedler sagt von ihm: sie (die Gralsritter) leben von einem Steine, der von ganz reiner Art ist. Er heißt Lapsit exillis (wird erklärt als Lapis ex caelis, als Stein des Himmels oder Meteor). Noch 16 mal bezeichnet er den Gral als einen Stein. Von der Taube sagt er, daß sie auf den Stein eine kleine weiße Oblate herabbringt, die lasse sie auf dem Steine. Bei Wolfram ist also abweichend von allen andern Quellen der Gral nicht ein Gefäß, sondern ein Edelstein.

Wenn Wolfram in so betonter Weise bei der Schilderung des Grals von allen übrigen Autoren abweicht, muß er hierfür einen besonderen Grund gehabt haben. Eine befriedigende Erklärung konnte jedoch bisher nicht gegeben werden. Die Ursachen haben wir wohl darin zu suchen, daß Wolfram zwar für Schwert und Lanze, nicht aber für den Gral Vorbilder bei den Reichskleinodien fand. Das Inventar von 1246 erwähnt nur ein oder zwei Balsamarien, die hierfür nicht in Frage kamen. So mag Wolfram abweichend von allen übrigen Darstellungen dazu gekommen sein, den Gral als einen Edelstein zu bezeichnen, für den er wiederum ein Vorbild bei den Reichskleinodien hatte.

Der berühmteste Edelstein in Deutschland war zur Zeit Wolframs ein Stein der Kaiserkrone, die sich damals auf dem Trifels befand. Er wird einmal als candidus (= der Weiße), das andere Mal als orphanus (= der Waise) bezeichnet. Walther von der Vogelweide singt von ihm:

Sie leuchten beide einander an,
das edle Gestein wider den jungen Mann
(gemeint ist König Philipp von Schwaben):
die Augenweide sehen die Fürsten gern.
Wer nun des Reiches irre geht,

der schaue, wem der Weiße ob seinem Nacken steht:
der Stein ist aller Fürsten Leitstern.

Wenn dieser Edelstein der Fürsten Leitstern ist, so kommt
ihm diese Bedeutung kaum wegen seiner Farbe oder wegen
seiner besonderen Größe zu, er dürfte vielmehr, wenngleich
dies in unseren Quellen nicht ausgesprochen ist, als der
Stein der Weisen gegolten haben. Nicht weniger als 17 mal
kurz nacheinander bezeichnet Wolfram im Gegensatz zu allen übrigen Darstellungen den Gral als einen Edelstein wohl
aus dem einen Grunde, auf diesen Unterschied besonders
den Hörer aufmerksam zu machen. Es kann dies nur ein
Edelstein gewesen sein, der eine außerordentliche Bedeutung besaß. Eine solche kam, wie wir gesehen haben, dem
berühmtem Edelstein der Kaiserkrone zu. Ein Vorbild für den
Gral als ein heiliges Gefäß gab es auf dem Trifels nicht. Aus
diesem Grunde mag sich Wolfram entschlossen haben, abweichend von allen andern Dichtern den Gral als einen
Edelstein zu beschreiben.

Daß die Gralsburg eine Schöpfung dichterischer Fantasie ist, daß sie nie und nirgends in der Wirklichkeit bestanden hat, wurde bereits betont. Wenn der Dichter bei ihrer
Beschreibung persönliche Kenntnisse verwertet, so können
diese von verschiedenen Örtlichkeiten stammen. Wenn man
aber eine Burg, die bei der Beschreibung verwertet wird, als
Gralsburg bezeichnet, so dürfen wir wohl mit größerem
Recht als die Wildenburg den Trifels als die Gralsburg Wolframs von Eschenbach bezeichnen.

HELMUT BERNDT

Burg Wildenberg

Im Odenwald, südlich von Miltenberg, westlich von Walldürn, liegt Burg Wildenberg. Sie wurde in der zweiten Hälfte des 12. Jahrhunderts erbaut und 1525 von aufständischen Bauern erstürmt. Die Burg ging in Flammen auf. Noch stehen aber bedeutende Reste hoch über dem Odenwälder Mudbachtal.

Auf Wildenberg hat sich Wolfram von Eschenbach seit dem Jahr 1200 längere Zeit aufgehalten und hat hier an seiner Gralserzählung »Parzival« gearbeitet. Wahrscheinlich bezieht sich der Namen »Munsalvaesche«, den Wolfram der Gralsburg gibt, auf Wildenberg. Denn französisch heißt die Burg »Mont sauvage«, woraus Munsalvaesche geworden sein könnte.

Auf dieser Burg erscheint die Gralsprozession. Wolfram erzählt: »Ein Knappe sprang zur Tür herein, der trug eine Lanze — das war dort Brauch geworden — und rief jedesmal ein Trauern hervor. An ihrer Scheide entquoll Blut und lief am Schaft hernieder bis auf die Hand, so daß es im Ärmel versickerte. Da ward geweint und geschrien im Saal. Das Volk aus dreißig Ländern könnte nicht lauter weinen als hier die Ritter. Er trug die Lanze in seinen Händen rings an den vier Wänden herum bis zur Tür und zurück.«

Auf die Lanze folgten goldene Leuchter, elfenbeinerne Tische und silberne Messer, jeweils von Jungfrauen in den Palas der Burg gebracht. Schließlich erschien die Königin Repanse de Schoye mit dem Gral: »Auf grüner Achmardisseide trug sie des Paradieses Vollkommenheit. Wurzel war es zugleich und Reis. Das war ein Ding, das hieß der Gral, alles Erdensegens Überschwang.«

Als nun ein großes Festmahl anhob, diente der Gral als Füllhorn, als Tischleindeckdich. Er spendete alle Speisen und Getränke, die sich die Damen und Ritter nur wünschen mochten. Und in dieser Gralsburg spendete ein großer Kamin wohlige Wärme. Wolfram schreibt: »Marmor waren drei viereckige Feuerrahmen gemauert, darauf lag des Feuers Name: Holz, das hieß Lignum Aloe. Weder einst noch jetzt sah man je so große Feuer hier auf Wildenberg.«

Dieses Feuer, diesen Kamin, gibt es noch heute. Er ist im Palas, in dem die Burgherren ihre Gäste empfingen, sich abends zum Umtrunk einfanden oder auch dem Vortrag der Spielleute zuhörten. Der Kamin ist in die lange Außenwand eingelassen. Die beiden Seitenwangen treten 2 Meter aus der Wand und tragen die ornamentierte Stirnseite. Die Feuerfläche mißt 9 Meter und übertrifft damit an Größe die meisten Kamine des Mittelalters.

Im Palas erregt ferner eine merkwürdige Wandschrift, die aus der Zeit Wolframs stammen soll, Interesse. Sie lautet: »OWE MVTER«. Wolfram-Kenner beziehen die Wörter auf das Epos des Dichters, in dem der junge Parzival die Frage stellt: »Owe, Mutter, was ist Gott?« Es ist die Schicksalsfrage im Epos.

Der Tempel
des heiligen Grales

Nach Albrechts Beschreibung ist der Tempel des heiligen Grales eine Rotunde, nach Art der Kirchen der Tempelherren, welche hierin den Tempel zu Jerusalem nachahmten, der von den Kalifen in den Jahren 634 bis 714 als Moschee auf der Stelle des Tempels Salomons errichtet worden, und den die Tempelherren nach Stiftung ihres Ordens im Besitz hatten. Den meisten ihrer Kirchen gaben sie demgemäß eine runde, oder eine auf einem Kreise errichtete vieleckige Gestalt, wie solche außerdem allein bei den einzelnstehenden Taufkapellen üblich war, und sonst ausnahmsweise nur bei wenigen Kirchen vorkam. Die Rotunde war mit 72 Chören oder Kapellen, jeder Chor achteckig vorgeschossen, umgeben; auf je 2 Chören erhob sich ein Turm, also 36 Türme umgaben in einem Kranze das Hauptgebäude. Jeder Turm hatte 8 Wände, und 6 Stockwerke, in jedem 3 Fenster, und inwendig eine von außen sichtbare Spindeltreppe. Das Hauptgewölbe ruhte auf ehernen Säulen, in Spitzbogen gewölbt, und wo sich die Gewölbe reiften nach der Schwibbogen Krümme, da waren mit schöner Kunst allerlei Bildwerke und sinnreiche Verzierungen von Gold und Perlen angebracht. Die Gewölbe waren blau von Saphir und in der Mitte eine Scheibe darin gefaßt von Smaragd, worauf ein Lamm mit der Kreuzesfahne in Schmelzwerk abgebildet war. Die Fenster wurden nicht mit gewöhnlichem Glase, sondern mit lichten Beryllen, Kristallen, und vielen andern farbigen Edelsteinen ausgefüllt, auch wurden, um den brennenden Glanz zu mildern, Gemälde darauf entworfen. In der Mitte der Rotunde erhob sich ein Turm, an Weite und Höhe doppelt so groß als die übrigen Türme, die rings das Gebäude umkränzten. An den Hauptturm in der Mitte schloß sich das Hauptschiff in Kreuzform, nach Norden und Westen mit den Portalen in's Freie, nach Süden zu dem

Kreuzgange führend; im Flügel nach Osten befand sich der Hauptaltar. Die Seitenschiffe bildeten die durch das Hauptschiff gemachten Kreisausschnitte des übrigen Rundgebäudes. Im Innern der Kirche stand in der Mitte unter dem großen Turme ein noch weit prächtigeres Werk, welches den Tempel im Kleinen vorstellte, und zur Aufbewahrung des heiligen Grales diente.

Nach diesen Hauptumrissen, und nach den im Gedicht einzeln näher gegebenen Andeutungen hat Sulpiz Boisseree, ausgerüstet mit seiner ausgezeichneten technischen und bauhistorischen Kenntnis die Zeichnung des Tempels im Aufriß, Grundriß und Durchschnitt entworfen, und in den schon erwähnten Abhandlungen der Münchner Akademie mitgeteilt. Seine Behauptung, daß der Dichter Werke aus der Blütezeit der deutschen Baukunst müsse gesehn haben, um diese Beschreibung zu liefern imstande gewesen zu sein, begründet derselbe durch folgende Punkte: erstens und vorzüglich durch die achteckig vorgeschobnen Kapellen, welche so häufig an den altdeutschen Kirchen, sonst aber gar nicht vorkommen; zweitens durch die gereiften und an ihren Reifen oder Rippen verzierten Gewölbe mit einer Scheibe oder Schlußstein in der Mitte; drittens durch die gemalten Fenster; viertens durch die mit vielen Fenstern durchbrochnen Türme mit Spindeltreppen inwendig; und fünftens durch die Wiederholung des ganzen Tempels im Kleinen, welches offenbar dasselbe ist, wie die kunstreichen turmartigen Sacramenthäuschen oder Tabernakel in unsern altdeutschen Kirchen. Noch mehrere andere Beweise ergeben sich für den Sachkenner aus den Verzierungen der Kapellen, Altäre, Gestühle usw., die ausführlich in den oben mitgeteilten Strophen des Gedichts beschrieben werden.

Görres hat das Vorbild zum Tempel des heiligen Grales in der Sophieenkirche zu Konstantinopel zu finden geglaubt, die in Gestalt einer Kuppel auf einem Viereck gebaut, mit Säulen von dem schönsten farbigen Gestein, an allen Wänden und Gewölben mit Mosaikgemälden und Verzierungen auf Goldgrund, sodann mit einem prächtigen eingelegten Fußboden geschmückt ist. Aber erstens entspricht die Gestalt dieser Kirche nur zum Teil jener des beschriebnen Tempels, da derselbe, wie das arabische Tempelgebäude in Jerusalem und die Kirche des heiligen Grabes als im *Ganzen rund*, und nicht als eine Rotunde auf einem Viereck geschildert wird. Zweitens fehlen in der Sophieenkirche, wie in der auf ähnliche Weise ausgestatteten St. Marcuskirche zu Venedig jene achteckig vorgeschoßnen Kapellen, die Gewölbe mit Reifen und Schlußsteinen, die gemalten Fenster, die Türme, und das tabernakelartige Gebäude im Innern, während sich alle diese Dinge in unsern spitzbogig gewölbten Domkirchen des dreizehnten und vierzehnten Jahrhunderts finden. Alle gründliche, auf die Baudenkmale selbst, so wie auf zuverlässige historische Zeugnisse gestützten Forschungen beweisen, daß diese Baukunst nicht vor der ersten Hälfte des dreizehnten Jahrhunderts zu blühen anfing und daß vor der letzten Hälfte desselben keine bedeutenden Werke ausgeführt waren, welche dem Dichter eine hinreichende Anschauung hätten geben können. Weder in Wolframs Parcival, noch in den bekannten französischen Gedichten von Parcival und dem heiligen Grale ist auch nur eine Andeutung von solcher Tempelbeschreibung, und es ist daher mehr als wahrscheinlich, daß diese ganze Schilderung eine willkürliche Zutat Albrechts sei, der, hingerissen von Bewunderung für den zu seiner Zeit noch neuen Baustil mit seiner wunderbaren Symbolik, diesen im Gedicht verherrlichen wollte. Wenn dagegen vieles andre kleinere Detail, so wie die in's Fantastische getriebne Pracht des Materials und der Ausschmückung wieder an jene berühmtesten Kirchen des Orients erinnert, so ist hierauf sehr erklärlich der Dichter durch die Kunde davon aus den Kreuzzügen und den Reiseberichten seiner Zeit, so wie durch orientalische Märchen und Gedichte, durch die Beschreibung vom Palast des Priesters Johannes, und zunächst durch die apokalyptische Beschreibung des himmlischen Jerusalems geführt worden, welches bei der Einweihung einer jeden Kirche als Ideal derselben vorgehalten wurde, und auch im Titurel Kap. 5, Str. 20 ausdrücklich als das Vorbild des Graltempels bezeichnet ist.

Diese märchenhafte Pracht des Graltempels ist nicht lange nach der Vollendung unsers Gedichts im Kleinen an der heiligen Kreuzkapelle in der Burg Karlstein bei Prag einigermaßen verwirklicht worden. Kaiser Karl IV ließ dieselbe in dieser seiner Burg zur Aufbewahrung der böhmischen Reichsinsignien erbauen. Sie besteht noch, und ist an den Wänden und Gewölben durchaus mit Gold, Malereien, geschliffnen Achaten, Amethysten, Chrysoprasen, und andern farbigen Edelsteinen bedeckt. Ja, die Fenster waren aus lauter Berillen, und Amethysten, in vergoldetem Blei gefaßt, zusammengesetzt. Die Gewölbe, deren Rippen und Schlußsteine mit Edelsteinen und Perlen verziert sind, stellen das Firmament vor. Ein zierliches vergoldetes Gitter mit kleinen Bogen und Zacken, von welchen birnförmig geschliffne Chrysoprase usw. frei herabhängen, teilt die Kapelle in zwei Hälften; auf demselben und an den Wänden sind rundherum vergoldete Leuchter, über 600 an der Zahl, angebracht, auf welchen Wachslichter angezündet wurden, die sich in den großen geschliffnen Edelsteinen und dem sie umgebenden durch Preßwerk reich verziertem Goldgrunde vielfach spiegelten. Das Ganze macht, nach Boisserees Versicherung, noch jetzt, nachdem so mancher Schmuck abhanden gekommen, den Eindruck einer durch Zauber entstandenen Pracht.

In der Beilage haben wir den Grundriß der Liebfrauenkirche zu Trier, verkleinertem Maßstabe mitgeteilt, welche in der Idee frappant mit der Beschreibung des Gedichts übereinstimmt; nur bleibt hier freilich die Wirklichkeit weit hinter Albrechts ungemessener Fantasie zurück. Auch hier erhebt sich das Hauptschiff in Kreuzform über die Rotunde des ganzen Gebäudes, das durch die Vorlagen der Kreuzwinkel die Gestalt eines Poligons erhält; nur das Zehneck des hohen Chors tritt hier aus dem Kreise heraus, und es fehlen die umkränzenden 36 Türme, welche sich, außer dem Hauptturme in der Mitte des Kreuzbaus, auf vier Treppentürmchen reduzieren. Die Kirche ist von 1227 bis 1244 erbaut; das hohe Gewölbe wird von 12 Säulen getragen, deren Stellung die Kreuzform darstellt. Jede derselben zeigt in schöner Symbolik das gemalte Bild eines Apostels. Wandmalereien, Glasmalereien, in den Fenstern erhabne Bildwerke in reichster Mannigfaltigkeit zierten sie einst, und zieren sie zum Teil noch jetzt. Der Spitzbogenstil ist vorherrschend, wenngleich einzelne Teile noch an den Rundbogenstil erinnern. Der Bau ist nach Schinkels Äußerung einer der originellsten und seltensten Monumente des Mittelalters, und eine Wiederholung der Grundform ist diesem Meister weder in Deutschland noch in Frankreich und England bekannt geworden.

FRIEDRICH LIENHARD

Tempel der Erfüllung

Auf rote Wand wölbt sich der Kuppel Blau;
Und in dem Blau sind goldgewirkte Sterne.
Zwölf Meister stehn im runden Säulenbau
Und richten ihrer Blicke Kraft von ferne
Dreizehntem zu, der vor des Altars Grau
Im silbernen Gewand des Führers steht
Und zwölffach Kräfte sammelt im Gebet.

So läuft die Sonne durch die Tierkreiszeichen
Und läßt sich zwölf besondre Kräfte spenden,
Um sie dann weiter in die Welt zu senden;
So tauscht sich Kraft mit Kraft an allen Enden
Des Kosmos und des kleinen Menschenlebens;
Und kein Geringster strahlt und wirkt vergebens —
Das Sonnenziel kann jeder Stern erreichen.

Jeder für alle — und für jeden alle!
Rhythmisch ist diese wunderbare Halle:
Denn jeder dieser leichtgeschwungnen Bogen
Ist über jeden Meisters Haupt gezogen,
Der marmoredel unter ihm verharrt;
Den Raum erfüllt ein atemfeines Wogen
Geklärter Seelenkräfte stark und zart.

Wer dieses Sonnentempels Bann betritt,
Dem prägt sich ein die Doppel-Siebenzahl
Der zeichenvollen Säulen, die den Saal
Von rundumher mit Ebenmaß umgeben;
Gleich einer Taube spürt er oben schweben
Des weißen Kuppelfensters runden Schnitt:
Und auf den Altar fällt der heil'ge Strahl.

Das nur Geahnte darf sich hier gestalten,
Erfüllung wohnt in dieses Baues Rundung;

Der Fernendrang beruhigt sich in Frieden,
Und es vernarbt die irdische Verwundung.
Entronnen niedren, nächtlichen Gewalten,
Sieht der Geweihte sich den Ort beschieden,
Da ihn erwartet himmlische Gesundung.

Und aller Dinge Urform schaut er wahr,
Der Welt verworren Spiel wird Harmonie;
Des Kreuzes Blut stellt sich als Rosen dar,
Auf die vom Oberlicht kristallen-klar
Ein Ton fällt, Klang der Sphärenmelodie,
Der diesen hohen Raum mit Schönheit füllt
Und jede harte Kante weich umhüllt ...

Zu diesem Tempel zog es dich schon lang,
Du sehnst dich, drin zu schauen und zu beten.
Allein du drehst dich noch an Rosenbeeten
Der äußren Welt die Taxuswand entlang
Und wirst nicht frei von dem, was draußen tönt
Und jenes Tempels Dasein niederdröhnt — —

Wenn du gereift bist, wirst du ihn betreten.

Epilog

Wer ist der Gral?

Wer ist der Gral?
            Das sagt sich nicht,
Doch bist du selbst zu ihm erkoren,
Bleibt dir die Kunde unverloren.

Als Parcival im ersten Morgengrauen

Als Parcival im ersten Morgengrauen
das Roß gelenkt vom heiligen Schloß des Gral
und durch den finstern Wald hinab ins Tal,
(gedankenschwer und ohne aufzuschauen)
kam er zu einem See, blank wie geschliffner Stahl.

Rings blühten wilde Gärten. Heiß und lüstern
umdufteten ihn große Orchideen.
Und hier zuerst zwang ihn sich umzusehen
einer fremden Frau geheimnisvolles Flüstern:
Er sah das Schloß im Morgensonnengolde stehen,

die goldene Sonnenburg von Munsalvesche.

Und da geschah es, daß ein eigenes Schauern
sein Auge bannte an die roten Mauern.
Er hielt, gestützt auf seiner Lanze Esche,

und starrte stumpfen Blicks, in dumpfem Trauern
und dunkel ahnend den verscherzten Thron,
zur goldenen Sonnenburg von Munsalvesche.

Erst als die Nacht hereinbrach, ritt er irr davon.

Des Grals Zug nach Indien

In Salvaterre, weit um den Gral, mehren sich ruchlose
Nachbarn, die seinem Volk ein Greuel sind. Sünden, die wir
jetzt gering wägen, deuchten damals ungeheuer. Vergeblich
sucht man auf Montsalvatsch mit Gebet, Fasten und Kreuzgang den Fall der sündigen Seelen abzuwenden. Der Gral
will nicht länger bleiben, er begehrt dahin, von wo das Licht
der wonnebringenden Sonne kommt. Sie ziehen aus Salvaterre, auf zwo Rasten darf ihrer Fahrt niemand nahen, der
ihnen schaden wollte. Die Christen, die mit Ehrfurcht ent-
gegenkommen, werden vom Grale gespeiset. Klöster, Kran-
kenhäuser, arme Leute werden beschenkt. In der Habe von
Marsilie schiffen sie sich ein. Stets segeln sie mit günstigem
Winde. An dem Schiffe des Grals verliert der Magnetberg
seine Kraft. Heiden, die dort festsitzen, werden gerettet und
lassen sich taufen. Das Lebermeer, darin sonst die Kiele stehen und starren, zerfließt wie Eis am Feuer. An brennenden
Bergen vorbei, oft unterirdisch durch Gebirge, fahren sie
dahin. Sie sehen den Kampf der Ungeheuer zu Land und
Meer. Dem Gral weit entgegen reitet Ferafis, der seine Lande
zum Christentum bekehrt. Mit feierlichen Umgängen wird
das Heiligtum empfangen. Ferafis selbst hat seine Reiche
dem heiligen Priester Johann zu Dienste gegeben, dem die
drei Indien dienen. Drei Vierteile der Welt gehorchen seinem Winke. Nahe dem Paradiese wohnt er, von dem heil-
kräftige Wasser niederströmen, Edelsteine mit sich führend.
Alles ist Wunder in jenen Gegenden. Reich an Schätzen
sind die Bewohner, reicher noch an Tugenden. Wer ihnen
von Meineid, Diebstahl, Raub, Geiz, Unglauben, Verrat
spräche, sie wüßten nicht, was er meinte. Glänzend sind
des priesterlichen Herrschers Paläste, wo Bischöfe und Patriarchen, die zugleich Könige sind, der Hofämter walten;
gewaltig sein Aufzug, wenn er gegen Feinde fährt; viel kostbare Kreuze werden dann vorangetragen. Wer den Sonnen-
staub zählt, der überzählt dieses Königs Herrschaft. Dort-

hin erheben sich die Templeisen und Priester, Johann zieht ihnen festlich entgegen. Sie sehen all die Herrlichkeit und wünschen, daß hier der Tempel des Grals wäre. Manch Gebet wird darum vor dem Gral verrichtet. Und sieh! als die Sonne den Tag bringt, erhebt sich in ihrem Strahle der Tempel mit der Burg Montsalvatsch. Nicht sollt' er dem argen Volk in Salvaterre gelassen werden.

Nie ward so viel nach Rom gewallt, als nun die Straße gen Indien zum Tempel des Grals betreten wird. Fürder wird niemand mehr vom Grale gespeist, seit dieser in ein Land gekommen, wo nirgends Mangel ist. »Nun erst ist er behalten vor aller Wandelung«, spricht Titurel, »ein halb Jahrtausend hab' ich seine Kunde, er ist nun heim gekommen, auch meine Seele will jetzt heim zum Paradiese fahren.« Der Greis begehrt, daß man ihm den Gral nicht mehr vor Augen bringe; so geht er am neunten Tage zur Ruhe. Priester Johann überträgt seine Herrschaft auf Parzivaln, wegen Heiligkeit des Grals und weil die Lande eines tapfern Schwertes gegen die Heidenschaft bedürfen. Parzival weigert sich aus Demut, aber am Gral steht geschrieben, zehn Jahre soll er König sein und Priester Johann heißen; länger nicht, weil seine Mutter vor Kummer um ihn gestorben. Ihm folgt ein Sohn von Ferafis. Die sonnengleichen Kinder der beiden Brüder wachsen an Ehren vor anderm Geschlecht, wie Lilien über Ostergloien (Sternblumen). Wer Priester Johann werden soll, stehe heute noch jedesmal am Grale mit Gold geschrieben.

Wir stehen am Ende

Lange Jahrhunderte menschlicher Bildungsgeschichte haben wir wie im Fluge durchmessen. Zeiten und Völker fühlten wir an uns vorüberrauschen. Wir sahen in Wales und Frankreich fromme Männer in ihrer Zelle bemüht, die Legende von Josephs von Arimathia Errettung, durch ein Wunschgefäß zu erklären. Wir hörten in wallisischem Lande Spielleute von dem Feensohn Parzival singen und sagen, den seine menschliche Art zu den Menschen trieb. Dann hörten wir ritterliche Dichter an keltischen und französischen Höfen von dem Bauernknaben Parzival erzählen, der auszog, ein Ritter zu werden. Hernach sahen wir, wie die Meister französischer und deutscher Epik Parzival den Gral finden und gewinnen ließen, und ihn als den christlichen Ritter schilderten, der die höfische Welt und den christlichen Glauben tatkräftig in sich versöhnt. Und heute, in unsern Tagen, das christliche Mysterium von Parsifal, dem wiedererstandenen Erlöser, von der Wiedergeburt der Religion der Liebe, haben wir selbst noch miterlebt.

Diese gewaltige und wunderbare Entwicklung hat sich in und mit der Geschichte menschlicher Bildung vollzogen als ihr unveräußerliches Teil.

Die Dichtungen vom Gral sind geworden und entstanden im engen Zusammenhang mit der gesamten Bildung der Gesellschaftskreise, aus denen sie hervorgingen, und der Völker, von deren Dichtern sie geschaffen wurden.

Noch mehr. Wir sind den Dichtern auf ihren Wegen gefolgt, den Schaffenden, welche die menschliche Bildung für ihr Volk erzeugen und zutage fördern. Wir haben gesehen, wie ein Dichter sein Werk heranbildet, wie er geschaut und gefühlt, gedacht und gewollt, was er in den Worten der Poesie und in den Tönen der Musik uns allen gegeben. Gleich fernem Frührot ging uns ein Ahnen auf von dem Wirken des menschlichen Geistes: so wird eine Dichtung, so wird die Kunst, so die Kultur. So schaffen gottbegnadete Menschen die Meisterwerke menschlicher Bildung.

Die Geheimnisse des heiligen Grals, von denen das Mittelalter mit gläubigem Staunen vernahm, scheinen enthüllt. Wir sahen, wie ein schlichtes Märchenkleinod von den Legendendichtern schrittweise zu einem sechsfachen Symbol des christlichen Glaubens erhoben wurde. Wir sahen, wie ritterliche Dichter den bäuerlichen Parzival zum Finder des Grals heranreifen ließen. Wir sahen, wie Parzivals Gralgewinnung als Wiedergeburt und Verjüngung der Religion der Liebe besungen wurde. Hier scheint vor unseren Augen der Schleier gefallen.

Aber ein anderes, größeres Geheimnis steigt vor uns empor, höher und höher, also daß es uns die Augen senken heißt: das Wunder dieser gewaltigen Entwicklung eines kindlichen Märchentraums: die unvergleichbare Geschichte des heiligen Grals in der Dichtung, in der Kunst, in der menschlichen Bildung. Die Großen sind es gewesen, die Schaffenden: ihnen dankt die Welt die Sage vom heiligen Gral. Das Geheimnis aber ihres Schaffens haben wir nur geahnt, nimmer zu erkennen vermocht. Nur mit frommem Sinn und gläubigem Staunen können wir zu diesem Wunder emporblicken. Nur so werden wir würdig und fähig, das Werk des Künstlers zu empfangen. Dieses Werden wahrhaft menschlicher Kunst und wahrhaft menschlicher Bildung, das ist für uns heute das unbeschreiblich hohe Wunder des heiligen Grals.

QUELLENVERZEICHNIS

Helmut Berndt (1914–2003), dt. Journalist. *Burg Wildenberg* und *Der heilige Fels* aus *Unterwegs zu deutschen Sagen. Ein phantastisches Reise- und Lesebuch.* Düsseldorf und Wien 1985. © Rechtsnachfolge Helmut Berndt.

Adolf Birch-Hirschfeldt, dt. Germanist. *Der Conte du Gral von Chrestien von Troies* in *Die Sage vom Gral und ihre Entwicklung und dichterische Ausbildung in Frankreich und Deutschland im 12. und 13. Jahrhundert.* Leipzig 1877.

Johann Jakob Bodmer (1698—1783), schweiz. Dichter. *Treverisentis erzählt* aus *Parcival. Ein Gedicht in Wolframs von Eschilbach Denkart eines Poeten aus den Zeiten Kaiser Heinrichs des VI.* Zyrich 1753.

Robert de Boron (Ende d. 12. Jh.), anglonorm. Ritter. *Bron und seine Söhne* in *Die Geschichte des Heiligen Grahl.* Übers. von Konrad Sandkühler. Stuttgart 1979. © Ogham Verlag, Stuttgart.

Marion Zimmer Bradley (*1930), amerik. Schriftstellerin. *Der heilige Kelch* aus *Die Nebel von Avalon.* © 1982 Marion Zimmer Bradley. Aus dem Amerikanischen von Manfred Ohl und Hans Sartorius. © S. Fischer Verlag GmbH, Frankfurt am Main 1983.

Johann Gustav Gottlieb Büsching (1783—1829), dt. Philologe. *Der Heilige Gral, ein wunderbares Gebilde* aus *Der heilige Gral und seine Hüter.* 1810.

Chrétien de Troyes (*vor 1150 und vor 1190), altfrz. Dichter. *Die Wunder des Gral.* Übers. von Gottfried F. Rohr, aus *Parzival und der heilige Gral. Eine neue Deutung der Symbolik der Graldichtungen.* Hildesheim 1922.

Jean Cocteau (1889—1963), franz. Schriftsteller und Regisseur. *Der Gral ist in eurem Innern* aus *Die Ritter der Tafelrunde.* Übers. von Charles Regnier. München 1962. © Rechtsnachfolge Charles Regnier.

Louis Marie Anne Couperus (1863—1923), niederl. Romancier. *Das schwebende Schachbrett* aus *Das schwebende Schachbrett.* Übers. von Else Otten. Berlin 1923.

Felix Dahn (1834—1912), dt. Schriftsteller und Gelehrter. *Parcival* in *Sämtliche Werke poetischen Inhalts. Bd. XVIII. Gedichte.* Leipzig 1899.

Tankred Dorst (*1925), dt. Schriftsteller und Dramatiker. *Gral-Bilder* und *Heimkehr* aus *Merlin oder das wüste Land.* Frankfurt 1981. Mit freundlicher Genehmigung des Suhrkamp Verlags, Frankfurt.

Ernst Droysen, dt. Gelehrter. *Die Wartburg als Gral* aus *Der Tempel des heiligen Gral.* Bromberg 1872.

Emil Engelmann (1837—1900), dt. Erzähler. *Zueignung* aus *Parzival.* 1878.

Gustav Falke (1853—1916), norddt. Schriftsteller. *Gral* aus *Friedrich Castelle: Gustav Falke — Ein deutscher Lyriker.* Leipzig o. J.

Frauenlob (eig. Heinrich von Meißen) (*um 1250 und 1318), mittelhochdt. Lyriker und Minnesänger. *Acht Gott, ich wüßt' so gerne.* Übers. von Bertram Wallrath 1989.

Joseph Arthur Comte de Gobineau (1816—1882), frz. Schriftsteller und Diplomat. *Amadis: Perceval und der Büßer* aus *Parzival in der deutschen Literatur.* Nacherzählt von Wolfgang Golther. Berlin 1929.

Johann Joseph Görres (1776—1848), dt. Dichter. *Der Gral* und *Der Gralstempel* aus *Lohengrin* (mit einer sagengeschichtlichen Einleitung). Heidelberg 1813.

Johann Wolfgang von Goethe (1749—1832), dt. Dichter. Gedicht: *Die Geheimnisse* aus *Goethe's sämmtliche Werke in vierzig Bänden,* Stuttgart u. Tübingen 1856.

Gerhart Hauptmann (1862—1946), dt. Dichter. *Aussendung Lohengrins* aus *Gral-Phantasien, Lohengrin. 5. Kapitel* in *Sämtliche Werke Centenarausgabe. Bd. 6.* Berlin 1963. Mit freundlicher Genehmigung des Propyläen Verlags in der Ullstein Buchverlage GmbH, Berlin.

Heinrich von dem Türlin (Anf. 13. Jh.), mittelhochdt. Epiker. *Gaweins Fahrt zum Gral* in *Die Deutsche Dichtung im Mittelalter 800—1500.* Nacherzählt von Wolfgang Golther. Stuttgart 1912.

Otto Henne am Rhyn (1828—1914), dt. Dichter. *Das Gewölbe der Gralsburg.* Zitat aus *Sergius Golowin: Magier Merlin — Von Märchenreichen und Rittern im Mittelalter.* Gifkendorf 1981.

Wilhelm Hertz (1835—1902), dt. Lyriker und Versepiker. *Die ersten Gralshüter, Der Gral ist ein Edelstein* und *Joseph von Arimathia* in Wilhelm Hertz: *Die Sage vom Parzifal und dem Gral.* Breslau 1882.

Felix Franz Hofstaeter (1741—1814), dt. Versepiker. *Der frone Gral oder die Gralskönige* in *Altdeutsche Gedichte aus den Zeiten der Tafelrunde.* 2 Bde. Wien 1811.

Karl Leberecht Immermann (1796—1840), dt. Schriftsteller und Drama-tiker. *Die Artusritter träumen vom Gral, Montsalvatsch, Was ist der Gral* aus *Merlin — Eine Mythe* in *Immermanns Werke*. Hrsg. von Harry Maync, Leipzig und Wien 1906.

Franz Kampers (1868—1929), dt. Philologe. *Das Wort Gral war schon frühzeitig dunkel.*

Gotthold Ephraim Lessing (1729—1781), dt. Dichter. *Sanctus cruor* in *Schriften.* 1753—1755.

Friedrich Lienhard (1865—1929), dt. Schriftsteller und nationaler Philo-soph. *Aber die Meister warten* und *Montserrat, der Gralsberg* aus *Der Spielmann. Werke. Bd. 3.* Stuttgart 1924.
Gedichte: *Parzival und der Büßer* und *Tempel der Erfüllung* in *Lebens-frucht-Gedichte.* Stuttgart 1919.

Howard Philips Lovecraft (1890—1937), amerik. Schriftsteller. *Randolph Carter* aus *Die Traumsuche nach dem unbekannten Kadath* in *Die Katzen von Ulthar. Und andere Erzählungen* st 625, Übers. von Michael Walter. Frankfurt 1980. Mit freundlicher Genehmigung des Suhrkamp Verlags, Frankfurt.

Maurice Magre (1871—1941), franz. Schriftsteller. *Michael von Brame-vaque.* Übers. von Marianne Tennessel aus *Smaragdfeuer* oder *Die Liebe des Narren — Märchenroman einer Graleinweihung in den Pyrenäen.* Bad Münstereifel 1986. © Edition Tramontane, Bad Münstereifel

Thomas Malory (um 1408—1471), engl. Dichter. *Galahad* und *Launcelot findet den Gral* aus *Der Tod Arthurs. 3 Bde.* Übers. von Hedwig Lach-mann. Mit freundlicher Genehmigung des Suhrkamp Verlags, Frankfurt.

Friedrich Werner van Oesteren (1874—1953), dt. Autor. *Der König im Grale* in *Merlin — Ein Epos.* Berlin 1906.

Otto Rahn (1904—1939), dt. Autor. *Der Montsegur, der Gralsberg der Katharer* aus *Kreuzzug gegen den Gral.* Freiburg 1933.

San Marte (eig. Albert Schulz) (1802—1893), dt. Schriftsteller. *Der Tem-pel des heiligen Grales* und *Peredur* aus *Leben und Dichten Wolframs von Eschenbach.* Magdeburg 1836.

Josef Victor von Scheffel (1826—1886), dt. Dichter. *Wolfram von Eschen-bach, dem Landgrafen Hermann sein Gralsepos überreichend* in *Werke in 2 Bde.* Hamburg o. J.

Emanuel Schikaneder (1751—1812), dt. Schauspieler und Theaterdich-ter. *Taminos Prüfungen* und *Heil sei euch Geweihten* aus *Die Zauberflöte* von Wolfgang Amadeus Mozart, Verlag Philipp Reclam jun. Stuttgart 1987.

August Wilhelm Schlegel (1767—1845), dt. Dichter und Gelehrter. *Einem Ritter der Tafelrunde* in *Poetische Werke*. 1811.

Friedrich Schlegel (1772—1829), dt. Dichter und Gelehrter. *Der Gral und die Tafelrunde* und *Unter dem Namen des Heiligen Gral* in *Romantische Sagen und Dichtungen des Mittelalters*. Wien 1823.

Karl Simrock (1802—1876), dt. Dichter und Gelehrter. *Was ist der Gral?* aus *Parcival und Titurel*. *Rittergedichte von Wolfram von Eschenbach*. Übers. u. erl. von Karl Simrock. Stuttgart 1842—1876.

Emile Souvestre (1806—1854), frz. Schriftsteller und Journalist. *Peronnik der Einfältige*. Übers. und bearbeitet von der Marionettenbühne Evinghausen. 1988.

Friedrich Sprater (1884—1952), dt. Autor. *Der Trifels — die deutsche Gralsburg*. Speyer 1948. Mit freundlicher Genehmigung des Historischen Vereins der Pfalz, Speyer.

John Steinbeck (1902—1968), amerik. Schriftsteller. *Aufbruch zur Ausfahrt* aus *König Artus und die Heldentaten der Ritter seiner Tafelrunde*. Übers. von Christian Röthlingshöfer-Spiel. Zürich o. J. Zitiert aus der Ausgabe des Diana Verlags, Zürich.

Mary Stewart (*1916), engl. Romanautorin. *Im Heiligtum* © Mary Steward, *Merlins Abschied*, erschienen in deutschsprachiger Übersetzung von Karl-Otto und Friderike von Czernicki 1982 im Albrecht Knaus Verlag, München, einem Unternehmen der Random House GmbH.

Eduard Stucken (1865—1936), dt. Schriftsteller. *Die Lanze des Longinus* und *Der Gral* und *Gawan findet den Gral* aus *Gawan — Ein Mysterium*. Berlin 1917.

Alfred Lord Tennyson (1809—1892), engl. Schriftsteller. *Der Beginn der Gralssuche*. Übers. von Momo Schlender. Aus *Holy Grail and other Poems*. London 1872.

Mark Twain (eig. Samuel Langhorne) (1835–1910), amerik. Schriftsteller und Journalist. *Die heilige Quelle* aus: Mark Twain: *Ausgewählte Werke in Einzelausgaben* (Hrsg. von Karl-Heinz Schönfelder). Band 9: *Ein Yankee an König Artus' Hof* (a.d. Amerikanischen von Lore Krüger). © Aufbau-Verlag Berlin und Weimar, 1964.

Ludwig Uhland (1787—1862), dt. Dichter und Gelehrter. *Des Grals Zug nach Indien* und *Titurels Gralstempel* aus *Der heilige Gral* (Vorlesung 1830) in *Schriften zur Geschichte der Dichtung und Sage*. Stuttgart 1866.

Karl Gustav Vollmoeller (1878—1945), dt. Schriftsteller. *Als Parzival im ersten Morgengrauen* in *Parcival*. Insel Bücherei Nr. 115. Leipzig 1903.

Wilhelm Wägner (1800—1826), dt. Theologe und Pädagoge. *Parzivals Fahrt nach dem Gral* und *Titurel* (1. Berufung zum Gral, 2. Tempelbau, 3. Vermählung und Nachkommen) in *Deutsche Heldensagen*. Leipzig 1884.

Richard Wagner (1813—1883), dt. Dichter und Komponist. *Die Gralserzählung* aus *Lohengrin*, 1847, und *Enthüllet den Gral, Im Gebiet des Grales* und *Wer ist der Gral* aus *Parzival*. 1877.

Eduard Wechssler (1839—1904), dt. Germanist. *Wir stehen am Ende* aus *Die Sage vom heiligen Gral in ihrer Entwicklung bis auf Richard Wagners Parzival*. Halle 1898.

Wolfram von Eschenbach (*um 1170, † vermutlich 1220), mittelhochdt. Dichter. *Wie Herr Gauveins ...* aus *Parzival*. Übers. von Wilhelm Hertz. Neu bearbeitet von Wilhelm Hertz. Stuttgart 1898.

Hans von Wolzogen (1848—1938), dt. Schriftsteller und Dramatiker. *Der Gralsucher* und *Suche den Gral, den Gott im Herzen* aus *Parzival der Gralsucher*. 1922.